本教材系"河北大学第二批'精品教材'建设项目立项建设教材"（项目编号：2017-BZ-JPJC04），由河北大学历史学院一流本科建设资助项目出版，适用于中国远古神话传说、中国古代文化史、中国古代史等课程的教学活动，对其他学科教学也具有一定程度的参考价值，并可供具有一定文史修养的社会受众阅读。

中国远古神话传说与历史文化研究

Zhongguo Yuangu Shenhua Chuanshuo Yu
Lishi Wenhua Yanjiu

顾乃武　魏国栋　武小力　著

人民出版社

目　　录

绪　论

我们通常称夏代以前的原始社会为中国的远古时代。中华民族有着悠久与优秀的历史文化，远古神话传说是这一历史文化的重要组成部分。中国远古神话传说并不是个人神话传说的集合，它实际上是某种集体意识的表现，是民族文化心理、思想意识的沉淀——神话传说"庶几等于民族文化的经典，它表现并漾溢着各个民族特有的民族精神"[①]。认识和剖析一个民族的特性，神话传说是一把无可替代的钥匙。我们今天所见的远古神话传说，虽然以较为零碎的形式展现在世人面前，但它最终汇成中华民族生存发展的强大文化底蕴，成为我们自信、自立、自强的文化基础。如果说血缘赋予我们生命，那么文化则使生命不朽；文化无言，生命长在。我们的民族文化从哪里来，有着怎样的原生形态与文化标志，对我们民族发展有哪些影响？这些都是值得我们思考的问题。

一、"神话"与"传说"的概念

"神话"是外来语，最早出现在希腊，与传说、故事、寓言概念混同；清末民初传入我国，20世纪20年代开始比较普遍使用。《山海经》是关于中国

[①] 谢选骏：《神话与民族精神——几个文化圈的比较》，山东文艺出版社1986年版，第181页。

远古神话传说的早期文献，它记载了大量的殊方异物、神话传说，是了解古代地理、历史、巫术、医药、人群的重要资料，融合着多种远古特色文化。著名神话学家袁珂先生如此评价《山海经》："吾国古籍，瓌伟瑰奇之最者，莫《山海经》若。《山海经》匪特史地之权舆，乃亦神话之渊府。以历时久远，编简失次，字讹句捝，向称难读。其中《海经》部分，保存神话之资料最夥，除《楚辞·天问》，他书均莫与京焉，研究神话之入门，而错简讹文亦倍于前，难读尤甚。"①

此书的书名始见于西汉司马迁的《史记·大宛列传》，在《大宛列传》中与《山海经》并提的还有《禹本纪》，司马迁言："至《禹本纪》、《山海经》所有怪物，余不敢言也。"② 二书所载多为司马迁不解，从而不敢"言"、不作记载的"怪物"。这说明至迟在西汉时期，人们对《山海经》中的"物相"已经多目为怪诞不经之态。其后正史《艺文志》或《经籍志》多载此书：《汉书·艺文志》载13篇；《旧唐书·经籍志》载晋郭璞撰《山海经》18篇，《山海经图赞》《山海经音》各2卷；《新唐书·艺文志》载郭注《山海经》23卷，《山海经图赞》《山海经音》仍然各2卷；《宋史·艺文志》存郭撰《山海经赞》2卷，《山海经》18卷；《清史稿·艺文志》载吴任臣《山海经广注》18卷，汪绂《山海经存》9卷，郝懿行《山海经笺疏》18卷、《图赞》1卷、《订讹》1卷，俞樾《读山海经》1卷。

《山海经》现存18篇，其中《山经》5篇，《海外经》4篇，《海内经》5篇，《大荒经》4篇。《山海经》或言"卷"或言"篇"，"卷""篇"只是篇次称谓的不同并无本质的区别。今本《山海经》仅存篇卷而无图，今贤据《山海经》做《山海经全集精绘》，我们方能窥其地理于一斑。③ 这在《山海

---

① 袁珂校注：《山海经校注·序》，北京联合出版公司2013年版，第5页。
② （汉）司马迁：《史记》卷一二三《大宛列传》，中华书局1959年版，第3179页。
③ 《山海经全集精绘》用近700幅彩色插图复原再现了《山海经》时代华夏大地的自然景观和人文景观，其中包括追溯远古文明的《帝禹山河图》及20幅山海经艺术地理方位复原图、多幅远古部落景观图等。王红旗编译，孙晓琴绘：《山海经全集精绘》，清华大学出版社2019年版。

经》发展研究史上占有不可忽视的地位。除正史记载之外，明代王崇庆《山海经释义》也是研究《山海经》的重要著作。但《山海经》何时成书则存在较大的争议。学术界一般认为，《山海经》大致成书于战国中后期至西汉初期，且并不是一人一时之作。但《山海经》即使成书于战国中后期至西汉初期，书中内容可能早就在其他文献中存在了。

司马迁所说的"怪物"应属孔子所言的"怪、力、乱、神"中的"怪"与"神"。[①] 什么是"怪物"呢？《说文解字》："怪，异也。"[②] 这种"怪物"一是物的形体不同于常态，二是能力不同于常态，是一种"形体、能力有异于常"，以当时人类的常识不可解之"物"。什么是"神"呢？现在可见的对"神"的较明晰的解释，较早见于《说文解字》所释之"神"。《说文解字》释"神"为天"神"："天神，引出万物者也。"[③] 用《说文解字》中的"怪""神"的古义解读司马迁"不敢言"、孔子不语的"怪""神"，"神""怪"就是形态异于"常"，拥有超越凡力的、创造"万物"之"祖"，其道"微妙无方，理不可知，目不可见，不知所以然而然"。[④]

但中国古代文化中"物"的概念，既包括自然界存在各类有形的"物体"，也包括人类创制的各类文化制度，如《左传·桓公二年》："夫德，俭而有度，登降有数，文物以纪之，声明以发之，以临照百官。"[⑤] 这里的"文物"即指礼乐制度，礼乐制度是古代文化中的"物"的一个种类。自然界存在的"物体"产生的根源，在古代确然超出当时人类的认知；言其为超人类的"神创"则以最简单的方式，"幻化"地解决了世界起源的问题。那些远古

①　（清）康有为著，楼宇烈整理：《论语注》卷七《述而》，中华书局1984年版，第98页。

②　（汉）许慎撰，（清）段玉裁注：《说文解字注》卷一九《心部·怪》，上海古籍出版社1981年版，第509页。

③　（汉）许慎撰，（清）段玉裁注：《说文解字注》卷一《示部·神》，第3页。

④　（唐）孔颖达疏：《周易正义》卷三《观》，（清）阮元校刻：《十三经注疏》，中华书局2009年版，第73页。

⑤　（春秋）左丘明撰，（清）洪亮吉诂，李解民点校：《春秋左传诂》卷五《传·桓公二年》，中华书局1987年版，第211页。

人类创制的文化制度，是古人从蒙昧走向文明的基石。远古时期文化始祖的创造能力，同样超出那个时代的普通人的认知，他们由此也被赋予了部分"神"的属性。

当然，这里的"怪""神"也仅是东汉许慎时代的解读，并不一定是中国传统文化中最早的"怪""神"的文化意蕴；它们必然具有特定的历史局限性，无法涵盖远古语境中的"神"的定义，但应当保留有或反映着部分"神"的基本文化属性。如远古神话传说中的"神"，也可指山川之"守"，即镇守山川的氏族部落首领，《史记·孔子世家》：

> 吴伐越，堕会稽，得骨节专车。吴使使问仲尼："骨何者最大？"仲尼曰："昔禹致群神于会稽之山，防风氏后至，禹杀而戮之，其节专车，此为大矣。"吴客曰："谁为神？"仲尼曰："山川之神足以纲纪天下，其守为神，社稷为公侯，皆属于王者。"客曰："防风何守？"仲尼曰："汪罔氏之君守封、禺之山，为厘姓。在虞、夏、商为汪罔，于周为长翟，今谓之大人。"①

此段《史记·孔子世家》中的"防风氏"属于氏族部落的首领，是禹召集至会稽的"群神"之一。远古氏族部落的首领曾具有"巫"的能力，防风氏等氏族部落首领当然是具有"神力"的诸"神"。"神"与"公侯"都是"王者"之属，"王者"之"守"可称为"神"，这样的"神"在后世又称为"汪罔""长翟"，再后世则称为"大人"，即拥有较高社会政治等级地位的"官僚"的通称。我们对远古诸"神"的理解应在"神"的本质的基础上，持具体问题具体分析的态度；若拘泥于任何一个特定化"神"的定义，那么对"神"的理解可能都会产生偏颇。

中国古代特别是《山海经》载有多"神"，故神话传说中的"神"也存在诸多种类，如《山海经》卷一《南山经》："凡䧿山之首，自招摇之山，以

---

① （汉）司马迁：《史记》卷一七《孔子世家》，第1913页。

至箕尾之山，凡十山，二千九百五十里。其神状皆鸟身而龙首，其祠之礼：毛用一璋玉瘗，糈用稌米，一璧，稻米、白菅为席。"[①] 这是一种"鸟身龙首"之神。"凡《南次三经》之首，自天虞之山以至南禺之山，凡一十四山，六千五百三十里。其神皆龙身而人面。其祠皆一白狗祈，糈用稌。"[②] 这是一种"龙身人面"之神。从唯物主义的角度看，这些"神"可能是这些区域之中，身着"鸟身龙首"或"龙身人首"等特殊"礼仪"服饰的氏族首领，是这些区域氏族具有共同文化信仰、社会关系密切的具体表现。不同的地域具有不同的风俗文化，这些区域就属于中国早期的"风俗文化区"之一。

不同区域不同氏族之"神"既具有不同的区域特点，又具有某些文化上的共同表征。如"龙"是上述两山区氏族之"神"共同的"构件"，两区域氏族与"龙"崇拜氏族应当具有密切的文化联系。这也许是氏族联盟的形成基础，也是氏族联盟文化长期浸染的结果。据此，《山海经》中的"神"可能属于具有特定天命的"天（命之）神"，是"引出万物"的"代天理世"的"天使"，"神话"最初应是在早期"天命"观的基础上，时代认知里的能力超常的"祖"的"事迹的文本"。那些氏族首领当然也是这些"神"的重要组成部分。但这些形态各异、祭祀有别的"祖"的主体，表明当时的氏族文化已经发展到多元，但又具有局部异形而同源的阶段。

"传说"是近代才有的一个"新名词"，在中国传统文化中更近于"传闻"。"传闻"多与历史人物、历史事件、地方文物、自然风光、社会习俗相关联。正史、志传、典制载有"传闻"之事，《山海经》、野史与文人笔记记载的"传闻"数量更多，但较前述"传闻"则少了官方记录的"政治"的色彩。这些传说多具有民间叙事艺术的特点，是民间文学的重要体裁与重要组成部分，起源于原始文明草创时期，进入阶级社会之后载述趋于"丰满"。现代常见的"传说"，主要以人物为中心，以事件为线索，以风物为标志的复合

---

① 袁珂校注：《山海经校注·山经柬释》卷一《南山经》，第 7 页。
② 袁珂校注：《山海经校注·山经柬释》卷一《南山三经》，第 17—18 页。

形态，有突出的历史性、民族性和地区性特点。①

　　神话与传说虽然是具有区别的两种文化现象，但中国古代神话存在转化为传说的现象，鲁迅《中国小说史略》："迨神话演进，则为中枢者渐近于人性，凡所叙述，今谓之传说。传说之所道，或为神性之人，或为古英雄，其奇才异能神勇为凡人所不及，而由于天授，或有天相者，简狄吞燕卵而生商，刘媪得交龙而孕季，皆其例也。"② 这既反映了神话、传说的演变规律，又体现了以特定的天人关系，"锻炼"神话传说文本的文化发生特质——从本质上说，人类对特定文化现象的认知渐趋理性。这也是人类文明进步、文化不断发展的必然结果。

　　神话反映的主要是原始社会人和自然的关系，传说反映的主要是人与人的关系，前者是对自然界和社会关系的不自觉的艺术加工，后者则开始有了自觉的成分，前者的主人公是神，后者则是人或有奇才异能的神性的人。神话向传说转化，理性与文学艺术的特性越来越鲜明。③ 这说明中国古代的神话传说，是具有时代性的文化现象，是可以"丰富"、可以"变化"的文化现象。它虽然具有一定的历史真实底蕴，但同样具有更为广泛的"虚拟场景"。

　　和神话相比较，传说有两大特点：一是主人公是历史人物或带神性的人："传说之所道，或为神性之人，或为古英雄。"④ 许多传说都以历史上的英雄或带有神性的人为主人公。秦汉民间广为传颂的"盘古"传说，《山海经》《尚书》所载的大禹治水的传说都是如此。二是题材范围广。传说反映的历史和社会生活的范围很广，构成传说的内容既包括历史人物，也包括历史事件。历史人物与历史事件本多无法两分。某些地方风物、名山大川、奇峰怪石、楼塔寺庙、乡土特产等，都有过不少美丽的传说。⑤ 据此，神话传说的数量应

①　潜明滋：《中国古代神话与传说》，商务印书馆 1996 年版，第 6—7 页。
②　鲁迅：《中国小说史略》第二篇《神话与传说》，商务印书馆 2011 年版，第 17 页。
③　潜明滋：《神话与原始宗教关系之演变》，《云南社会科学》1983 年第 1 期，第 92—99 页。
④　鲁迅：《中国小说史略》第二篇《神话与传说》，第 17 页。
⑤　叶云章：《文学理论自学指南》，暨南大学出版社 1993 年版，第 116 页。

相当丰富，但由于记事载体的时代限制及文化隔膜，人类对特定记载对象的"筛选性记忆"，或特殊意识形态对神话传说的裁减作用，存世的中国远古神话传说的数量大为减少。

我国的文学工作者对神话传说的研究较为深入、广泛。从文学的角度而言，神话与传说往往相互交融，是最早的口头叙事文学之一。这种观点确实道出了神话传说产生或保留的重要途径。但远古时期巫文化盛行，巫在原始社会中占有重要的地位。神话传说往往出自巫思维加工之下的"巫口"，某些神话难免带有巫的意识形态的"创作特点"。而且，远古时期同样具有特定的记载形式，口耳相传并非这些神话流传的唯一手段，"结绳记事"与"画事"就是记载神话传说的其他两种方式。

伏羲就是以"画事"的形式记载历史的神话传说人物。伏羲也写作"宓牺"，传说其是"画事"的创立者，《易通卦验》："宓牺方牙，苍精作《易》，无书以画事。"东汉大儒郑玄注："宓牺时质朴，作《易》以为政令而不书，但以画其事之形象而已。"① "无书以画事"，"画其事之形象"说的就是记事发展的这一阶段。《易下·系辞》："古者庖牺氏之王天下，仰则观象于天，俯则观法于地，中观鸟兽之丈，与天地之宜。近取诸身，远取诸物，于是始作八卦，以通神明之德，以类万物之情，结绳而为网罟，以佃以渔，盖取诸《离》。"② 以八卦类"万物之情"，表达的也是画事、以形表事的历史。

但某些神话可能是附会、融合着当时的巫意识形态，记录那个时代的历史具有"主观+客观"的双重色彩。

我国文学史上许多优秀的神话传说，是劳动人民智慧的结晶和时代的产物，它们至今还保持着强大的生命力。其中，巫也是那个时代的"劳动人民"

---

① （宋）李昉等：《太平御览》卷七八《皇王部三·太昊庖牺氏》引《易通卦验》，中华书局1960年版，第364页。

② （唐）李鼎祚撰，王丰先点校：《周易集解》卷一五《系辞下传》，中华书局2016年版，第450—452页。

之一，只是其身份地位相对较高而已。但神话传说归根结底是人们对现实生活的"艺术"创造，其中隐含着丰富的人类社会发展信息，这些"人类社会发展信息"就是我们常说的"史事"。这也是神话传说文史难分的重要原因，国学大师王国维指出："上古之事，传说与史实混而不分。史实之中固不免有所缘饰，与传说无异，而传说中亦往往有史实为之素地，二者不易区别。此世界各国之所同也。"① 这是诸多学者能够从历史角度解读神话传说，探索远古历史文化、创新历史研究的重要原因。

二、神话传说的产生与发展

作为中国古代文化的重要组成部分，远古时期的神话传说缘何而生？这是一个有多种解读方式的学术话题。我国的学术界普遍认为，这一时期的神话产生于野蛮期的低级阶段，到了野蛮期的中级阶段，神话传说的发展进入了繁荣时期。② 原始社会生产力水平低下，神话是人类对自然与现实生活、现实世界的扭曲反映，它反映的是那个时代的人类对那个时代的世界的思考。但无论怎样思考，它都是立足于时代政治、经济、社会、文化的思考，带有那个时代特定的政治、经济、社会与文化发展的烙印。"龙"字从独体的象形字，到鳞虫之"长"的独体会意字，再到具有日月之明意象的双构，最后形成兼日月之明的会意字，体现着自远古至汉代婚姻形态、政治一统属性的变化。

在特定的社会物质文化发展的基础上，那个时代的人有那个时代的思维方式："'原始人'的智力过程与我们惯于描述的我们自己的智力过程是不相符合的"，其中最不可思议与最迷人的，是"原始人对他们看到的表面完全不受我们的逻辑及任何规律支配"，认为神秘力量普遍存在于事物与现象之中，

---

① 王国维：《古史新证——王国维最后的讲义》，清华大学出版社 1994 年版，第 1 页。
② 慕俊杰：《试论民间文学学科构建中的几个基本问题》，中国海洋大学 2008 年硕士学位论文，第 16 页。

"存在物与客观之间的神秘互渗，来彼此联结"①。原始人比照人与动物的相通之处，确认我们人类的祖先起源于特定种类的"兽"（生物），是人和特定种类的"兽"相通（"结合"）的产物。"人兽相通"产生了"半人半兽"的祖先形象，如"伏羲鳞身，女娲蛇躯"②，伏羲、女娲属于人兽结合体；或是"具有人形、体合多兽"的祖先形象，如西王母"其状如人，豹尾虎齿而善啸，蓬发戴胜，是司天之厉及五残"③，西王母就是豹、虎、人的"融合体"或"杂交体"。

这些祖先、神或远古历史活动，同样具有巫文化的特点，鲁迅《中国小说史略》："中国之神话与传说，今尚无集录为专书者，仅散见于古籍，而《山海经》中特多。《山海经》今所传本十八卷，记海内外山川神祇异物及祭祀所宜，以为禹益作者固非，而谓因《楚辞》而造者亦未是；所载祠神之物多用糈（精米），与巫术合，盖古之巫书也，然秦汉人亦有增益。其最为世间所知，常引为故实者，有昆仑山与西王母。"④鲁迅认为《山海经》为"古之巫书"，大概指其书在记载山川风物之外，还存在广泛的巫文化现象，但说其为巫文化"专著"则是不恰当的。

中国原始社会中巫术风俗是普遍存在的。英国社会人类学家弗雷泽将建立巫术的原理归结为两个方面：一是据"相似律"建立的"顺势巫术"或"模拟巫术"，二是据"接触律"建立的"接触巫术"。"顺势巫术"是根据对"相似"的联想，也即"物与客观之间的神秘互渗，彼此联结"而建立的，根据"同类相生"的原则，巫师通过模仿就可以实现任何他想做的事；"接触巫术"则据对"接触"的联想而建立，巫师能通过一个物体来对一个施加影响，

---

① ［法］列维·布留尔：《原始思维·绪论》，商务印书馆1995年版，第6页。
② （唐）欧阳询撰，汪绍盈校：《艺文类聚》卷六二《居处部二·殿》，上海古籍出版社1985年版，第1123页。
③ 袁珂校注：《山海经校注·山经柬释》卷二《西次三经》，第45页。
④ 鲁迅：《中国小说史略》第二篇《神话与传说》，第17、18页。

只要该物体曾被那个人接触过，不论该物体是否为该人身体之一部分。① 由于这两种巫术都是物体通过某种神秘的交感可以远距离地相互作用，所以弗雷泽将这两类巫术都归于"交感巫术"。

史前所谓天命、鬼神、精灵附身而通神的酋长，他们往往集神话讲说者、图腾崇拜者与巫师等身份于一身。② 原始神话的文化方式，是言说而且始终只能是言说，往往在祭祀天神祖灵、捕猎与战争前的动员或教育后代等活动中出现。在"讲故事"时，可能还有些歌赞因素的存在。言说的对象，通常是本具神性、灵性与巫性异能的酋长、英雄与大巫等的故事与奇迹，还有一定的生活知识的传授。③ 中国远古物质、文化的创世始祖，多是那个时代具有神圣地位的大巫，围绕着巫神的行为活动所形成的各种神话，实际上就是原始的巫术仪式活动。④

如向柏松认为："女娲补天杀水怪神话显然是受到原生态水神巫术神话影响而形成的。"⑤ 巫的文化特性是为那个时代的世界蒙上"巫"文化风采的"人类之眼"，是透过巫的视野展现出来的那个时代的多彩世界。巫文化不是为了欺骗世界，而是为了展现"巫色"这一"世界本来面目"。"鸟身龙首"或"龙身人首"等"半人半兽"可能属于"模拟巫术"塑造的形象——身着具有鸟、龙、虎、豹等纹饰的服装，从而拥有这些图腾的能力。后世帝王所着的"龙袍"，也应是"模拟巫术"的历史文化遗产。

此外，《山海经》载："有草焉，其叶如蕙，其本如桔梗，黑华而不实，名曰蓇蓉，食之使人无子。"⑥ 蓇蓉"华而不实""食之使人无子"虽然仅是

---

① ［英］J. G. 弗雷泽：《金枝——巫术与宗教之研究》，汪培基等译，商务印书馆 2013 年版，第 26—87 页。
② 王振复：《中国巫文化人类学》，山西教育出版社 2020 年版，第 13 页。
③ 王振复：《原始"信"文化说与人类学转向》，《学术月刊》2022 年第 8 期，第 136 页。
④ 王曼：《中国上古神话与巫术仪式》，《平顶山学院学报》2021 年第 4 期，第 59 页。
⑤ 向柏松：《水神巫术神话与中国传统农业社会关键性仪式：神话视域下的中国传统文化再发现》，《中南民族大学学报（人文社会科学版）》2005 年第 1 期，第 148 页。
⑥ 袁珂校注：《山海经校注·山经柬释》卷二《西山经》，第 25、26 页。

说这种草的药用价值，但"以草治人"现象本身就具有"接触巫术"文化的的特点。菁蓉类医药的发明可能同样存在着巫文化的影响。《山海经》药物色彩系统可分类整理为赤、白、黄、青、黑五个色系，该五色对应中医五行，对中医五色观的形成起到一定作用。《山海经》药物色彩倾向隐含先民的情感寄托，部分药物色彩选择遵循交感巫术原则，反映了《山海经》成书时期巫医不分的特点。①

鬼神与巫文化密切相关。即使到了战国时期，仍存在鬼神罚而致病观，如《墨子·公孟》："子墨子有疾，跌鼻进而问曰：'先生以鬼神为明，能为祸福，为善者赏之，为不善者罚之。今先生，圣人也，何故有疾？意者，先生之言有不善乎？鬼神不明知乎？'子墨子曰：'虽使我有病，何遽不明？人之所得于病者多方，有得之寒暑，有得之劳苦，百门而闭一门焉，则盗何遽无从入哉。'"② 如果鬼神致人得疾，治鬼神祛病之巫当然可为巫医了。"以巫为医"是古代社会一度广泛存在的医疗现象。

据此，神话、图腾与巫术是"三位一体"的。原始神话、图腾与巫术等"三位"，之所以能够具有"一体"共性的关键一点，是原始人群的"万物有灵"的信仰。"灵"，繁体汉字通常写作"靈"，从"霝"从"巫"。"霝"，雨零义；"巫"，为神性之人兼人性之神。巫是处于神与人之间，沟通神人的、能力特殊的人物。③ 天命、巫术、精灵文化既是"制造"神话传说的基础，又是我们揭示中国远古神话"真面目"的一种重要途径。

但并非所有的神话传说中的物象都具有巫术的色彩。远古时代的人或将某些动物与特定的自然现象联系在一起，通过直观的思维联系，认为某些动

---

① 贾雯鹤、郭子菡：《从巫术到医学：〈山海经〉所记药物的色彩观》，《中国非物质文化遗产》2024 年第 1 期，第 57—66 页。

② 吴毓江撰，孙启治点校：《墨子校注》卷一二《公孟四十八》，中华书局 2006 年版，第 707 页。

③ 王振复：《原始"信"文化说与人类学转向》，《学术月刊》2022 年第 8 期，第 134 页。

物就是某一现象之"神"。① 这也是神话传说产生的重要途径之一。如《山海经》记载的"赢鱼"属于水患之神,"鱼身而鸟翼,音如鸳鸯,见则其邑大水"②。"赢鱼"属于动物神中的恶神,象征不吉与祸害。"当康"则属于皋泽之中,"见则天下大穰"的丰收之神:"钦山,多金玉而无石。师水出焉,而北流注于皋泽,其中多鳝鱼,多文贝。有兽焉,其状如豚而有牙,其名当康,其鸣自叫,见则天下大穰。"清代郝懿行注:"当康大穰,声转义近,盖岁将丰稔,兹兽先出以鸣瑞,故特记之。"③

赢鱼应是一种善跳的鱼,当康则是形似猪类的动物。以我们现在的知识看,当洪水发生、水流扰动,水中含氧量不足,鱼就会跃出水面,如飞引洪水奔流前行;野猪在田野谋生觅食,在食物较多处,饱食则弃其余,如充盈的食物,似当康知其产处。古人将赢鱼、当康与水灾、丰收直接联系在一起,反映出人类认识发展早期阶段的基本特点:万象皆由神所司,神为万象之主,祭神能得神之佑。赢鱼、当康也是由联想形成的可管大水、年成丰收的动物中的两位具有"神"力的动物。

但神话传说的发展同样受环境变迁、生产发展的影响。中国原始社会跨越了旧石器时代和新石器时代两个时期。旧石器时代距今 300 万年到 1 万年前,大的地理环境是冰川作用的盛衰,冰期与间冰期的更替。在漫长的旧石器时代,中国西北高原、华北平原、长江流域、东南沿海都有远古人类活动的遗迹,如云南元谋人遗址、陕西蓝田人遗址、周口店北京人遗址等。如较为寒冷的环境影响了生物的演变,华北地区发生了四次动物的迁徙。气候变迁必然影响到人类的生产生活与社会文化的发展。

从距今约 1 万年前后的全新世之初开始,人类进入新石器时代,全球向

---

① 邓启耀:《神话的功能 中国神话的思维结构》之"神话的逻辑结构""神话的思维形式因素""神话的思维符号",重庆出版社 2004 年版,第 182—187 页。

② 袁珂校注:《山海经校注·山经柬释》卷二《西四次经》,第 56 页。

③ 袁珂校注:《山海经校注·山经柬释》卷四《东次四经》,第 105 页。

温暖的方向发展。随着社会生产的发展，至新石器时代中晚期，人类进入母系氏族社会高度发展的阶段，中国黄河、长江流域以母系血统维系的母系氏族发展到全盛时期。在母系氏族社会，妇女不仅在生产上起主要作用，而且成为原始聚落中的胞族的轴心。她们常常被说成是人类及万物的创造者。在这一阶段，中国古代神话中也出现了不少女性神话人物，如女娲、羲和、西王母等。① 那些没有性别记载，只知其母、不知其父的远古圣人，同样应是母系氏族社会中的"伟大"人物。

直到约 5500 年至 4000 年前，母系氏族社会逐渐被父系氏族社会所取代，我国远古人类进入了父系氏族社会时期，人类文明进入到更高一级的历史阶段，女性之神也多被男性之神所取代。黄河下游的大汶口文化、山东的龙山文化、黄河上游的齐家文化、长江下游的良渚文化等为这一时期的代表。进入父系氏族社会时期后，许多神话人物之间也相应地出现了辈分和谱系，氏族间的聚居与合并出现了部落、部族与联合部族共同发展的形势。随着社会财富的增加与不同氏族势力发展的失衡，部落或部族间的争战较过去大为频繁，战争又进一步加速了氏族社会的融合与发展。

其中，距今约 4000 多年前，在黄河流域产生的姬姓部落与姜姓部落逐渐发展壮大，传说中的黄帝和炎帝分别成为两大部落的首领。双方在交流、交融的过程中，爆发了阪泉之战，黄帝打败了炎帝，但两个部落结为联盟。随着蚩尤氏族势力的发展，蚩尤又与炎黄发生冲突，炎黄又击败了蚩尤，形成了"中华三祖"文化。这一过程产生了中国神话中的炎帝与蚩尤之战，炎帝与黄帝、黄帝与蚩尤之战等神话。又传神农尝百草，为人类战胜疾病、生存发展创造了新条件。神农尝百草本身也是农业与医药业发展，人类物质生活进步的反映，更是部族势力发展壮大、战争广泛出现的物质基础。

当然，社会生产、社会经济的发展在神话传说中具有无可替代的作用，

---

① 杨阳、张青：《先秦文学辞典·神话》，远方出版社 2006 年版，第 38 页。

《管子·揆度》就认为"以轻重为天下"之事，所谓的"轻重"即指充分利用地利，发展经济，以经济为"王"天下之本，其中黄帝更是"烧山林，破增薮，焚沛泽，逐禽兽，实以益人"，尧、舜则是以商业利天下："齐桓公问于管子曰：'自燧人以来，其大会可得而闻乎？'管子对曰：'燧人以来，未有不以轻重为天下也。共工之王，帝共工氏继女娲有天下。水处什之七，陆处什之三，乘天势以隘制天下。至于黄帝之王，谨逃其爪牙，不利其器，藏秘锋芒，不以示人。行机权之道，使人日用而不知。烧山林，破增薮，焚沛泽，逐禽兽，实以益人，然后天下可得而牧也。至于尧、舜之王，所以化海内者，北用禺氏之玉，南贵江、汉之珠。其胜禽兽之仇，以大夫随之。'"①

　　重大的发明则是发展部落实力、"王天下"的真实的、重要的内在条件，《管子·地数》："葛卢之山发而出水，金从之，蚩尤受而制之，以为剑铠矛戟。是岁相兼者诸侯九。雍狐之山发而出水，金从之，蚩尤受而制之，以为雍狐之戟芮戈，是岁相兼者诸侯十二。故天下之君顿戟壹怒，伏尸满野，此见戈之本也。"② 据此，蚩尤势力的发展就是建立在最早用"金"，制作出先进而精良的武器、兼并诸侯的基础之上的。通过发明创造，利天下之民而"王"天下，则是天下圣王的共同之处，如《管子·轻重》：

　　　　桓公问于管子曰："轻重安施？"管子对曰："自理国虑戏以来，未有不以轻重而能成其王者也。"公曰："何谓？"管子对曰："虑戏作，造六峜以迎阴阳，作九九之数以合天道，而天下化之。神农作，树五谷淇山之阳，九州之民乃知谷食，而天下化之。黄帝作，钻燧生火，以熟荤臊，民食之，无兹膈之病，而天下化之。黄帝之王，童山竭泽。有虞之王，烧曾薮，斩群害，以为民利，封土为社，置木为闾，始民知礼也。当是其时，民无愠恶不服，而天下化之。夏人之王，外凿二十虻，鞣十七湛，疏三江，凿五湖，道四泾之水，以

---

① 黎凤翔校注，梁运华整理：《管子校注》卷二三《揆度》，中华书局 2004 年版，第 1371 页。
② 黎翔凤校注，梁运华整理：《管子校注》卷二三《地数》，第 1355 页。

商九州之高，以治九薮，民乃知城郭门闾室屋之筑，而天下化之。殷人之王，立帛牢，服牛马以为民利，而天下化之。周人之王，循六牂，合阴阳，而天下化之。"①

这就是管子所言的"以轻重而能成其王"的道理。伏羲、神农、黄帝、帝尧、帝舜、夏人、商人、周人都是如此。其中黄帝能够"王"天下，为发展生产、增强氏族之力，甚至严重破坏了生态环境，"童山竭泽"。从原始社会生产力发展的角度看，黄帝破坏生态环境的说法，可能存在夸大的嫌疑，但这也反映出黄帝时代生产的高度发展及人对自然改造能力的巨大进步。管子的"王道"反映的是就是增强"综合国力"，从文化到物质实力都要获得长足的发展，由此形成对其他氏族实力的超越。这也是我们中华民族悠久历史文化中的大智慧。

三、中国远古时期的神话传说

中国远古氏族分布的广泛、氏族的分立、文化发展的多元化，及神话传说与图腾文化、巫文化的"三位一体"，使中国远古神话传说形成如下基本特点：一、想象性和幻想性特别突出。神话中"神"实际上是作者在想象和幻想的基础上，以巫术相加持形成的具有超能力之"物"。马克思指出："任何神话都是用想象和借助想象以征服自然力、支配自然力，把自然力加以形象化。""是已经通过人民的幻想用一种不自觉的艺术方式加工过的自然和社会形式本身。"② 想象性和幻想性是神话最突出的两大直观特征，巫术则是赋予这些"神"超能力的基本加持力。

二、神与人通，神有人性，神是人格化的神。远古时期的人类天真地以为，天地万物同人一样，都有思想情感与生命，并且由于对自然力缺乏科学

---

① 黎翔凤校注，梁运华整理：《管子校注》卷二四《轻重》，第1507页。
② 马克思：《〈政治经济学批判〉导言》，《马克思恩格斯选集》第2卷，人民出版社1972年版，第113页。

认识，真诚地相信天地万物都有起主宰作用的"神"，而且天真地认为这些神也和人一样具有人性。[①] 因此，中国远古神话中的主体，不论是日月星辰还是山岳河海都有神，如日有太阳神，月有月神，山有山神，水有水神，风有风神，旱有旱神等，而且这些神都有特定的人的形象或某些人的性情。我们称神话传说的这一特点为"神的人格化"。

中国远古神话有着众多的神灵形象和丰富的神话故事，但中国古代神话里的概念性的或虚化的神少，自然神、氏族神多，神多是兽形、半人半兽形或几种动物形态的合体，纯属人形的神很少，大量"远国异人"奇形怪状，呈现着荒诞怪异、不可言说的原始文化的面目。这些神话传说没有完整的"神谱"，多是单个出现的神话性的"神"，无定格的神迹，神话故事多零碎、散断，各自独立，没有形成完整而系统的神话故事体系。[②]

但特定神的话传说毕竟是特定社会发展阶段的产物。远古神话传说发生在阶级社会之前，原始社会"万邦"林立、幅员广阔，即使不同氏族的文化发展有所交融，文化发展殊非秦汉以来的"大一统"形式的秩序化统一。在不同氏族部落共存、多元文化并列的时代，神话故事零碎、散断而没有体系性，只能说明在广袤的华夏先民大地上，今天所见的神话传说来自多源，似并不能代表中国古代神话处于不发达阶段。考古学者苏秉琦指出，中华文明的起源"不似一支蜡烛，而像满天星斗"[③]。这对神话传说的丰富性可能同样适用。

这些神话虽然零碎，缺少体系，但多分布在今天的中国地域之内，且神的形态具有抽象的本质共性。它反映出远古时期的中国，已经具有本源相同的氏族文化。今天所见的中国神话在数量上比西方少了很多，耳熟能详的也

---

① 叶云章：《文学理论自学指南》，暨南大学出版社 1993 年版，第 115 页。
② 东生：《从民族文化的比较看中国古代神话不发达的原因》，《复旦学报（社会科学版）》1986 年第 3 期，第 109—112 页。
③ 苏秉琦：《苏秉琦考古学论述选集》，文物出版社 1984 年版，第 302 页。

就盘古开天、女娲造人、精卫填海、后羿射日等那么几个，民间传说和故事倒是有很多。鲁迅《中国小说史略》："中国神话之所以仅存零星者，说者谓有二故：一者华土之民，先居黄河流域，颇乏天惠，其生也勤，故重实际而黜幻想，不更能集古传以成大文。二者，孔子出，以修身齐家治国平天下等实用为教，不欲言鬼神，太古荒唐之说，俱为儒者所不道，故其后不特无所光大，而又有散亡。"①

与中国远古神话传说相类，具有较为深远的文化影响的，是古希腊的神话传说。古希腊神话传说中诸神虽然具有系统性，但整个希腊半岛不过 10 余万平方千米，其文化发生的土壤不能与中国远古"万邦林立"的广袤地域相比。地小则事具，地广则物杂。中国远古神话多源，虽未能成体系，但也是地广而文化多种形态，丰富而不拘一格的必然表现。这同我们现在丰富多彩、令人叹羡的地方文化如出一辙。流传至今的我国远古神话传说数量较少，但这不是远古神话传说不发达，而是历经政治文化一统性的发展与制约，我们"所能见的神话传说"呈现的"零散现状"，并不能成为中国远古神话传说发达与否的论据。

四、神话传说与历史文化

神话是一种内容广博的综合的意识形态，包括原始初民的自然科学和社会科学，因此被称作那个时期的"百科全书"。它通过幻想的方式、巫术的色彩把客观世界、人类活动加以形象化，形成原始初民"信史化"的集体信仰。但越是原始的神话，越是不自觉的叙事艺术。随着文明的进展，神话才逐渐由朴野而文学化、"美丽化"。我们现在从古籍中所见到的神话，几乎都经过后人不同程度的润饰与加工。②

对神话的这种认知虽然存在一定程度的不确然性，但原始神话的文化功

---

① 鲁迅：《中国小说史略》，第 20、21 页。
② 潜明滋：《中国古代神话与传说》，第 2—3 页。

能在于先民心灵的口头宣泄和关于心路历程、社会生活、情景、想象、向往等的口头"发言"、交流和记忆。狭义神话与图腾崇拜、巫术行为等，都是"带有虚构成分的一部人类历史。通过神话，后人可以体悟到人类远古历史的光辉遗影"①。这一论断则是相当中肯的。神话传说的这种文化属性与文化功能，必然使其体现着中国原始先民特定的历史文化，成为我们了解远古先祖历史、巫文化、图腾文化的基本素材。

因此，中国远古神话是特定时期自然和社会环境的产物，是古代先民在社会实践、生产生活中对于自然、社会、人三者关系的原初思考和美好愿景。它内涵丰富，充满浪漫的幻想又蕴含着当时的自然地理知识和传统的思想观念，对于研究中国上古时期的历史文化有着一定的价值。虽然远古历史文化的传播有多种途径，神话传说仅是传播历史文化的手段之一，但我们只有正确认识、辩证地看待这些神话，用它来辅助研究远古社会的社会结构、人们的生产生活和自然人文环境，才能真正发挥神话传说的应有价值，丰富我们的精神文化世界，传播优秀的中华传统文化。

一些神话传说非但不是虚构的作品，恰恰相反，它们更多的却是历史在特定介质如巫文化中的折射。在史前时期及历史记载缺失或不完备的时代，神话传说承载着传承历史的一种方式。尽管神话中先民对自然、社会、人生哲学的认识是神化的、扭曲的，但认识的本体对象则是历史的。有学者将我国神话历史分为上古三皇五帝、秦汉魏晋和元明三个时代，认为"上古神话讲述的是历史，秦汉神话讲的是哲学，而元明神话讲的是宗教"②。

正如徐旭生先生所言："无论如何，上古时代的传说总有它历史方面的素质、核心，不是向壁虚造的。""我们现在可以毫不疑惑地断定：凡古代的史实，只要那里面不掺杂神话，大约全是伪造，至少说它是已经经过一番人化的工作了；反倒是淆杂神话的说法尚属近古，想推测古代的经过，只有从那

---

① 王振复：《"中国巫文化人研究"序》，《中国巫文化人类学》，第4页。
② 刘毓庆：《中国古代神话的三次大变迁》，《新华文摘》2015年第2期，第91页。

里钻研,才有可能得到靠得住结果的希望。"① 这些论断都在客观上反映出神话的历史性的一面;远古历史文献又是夹杂着巫的语言、巫术形式的文献。

远古神话中精彩纷呈的故事,光芒四射的智慧,大胆奇特的想象,浪漫瑰丽的色彩,深刻地体现着民族文化,永葆着诱人的历史魅力。直到数万年之后,我们创造神话传说的先祖之后,仍或多或少地神往着先祖时代,引发我们无限的思考。我们伟大的祖国在几千年漫长的发展中,创造了丰富、灿烂的古代文化。中国文化是中华民族延续和发展的精神支柱,它曾长期居于世界文明的前列,为人类的文明与进步作出了不可替代的贡献,是世界文明发展史上的文化遗产。学习先秦神话与传说,是我们了解华夏文化的一把钥匙。

五、远古神话的解读方式

神话传说虽然能够反映原始社会的历史文化,但它仅是反映原始社会历史文化途径之一。不同途径反映着不同"精准度"的原始社会发展形势,即使同一神话在不同的专业背景下也会存在不同的解读。神话传说不是历史,但反映着历史的背景,通过这些历史勾勒出我们文明的发展进程。这种勾勒出的历史或者只是历史发展中的吉光片羽,却是构成我们最为珍贵的民族文化遗产的基本素材。不同时期有不同的神话传说。但那个时代的那些人却将神话传说当作"信"文化来看待,远古时期的神话传说在那个时代甚至是后代,都被视为具有"真实性"和"崇高性"的"历史"。

解读神话传说背后的历史,使用"那个时代的文献",或出现时间"较早"的文献、较为"原始"的文献,无疑是最大程度避免"以今裁古""削古适今"的,较为可取的也是较为科学的方法。我们现今所见中国早期的文字具有特殊的"历史文献功能"。如国学大师陈寅恪指出,解释一个汉字常常

---

① 徐旭生:《中国古史的传说时代》,科学出版社1960年版,第20、303页。

就是做一部中国文化史。① 文字学家朱芳圃认为：中国古文字具有图画的特点，其结构皆社会事状之反映。② 就这些文字与历史的关系而言，甲骨文、《尔雅》、《说文解字》属于解读远古神话传说的基本文献。考古学、民族学、社会学、人类学同样可以为解读神话传说提供不同的视角，神话、图腾、巫术"三位一体"的人类文化学特点，更是解读远古神话的重要途径。

这就决定了神话传说研究的三种路径：一是从历史文献编纂学的角度，考察神话传说与历史真实的异同，及神话传中蕴含的有关政治合法性的书写诉求，对于后世正史编纂和历史叙事的影响；二是从民族学、社会学的角度，考察神话在社会生活中的作用，及其对于民族融合、民族精神、民间风俗、社会心态的影响；三是从文艺学、文化人类学的角度，考察神话的文本形态、艺术成就，及其发生、发展、传承、传播、演变的轨迹，与其中所蕴含的民族、文化内涵。这一点又和历史文献编纂学存在交叉性。

最后，解读远古神话传说所据文献，常见于诸家杂说杂记而缺乏雅正。其中汉代神化儒家经典的纬书，更是保留了大量的远古神话传说，如《孝经援神契》《孝经钩命决》《礼含文嘉》《论语摘衰圣》《易纬通卦验》《春秋玄（元）命苞》《春秋孔演图》《春秋内事》等，《太平御览》成为辑佚这些文献的重要文献源。这些书在宋代仍然可见，大型类书《太平御览》多有摘引，但宋代以后则多不见独传。《山海经》、《史记》、诸子文献也有记载，但同样较为零碎。

《帝王世纪》《三五历纪》《路史》《绎史》所载神话传说虽然较为体系，但又多是后出之作，内容虽工但编改之迹突出，其文献价值更当细加剖断。就文献的时间分布而言，汉代是远古神话传说文献的丰富期。汉代承秦而来，实现国家的大一统政治，社会、经济、文化获得较高的发展，也是中国封建时代的"盛世"阶段。对先秦文化进行再一次的整理、保存与发展，也就成

---

① 沈兼士：《陈寅恪先生来函》，《沈兼士学术论文集》，中华书局1986年版，第202页。
② 朱芳圃：《殷周文字释丛·叙言》，第1页。

为水到渠成的历史趋势并成为一大现实。此后受"儒家独尊"文化意识观的影响，远古神话传说的流布则多有删减改动，而且距远古时代更为久远，终成落寞之文。

由百家之言聚为一事，神话传说虽然可以做历史化解读，但其反映的历史真实性具有一定程度的或然性。本书作者本身虽对神话颇感兴趣，书中引用、介绍了不少最新的学术研究成果，但受学力、能力、视野所囿，某些看法多是对个别神话传说的个人化理解，其中难免存在这样那样的不足甚至理解性错误。我们最大的期望是抛砖引玉，为神话传说的初学者、中国古代文化史或普通社会群体，提供具有普及性兼探索性的神话传说研究成果。

让我们一起走进中国远古神话传说的世界，感受它带着野性而又初显文明的遥远的呼唤！

第一章　自然与人从哪里来——万物起源的神话传说

万物是从哪里来的？这是从古至今人类不断思考的问题。它近则涉及对人类自身起源的思考，远则发展到对世界起源的认知。远古时代处于人类发展的"童年"时期。万物起源神话就是人类在"童年"时期，用"童年"的思维认知水平，对人类、自然所作的"童年化"解释和描述，反映着远古文明中的宇宙和人类起源观。将万物之源归结于远古"圣人"或"神"的创造，这既是"童年"人类对远古"圣人"或"神"崇拜的结果，也是那个时代的人类缺乏科学知识，解读万物起源的特有的时代方式。当无法或不具备对世界或命运的科学认知工具时，转向使用这种具有"幻想性"的思维来解决现实的问题，是我们人类天生的思维方式。我们的远古先祖确然存在对宇宙起源的思考，但今天常见的对万物起源神话的阐释，可能和神话传说的原貌大相径庭。

一、宇宙起源神话概说

从不同的角度划分神话传说，神话传说有多种不同的类型，如万物起源神话/传说、英雄神话/传说、季候神话/传说、洪水神话/传说、始祖神话/传说、战争神话/传说等。但不同类型的神话传说并非截然相分，其中包含着相互渗透、彼此关联的内容。我们了解的那些表述完整的"远古"万物起源神话，出现的时间往往晚于其他类型的神话传说，似由后人搜集、整理、追述形成，我们将其界定为"成型于后世的早期远古神话"，"盘古""女娲"神话就是这样神话传说的典型案例。

天地起源神话是宇宙起源神话的重要部分。但中国古代较为"正统"的天地起源论，是近于唯物主义而疏于唯心主义的，如汉代刘安《淮南子》揭示天地结构："天有九部八纪，地有九州八柱。"① 《淮南子》又揭示了地有"八极"，以及禹所治"四海"范围："八极之广，东西二亿三万三千里，南北二亿三万一千五百里。夏禹所治四海内地，东西二万八千里，南北二万六千里，地东西为纬，南北为经。"② 依托经义专论符箓瑞应的纬书《河图括地象》③ 也有类似的表述："昆仑山为天柱，气上通天。昆仑者地之中也。地下有八柱，柱广十万里；有三千六百轴，互相牵制；名山大川，孔穴相通。"④

汉代班固《白虎通》载："地者元气之所生，万物之祖也。"⑤ 晋代葛洪《抱朴子》载天地由太极、清浊之气而致："太极初构，清浊始分，故天先成而地后定。"⑥ 南朝梁贺述《礼统》认为天地万物都由"元气"发展而来："天地者，元气之所生，万物之祖也。"⑦ 就天地的唯物形制而言，汉代国家的

---

① （唐）徐坚：《初学记》卷五《地理上·总载地一》引《淮南子》，中华书局1988年版，第87页。

② （唐）徐坚：《初学记》卷五《地理上·总载地一》引《淮南子》，第87页。

③ 纬是假托孔子儒家经义以宣扬符瑞迷信的一类书。《河图括地象》是汉代《河图纬》的一种，又称《括地象》《括地图》《括地象图》等，为《隋志》著录的《河图》九篇之一，大约佚于五代。《河图括地象》与《山海经》类似，主要记载远国异民、八方山川以及相关神话传说等地理博物内容，既可归为传统目录学意义上的地理书，又具有明显的志怪意味。它吸纳、融汇了齐文化、楚文化和西域文化等思想成分，是魏晋六朝诸如《神异经》《博物志》《玄中记》等志怪之作的资料来源。《河图括地象》在《河图纬》研究中具有标本意义。见王守亮《〈河图括地象考论〉》，《齐鲁师范学院学报》2013年第1期，第74—78页。

④ （唐）徐坚：《初学记》卷五《地理上·总载地一》引《河图括地象》，第87页。

⑤ （汉）班固撰集，（清）陈立疏证，吴则虞点校：《白虎通疏证》卷九《天地》，中华书局1997年版，第420页。

⑥ 杨明照：《抱朴子外篇校笺·附录》，中华书局1991年版，第752页。

⑦ （汉）戴德编，方向东校释：《大戴礼记汇校集释》卷一《礼三本第四十二》"集释"引南朝梁贺述《礼统》，中华书局2008年版，第96页。

统一与强盛，奠定了后世唯物天地观的基础。纬书客观地保存了部分神话传说与天文地理知识，具有一定的文化发展研究与地理学研究价值。

《山海经》中的"天"也是近于唯物的，认为天地之间有"天梯"，"灵山"连接天地，诸巫由灵山升降于天地之间："巫咸、巫即、巫盼、巫彭、巫姑、巫真、巫礼、巫抵、巫谢、巫罗十巫，从此升降。"①"灵"繁体汉字通常写作"靈"，从"霝"从"巫"，"灵山"本质就是"诸巫之山"。秦汉时期的神话中又有可供"众帝"上下天界的"建木"，《淮南子·坠形训》："建木在都广，众帝所自上下。日中无景，呼而无响，盖天地之中也。"② 由巫在天地间升降，到众帝在天地间升降，反映出巫与帝的一体性。在这两则"天梯"神话中，巫与帝并不是绝对的唯一的权威符号，而是多元并列的权威群体。它反映的就是在远古氏族社会发展阶段，"万邦"多无统属的"邦族"发展架构。

但在较正统的唯物形态的天地观外，同样存在唯心主义的宇宙起源神话。如帝俊为创日月之神，《大荒南经》："东南海之外，甘水之间，有羲和之国，有女子名曰羲和，方浴日于甘渊。羲和者，帝俊之妻，生十日。"③《大荒西经》："有女子方浴月。帝俊妻常羲，生月十有二，此始浴之。"④ 那么，帝俊在创世神话中也占有重要地位。但帝俊所创之世，更似以太阳运行规律制定的"十月太阳历"，及以月运行规律制定的阴历。

此外，《山海经》记载的钟山之神烛阴，创造了昼夜、冬夏与风："钟山之神名烛阴，视为昼，暝为夜，吹为冬，呼为夏，不饮，不食，不息，息为风，身长千里。在无脊之东。其为物，人面，蛇身，赤色，居钟山下。"⑤ 学

① 袁珂校注：《山海经校注·海经新释》卷一一《大荒西经》，第334页。
② （汉）刘安撰，何宁整理：《淮南子集释》卷四《坠形训》，中华书局1998年版，第328—329页。
③ 袁珂校注：《山海经校注·海经新释》卷一〇《大荒南经》，第381页。
④ 袁珂校注：《山海经校注·海经新释》卷一一《大荒西经》，第341页。
⑤ 袁珂校注：《山海经校注·海经新释》卷三《海外北经》，第209页。

者认为这是龙图腾祝融部落的一个创世纪神话。① 烛阴在晋代郭璞志怪作品《玄中记》中可能演化为"石首"："北方有钟山焉。山上有石首如人首，左目为日，右目为月，开左目为昼，闭右目为夜；开口为春夏，闭口为秋冬。"②

其他典籍记载的创世神话主要有四：一是汉代淮南王刘安《淮南子》中的二神，创造天地、阴阳、八极、万物、动物与人："未有天地，惟像无形，窈窈冥冥，芒芠漠闵，澒蒙鸿洞，莫知其门。有二神混生，经天营地，孔乎莫知其所终极，滔乎莫知其所止息。别为阴阳，离为八极，刚柔相成，万物乃形。烦气为虫，精气为人。"③ 二是同样出自《淮南子》的女娲补天造人神话。④ 这也是创世神话的重要组成部分。三是南朝时期梁朝任昉《述异记》所载的秦汉间的"盘古"传说。⑤ 四是《史记》引《开山图》所载的"巨灵"："能造山川，出江河也。"⑥

"二神"神话具有明显的道家文化色彩，约是道家文化改造民间神话的产物，或民间神话本身就具有道家文化的特点，是道家文化产生的社会文化土壤。盘古与女娲创世是中国远古两大创世神话。后出创世神话虽然附会特色可能会更强些，但"盘古"的初义是远古皇王宇宙认知，及相关的发明创造创新创制的"故事"，盘古与女娲创世神话的影响则大大超过了早期其他创世神话，成为中国古代创世神话的主体。其他零星的创世神话较盘古与女娲创世神话影响弱得多。

中国远古的创世神话有一个共同的特点，即描述的核心问题都是关于世界的产生。但广义的"创世"不仅包括天地日月、山川河流等自然世界的产生，也可以包括人类起源、社会国家和家庭以及各项文化发明等问题。这类

① 郭世谦：《山海经构成考·八·荒经分析》，《山海经考释》，第63页。
② （宋）李昉等：《太平御览》卷三八《地部中·钟山》引郭璞《玄中记》，第183页。
③ （汉）刘安撰，何宁整理：《淮南子集释》卷七《精神训》，第503—504页。
④ （汉）刘安撰，何宁整理：《淮南子集释》卷六《览冥训》，第479页。
⑤ （南朝梁）任昉：《述异记》卷上，景印文渊阁《四库全书》子部（第1047册），上海古籍出版社1995年版。
⑥ （汉）司马迁：《史记》卷二八《封禅书第六》注引《开山图》，第1373页。

神话的叙述都具有非常明显的创新、创造的色彩。根据创世者的身份，我们可以分为神的创世、文化英雄创世、祖先创世等。但无论哪一种情况，这些神话传说都无一例外地具有强烈的创新、创造色彩。这种创新与创造因素，就像人类追求智慧和自我进化的基因，代代相传，推进着人类对文明的探索与发现。

同样，中国的创世神话也具有多元化的特点。它反映出在远古时代的中国地域，存在多个文化发达地区并产生了不同的创世神话。不同区域不同的创世神话，也说明远古时期中国地域氏族文化的普遍繁荣与发展，共性的思考对象奠定了同源文化、氏族融合的文化发展的大趋势。中国主流文化的统一则是后世大一统政治长期发展、不断改造同源多元文化的结果。就是在这样的历史文化的发展长河中，最终形成了辉煌灿烂的中华文明。

二、创世之神从哪里来

在远古的创世神话传说中，烛阴属于"自然存在"的神。盘古与天地混生，无父无母，属于"自然存在"的"神人"。秦汉时期民间传说"天地开辟，未有人民，女娲抟黄土作人"，女娲也是与天地同生，无父无母的圣人。但更多的圣人则是"感应"龙、鸟而生，有"母"但无具有人性的血缘之父。从无父无母到"感生"，至少反映出人类生育观念的巨大进步。以"感生"的形式来到这个世界上，如华胥氏履大人迹而生伏羲，附宝感雷电而生黄帝，女登感神龙而生炎帝，女节感流星而生白帝，女枢感瑶光而生颛顼等。感生实际上是母系氏族时期，人们只知其母、不知其父的婚姻形态的反映。主要的感生神话包括感龙与感鸟卵而生两大类。

（一）感龙而生的感生神话

中国远古神话中的圣人多以"感生"的形式来到这个世界上。燧人氏的出生早于伏羲氏，但燧人氏并无相关的出生神话。约略燧人氏生活的时代，大体还处于乱婚时代，故无其父母情况的记载。我国最早的感生神话是华胥氏"履大迹"而生伏羲，《河图》记载："燧人之世，大迹出雷泽，华胥履之，生伏羲。"① 这也是后世神化性的纬书的零星记载，属于面世较晚的伏羲氏感生神话。伏羲氏感生神话面世较晚，但并非说明远古没有伏羲氏感生神话。伏羲氏以龙纪，人面蛇身，或人面龙身，《山海经》中这样的"怪物"，应当多是伏羲氏的形象。

《河图》中的"大迹"又是谁之迹呢?《山海经·海内东经》："雷泽中有雷神，龙身而人头，鼓其腹。"② 雷神生活在"雷泽"之中，"龙身人头"，"鼓其腹"。华胥氏所履的"大迹"应是雷神之迹，伏羲氏属于雷神之后。古代大多龙、蛇不分，伏羲"蛇身人首"的形象与雷神"龙身人头"极为相似。在甲骨文反映的"龙"字字形中，伏羲就是龙、龙就是伏羲。伏羲就是感龙而生的圣人。但伏羲不是人蛇结合的怪物，其形象表述的本义可能就是伏羲是龙（蛇）、人结合的故事，龙人结合的形象成为伏羲氏的专有符号，并非伏羲属于半人半兽的"怪物"。

神农氏炎帝的母亲女登也作安登，是因为感于神龙而孕化出炎帝。唐代司马贞《史记·补三皇本纪》："炎帝神农氏，姜姓，母女登，为少典妃，感神龙而生炎帝，人身牛首，长于姜水，因以为姓。"《太平御览》引《帝王世纪》："少典妃（登）游于华阳，有神龙首感之于常羊。"③ 炎帝族与伏羲族有共同的祖先，但炎帝母感神龙却生出"人身牛首"的炎帝，其族虽与伏羲族

---

① （宋）李昉等：《太平御览》卷一三五《皇亲部一·包牺母》引《河图》，第655页。《河图》与《洛书》是中华文化中易学关于八卦来源的传说。《河图》最早见于《尚书·顾命》："大玉、夷玉、天球、河图，在东序。"《汉书·五行志》载《河图》与伏羲有关："伏羲氏继天而王，受河图则而画之。"《论语·子罕》："凤鸟不至，河不出图。"《洛书》最早见于《管子·小匡》："昔人之言受命者，龙龟假，河出图，雒出书，地出乘黄。"《论语》《管子》均把河图、洛书看作天降祥瑞，是帝王受命之象。汉代诸儒又把二者与八卦、五行联系起来，如孔安国《尚书孔氏传》："伏羲氏王天下，龙马出河，遂则其文，以画八卦，谓之河图。""天与禹，洛出书，神龟负文而出，列于背，有数至于九，禹遂因而第之，以成九类。"

② 袁珂校注：《山海经校注·海经新释》卷八《海内东经》，第284页。

③ （宋）李昉等：《太平御览》卷七八《皇王部三·炎帝神农氏》引《帝王世纪》，第365页。

有共同的祖先渊源（龙），但彼时的炎帝似是人、牛结合的产物，似是"龙种"的一次"变异"。这应是远古时期感生神话的一种类型。

伏羲、炎帝感神龙而生，黄帝的出生可能也是如此。传说黄帝的母亲名附宝，清代马国翰辑《玉函山房辑佚书》辑纬书《河图稽命征》："（附宝）见大电光绕北斗枢星照郊野，感，孕二十五月，生黄帝轩辕于青邱，长于姬水，因以为姓。"① 黄帝是其母感于"大电光绕北斗枢星"而生。汉代纬书《河图帝纪通》说："黄帝以雷精起。"② "北斗枢星"应是"雷精"所在，"雷精"就是具有龙形的雷神，黄帝同样具有感神龙而生的特点。萦绕北斗枢星的"大电光"应起于"轩辕十七星"，"轩辕十七星"就是有龙形的"主雷雨之神"的"雷神"或"雷精"，《大象列星图》："轩辕十七星在七星北，如龙之体，主雷雨之神。"③ 汉代纬书《春秋合诚图》："轩辕，主雷雨之神。"④ 轩辕本身就生有"龙相"，甚至是主雷雨之神的代称。

（二）感鸟卵而生

《山海经》中的"鸟身人首" 10 处，这样的"神"应当就是以前鸟、人结合的产物，是感鸟卵而生的生动个案。但感鸟卵而生的神话以殷的始祖契最为典型。所谓"鸟卵"之鸟是《诗经·商颂·玄鸟》中的"玄鸟"："天命玄鸟，降而生商。"⑤《史记·殷本纪》："殷契，母简狄，有娀氏之女，为帝喾次妃。三人行浴，见玄鸟堕其卵，简狄取吞之，因孕生契。"⑥ 据后文对凤的相关研究，这里的玄鸟亦即凤鸟之一；但我们一般认为玄鸟是燕子，这种认识可能是不准确的。屈原《离骚》："望瑶台之偃蹇兮，见有娀之佚女"，

---

① （晋）皇甫谧等撰：《帝王世纪》卷一《从开辟至三皇》，齐鲁书社 2010 年版，第 5 页。
② （唐）欧阳询撰，汪绍楹校：《艺文类聚》卷二《天部下·雷》引《河图帝纪通》，第 34 页。
③ （宋）李昉等：《太平御览》卷六《天部六·星中》引《大象列星图》，第 30 页。
④ （宋）李昉等：《太平御览》卷五《天部五·星上》，第 26 页。
⑤ （宋）朱熹注，王华宝整理：《诗集传》第二〇《商颂·玄鸟》，第 286 页。
⑥ （汉）司马迁：《史记》卷三《殷本纪》，第 91 页。

"凤皇既受诒兮，恐高辛之先我。"① "有娀之佚女"，指殷契的生母简狄，玄鸟即称为"凤皇"，即凤。这种感鸟而生的神话，与"吞卵"而生本质是同一的。

再较商祖契更早的商族先祖是"帝夋"，"据王国维先生《卜辞中所见殷先公先王考》考证，卜辞中的𥄂，释夋，即帝夋。是为殷人的上帝。卜辞多言高祖夋，其字上部是一鸟首，下部则是鸟足"②。就这一形象而言，帝夋也是感鸟而生的远古"圣人"。这与商祖契的出生文化是一致的。

秦人始祖也感鸟卵而生，《史记·秦本纪》："秦之先，帝颛顼之苗裔。孙女修。女修织，玄鸟陨卵，女修吞之，生子大业。"③ 所谓女修吞玄鸟卵而生大业，与"天命玄鸟，降而生商"的先祖出生神话一致。先秦典籍常记秦之先祖"鸟身人言""人首鸟身""鸟足"，应是秦人的远祖以"玄鸟"为图腾，以"玄鸟"服作为特殊身份的标志。这里的"鸟""玄鸟"其实就是"凤"，秦的祖先就是"凤"的后裔，如秦祖孟亏"人首鸟身，其先为有虞氏驯百禽。夏后之末，世民始食卵，孟戏去之，凤凰随焉，止于此山"的记载。④

最后，《山海经》中那些半人半兽或半人半他物的"神"，可能多是人"感"兽或"感"他物所生，是那个时代特有的生育理念的"图画式记载"的产物。但影响较大、传播广泛的"感龙""感卵（鸟）"生神话，大多属于文化影响深远的远古皇王氏族。感生神话以龙、凤为主，说明崇拜龙、凤的氏族在中国远古时代具有广泛的文化影响。但这种"感生"神话，应当是对古代那些氏族中的杰出女性，以"交感巫术"的形式繁衍后代的曲解，"人首鸟身""蛇身人首"则是氏族"繁衍模拟""接触巫术"的想象化表述，通

---

① （宋）洪兴祖注，白化文等点校：《楚辞补注》卷一《离骚章句第一》，中华书局1983年版，第33、34页。

② 郭世谦：《山海经构成考·八·荒经考》，《山海经考释》，天津古籍出版社2011年版，第64页。

③ （汉）司马迁：《史记》卷五《秦本纪》，第173页。

④ （宋）李昉等：《太平御览》卷九一五《羽族部二·凤》引《括地图》，第4058页。

过这种表述使氏族首领获得"超人"的崇高地位。

三、创世之人是如何成神的

这些感生的圣人如何成为具有超人能力的"神人"的？远古时期的圣人无法获得"超人"的神力，具有"超人能力"只能是幻想或臆想，巫术是实现幻想、臆想的重要方式。芦灰能够吸附滩水，其可以通过巫术，成为圣人手中止水的"道具"。女娲"积芦灰以止淫水"，就具有巫术的色彩，其"治水成功"可能在于巫术的加持，或通过巫术展开过治水活动。据《竹书纪年》，五帝之一的舜的生命受到威胁时，着"鸟工衣""龙工衣"从焚烧的仓廪和填塞的井下逃生，《竹书纪年·五帝纪·帝舜有虞氏》：

> （舜）母曰握登，见大虹意感，而生舜于姚墟。目重瞳子，故名重华。龙颜大口，黑色，身长六尺一寸。舜父母憎舜，使其涂廪，自下焚之，舜服鸟工衣服飞去。又使浚井，自上填之以石，舜服龙工衣自傍而出。耕于历，梦眉长与发等，遂登庸。[1]

《楚辞·天问章句》补注对此记载更为详细："舜服厥弟终然为害，何肆犬体而厥身不危败？"宋代洪兴祖补注：

> 言（舜同父异母弟）象无道，肆其犬豕之心，烧廪窴井，欲以杀舜，然终不能危败舜身也。一云何得肆其犬豕，一云何肆犬豕。补曰：《列女传》云，瞽叟与象谋杀舜，使涂廪。舜告二女，二女曰："时唯其焚汝，时唯其焚汝。鹊如汝裳，衣鸟工往。"舜既治廪，戋旋阶。瞽叟焚廪，舜往飞。复使浚井，舜如二女。二女曰："时亦唯其戋汝，时其掩汝。汝去裳，衣龙工往。"舜往浚井，格其入出，

---

① （清）郝懿行撰，李念孔点校：《竹书纪年校证》卷一《五帝纪·帝舜有虞氏》，齐鲁书社 2010 年版，第 3826 页。

从掩，舜潜出。①

"鸟工衣""龙工衣"可能是舜利用巫术逃生的"道具"。"二女"（娥皇、女英，舜妻）具有巫的能力，并以巫术道具，赋予了舜消灾免祸之法。早期的"巫"可能多以女性为之。那些远古皇王能够获得"神力"，可能具有较强的巫文化色彩，是较强的巫文化的产物。远古皇王确然本身能够获得巫的能力，并且通过巫的帮助使其获得了"超人类"的"能量"。那时后世的"龙袍""莽袍""凤冠"何尝不具有"鸟工衣""龙工衣"的巫文化色彩呢？而这时的"龙"也具有特定的"水神"的文化意蕴。

另外，这些创世的英雄大多自幼天赋异常，如黄帝"生而神灵，弱而能言，幼而徇齐，长而敦敏，成而聪明"②。圣人在母腹中培养时间长，出生时年龄就已经比较大了，有过长时期的"胎教"，也是其取得重要成就的根本原因。如伏羲被孕十二年，东晋王嘉《拾遗记》："春皇者，庖牺之别号。所都之国有华胥之洲，神母游其上，有青虹绕神母，久而方灭。即觉，有娠，历十二年而生庖牺。"③ 伏羲应是由华胥氏演变而来的氏族，可能包括诸多不同的氏族首领，《拾遗记》中的伏羲出生神话与传统的记载不同，可能是伏羲氏中其他氏族首领的记载。思维敏捷、触类旁通也是圣人成"神"的一个重要特点。如燧人氏游于天下，偶见有鸟钻木起火，有感于此而发明"钻木取火"之术④，燧人氏就是拥有这类思维的圣人的典型。

四、"盘古创世"神话

在中国古代的创世神话中，我们常说的是"盘古开天地"。盘古神话最初

---

① （宋）洪兴祖注，白化文等点校：《楚辞补注》卷三《天问章句第三·离骚》，中华书局1983年版，第104页。

② （汉）司马迁：《史记》卷一《五帝本纪》，第1页。

③ （晋）王嘉：《拾遗记》卷一《春皇庖牺》，景印文渊阁《四库全书》子部（第1042册），上海古籍出版社1995年版。

④ （宋）李昉等：《太平御览》卷七八《皇王部三·燧人氏》引《礼含文嘉》，第363页。

应是在某些特殊部族，或特殊区域中传播的神话，在后世才逐渐获得广泛传播并形成完整的神话情节。这个神话最早见于三国吴国任昉记载三皇五帝之事的《三五历记》。《三五历记》之后盘古开天辟地的内容逐渐丰满。其实，与我们现在接触的盘古神话不同，在任昉的《三五历记》中"盘古"并不是"开天地"即"创造天地"的"神"。盘古"开天地"身份的获得，应是后人在思考世界起源时，曲解古语"盘古"，或不断融合新的文化因素形成的"新"神话。

（一）盘古创世神话的版本

在某些盘古神话中，盘古并未创造世界，"盘古创世"的说法在本质上是不准确的，将"盘古创世"神话称为"盘古神话"最为允当。"盘古神话"有诸多版本，这些不同的版本构成了不断演进的盘古神话文本体系，并最终形成了"盘古创世"神话。

1. 秦汉时期关于盘古的多元传说

中国古代盘古创造世界的传说，最早零散出现在秦汉时期，南朝梁任昉《述异记》记载了这些零散的"盘古"神话，为我们留下了宝贵的历史文献。《述异记》中盘古的神话传说，包括较为"正统"性或流传较为广泛与民间俗说两类文本：

> 盘古氏，天地万物之主也。然则生物始于盘古。昔盘古氏之死也，头为四岳，目为日月，脂膏为江河，毛发为草木。秦汉间俗说："盘古氏头为东岳，腹为中岳，左臂为南岳，右臂为北岳，足为西岳。"儒说："泣为江河，气为风，声为雷，目瞳为电。"古说："喜为晴，怒为阴。"吴楚间说："盘古氏夫妻，阴阳之始也。"今南海有盘古氏墓，亘三百余里。俗：后人追葬盘古之魂也。桂林有盘古庙，今人祝祀。

> 南海中有盘古国，今人皆以盘古为姓。（任）昉按：盘古氏，天

地万物之主也。然则生物始于盘古。①

"盘古"形象具有融合其他文化的特点，或盘古神话与其他神话有相通之处，其与《山海经》中的烛阴就存在相似之处："视为昼，瞑为夜，吹为冬，呼为夏。"② 这应是两例同质性神话，或盘古神话融合烛阴神话，形成了盘古神话的神话再造过程。

"盘古氏，天地万物之主也。然则生物始于盘古。昔盘古氏之死也，头为四岳，目为日月，脂膏为江河，毛发为草木。"这应是比较正统或流传较为广泛的盘古神话传说。但民间俗说式的秦汉盘古传说则极为零散、琐碎，不同地区的"盘古"具有不同的传说。它一则表明秦汉时期盘古传说具有极强的区域性，这是由这一时期方始结束战国分裂的局面，加之当时的文化教育不够发达，各地尚无法深度消除文化差异，二则表明"盘古"神话在民间有着广泛的影响，并形成了不同的盘古神话传说。但正统的盘古神话由民间俗说整合斧凿的痕迹相当明显。

这一时期的盘古传说已经具有了"化"五岳、江河、风、雷、电、阴晴及阴阳的基本元素，秦汉时期的"盘古"确实拥有了创世之"神""生物之主"的形象。人有四肢与腹，对化五岳；人有泪流，对化江河；人有呼吸，对化为风；人有声音，对化为雷；目瞳有光，对化为电。盘古神话仍然具有模拟巫术的影子。但这里的"主"更近于"天地万物之尊"的意味，而非是天地万物的"主宰"。秦汉时期的盘古传说成为后世盘古神话的文本基础。

2. 三国时期关于盘古的二元传说

虽然梁任昉记录了秦汉时期的盘古神话，但最早完整地记载盘古神话的文献，则是三国徐整的《三五历纪》与《五运历年记》中的盘古。《三五历纪》中的盘古与天地同生同变，也不是主宰万物的万物之"主"，但在"地位"上又"神于天，圣于地"，构建了一个尊于天、地的"神圣"形象。《三

---

① （南朝梁）任昉：《述异记》卷上，景印文渊阁《四库全书》子部（第1047册）。
② 袁珂校注：《山海经校注·海经新释》卷三《海外北经》，第209页。

五历纪》已经散佚，所载盘古神话的相关文字见于《艺文类聚》。《艺文类聚》引《三五历纪》记载的盘古神话如下：

> 天地浑沌如鸡子，盘古生在其中，万八千岁，天地开辟。阳清为天，阴浊为地。盘古在其中，一日九变，神于天，圣于地。天日高一丈，地日厚一丈，盘古日长一丈。如此万八千岁，天数极高，地数极深，盘古极长。故天去地九万里，后乃有三皇。数起于一，立于三，成于五，盛于七，处于九，故天去地九万里。①

在南朝梁任昉的《述异记》中，盘古更多地见于民间记载，而且属于天地万物之本。这一点与《三五历记》中盘古与天地同生之说并不相同，但在"神于天，圣于地"方面则有相通之处。但这则神话中的巫术色彩已经淡泊了不少。它突出地反映了不同的社会发展形态，不同社会文化对神话传说自然而然地改造历程。它同时告诉我们，"盘古神话"更多的是基于对自然的理解，既有一定程度的科学思考，又是"编造"性极强的故事文本。

中国古代崇拜"阳"，"九"为"阳"数之极。徐整《三五历纪》中"万八千"一八之和为"九"，"九变""九万里"为"九"，盘古的故事融合有中国传统"阳"崇拜的意蕴，具有极强的后人编纂"故事"的色彩。但它仍保留着盘古的原始意蕴，盘古并不是开天者，而是神于天、圣于地的存在。盘古"一日九变"，"变"了整整"万八千岁"，盘古在这则神话里仅是个与天地共生的超级存在。

同时，徐整《五运历年记》又详细记载了盘古神话的又一版本。这一版本似是在《述异记》的基础上，融合道家理论发展而来：

> 元气蒙鸿，萌芽兹始，遂分天地，肇立乾坤。启阴感阳，分布元气，乃孕中和，是为人也。首生盘古，垂死化身，气成风云，声为雷霆，左眼为日，右眼为月，四肢五体为四极五岳，血液为江河，

---

① （唐）欧阳询撰，汪绍楹校：《艺文类聚》卷一《天部上·天》，第2—3页。

筋脉为地里，肌肉为田土，发髭为星辰，皮毛为草木，齿骨为金石，

精髓为珠玉，汗流为雨泽，身之诸虫，因风所感，化为黎甿。[1]

在这一版本中，盘古是在天地生成之后，"首生"的人类或"神人"。这与前述版本存在极大的不同：盘古生化了人类及"人类视阈圈"中的万物，是对秦汉间盘古神话的统一与整合。但这也是盘古"死"后的形态，盘古并非人类及"人类视阈圈"中的万物之主。

《五运历年记》版本的"盘古"神话，被唐代吴筠《元气论》及清代马骕《绎史》所引，文字内容仅存些微差异[2]，成为盘古神话传说的主要版本，在社会上广泛流传，成为今天盘古神话的主体。唐、清时期的盘古神话并无太大发展演变。

3. 盘古神话的宋代版本

《三五历纪》的盘古神话又为宋代罗泌《路史》所引，但宋代对盘古之源、盘古生日、盘古禁忌、盘古信仰多有考证、补充与修订，促进了盘古神话传说体系的发展。《路史》载宋代的盘古就是传说中的浑沌氏："天地之初，有浑敦氏者出为之治，即代所谓盘古氏者，神灵一日九变。盖元混之初，陶融造化之主也。《六韬·大明》：'召公对文王曰：天道净清，地德生成，人事安宁，戒之勿忘，忘者不祥。盘古之宗，不可动也，动者必凶。'"[3]

传周代姜望所撰《六韬》至少在汉代就广为流传，其成书时间比《路史》早1500年，在从汉至宋的传抄过程中难免有文字误抄、误用的情况，其中"盘古之宗"就是"盘石之宗"的误写。"盘石之宗"指古代封建帝王宗室坚如盘石，如《史记·孝文本纪》载："高帝封王子弟，地犬牙相制，此所谓盘

---

[1] （清）马骕撰，王利器整理：《绎史》卷一《太古第一·开辟原始》引《三五运年纪》，中华书局2002年版，第2页。

[2] （唐）吴筠：《云笈七签》卷五六，《道藏》第22册，天津古籍出版社1988年版，第382页；（清）马骕：《绎史》卷一《太古第一·开辟原始》引《五运历年记》，第2页。

[3] （宋）罗泌：《路史》卷一《前纪一·初三皇纪》注引《六韬·大明》，景印文渊阁《四库全书》史部·别史类（第383册）》，上海古籍出版社1995年版。

石之宗也。"司马贞"索隐"释"盘石之宗":"言其固如盘石。此语见《太公六韬》也。"①

据此，唐代《六韬》的《大明》篇尚存，且有"盘石之宗"一语，意谓"固如盘石"。由于"石""古"二字形近，抄录中发生了讹误，《路史》"盘石之宗"变成了"盘古之宗"。② 这对当时理解盘古文化必然造成误解性认知，我们应当对此加以留意。

二则认为盘古文化、盘古信仰分布在宋代会昌、湘乡、淮安、京兆、扬州："今赣之会昌有盘古山。本盘固名，其湘乡有盘古保，而零都有盘古祠，盘固之谓也。按《地理·坤鉴》：'龙首人身。'而今成都、淮安、京兆皆有庙祀。事具徐整《三五历纪》及《丹壶记》。"③

其又引唐代袁天纲推算盘古生日："至唐袁天纲推言之《真源赋》，谓元始应世，万八千年为一甲子。荆湖南北今以十月十六日为盘古氏生日，以候月之阴晴，云其显化之所宜有以也。《元丰九域志》广陵有盘古冢庙，殆亦神假者。《录异记》成都之庙有盘古三郎之目，庸俗之妄，余详发挥。"④

这在很大程度上表明，宋代"盘古"开始与传统神话中的浑敦氏融合，浑敦氏被改造进入传统的盘古神话体系之中。唐代的盘古神话进一步发展。但《路史》所言的"浑敦氏"与传统的"浑沌氏"又有所不同。《册府元龟》卷一《帝王部·太昊伏羲氏》称"浑沌氏"为伏羲氏之后：

> 太昊庖牺氏没，女娲氏立，为女皇，一云女帝，亦风姓，承庖牺制度。女娲氏没，次有大庭氏、柏皇氏、中央氏、栗陆氏、骊连氏、赫胥氏、尊卢氏、浑沌氏、昊英氏、有巢氏、朱襄氏、葛天氏、

---

① （汉）司马迁：《史记》卷一〇《孝文本纪》，第413、414页。
② 黄景春、陈杰：《盘古神话辨析：以古代文献为中心》，《民族文学研究》2021年第5期，第6页。
③ （宋）罗泌：《路史》卷一《前纪一·初三皇纪》注。
④ （宋）罗泌：《路史》卷一《前纪一·初三皇纪》注。

阴康氏、无怀氏。凡十五世，皆袭庖牺之号。①

但《路史》所载"浑敦氏"大约为天地未分状态时期的开创性大神，《册府元龟》中的"浑沌氏"则是远古天下大治的圣王之一。神和圣王是有区别的两类身份标识，二者当然不能混为一谈。仅从出世的时间、身份地位看，"浑敦氏"与"浑沌氏"并不相同，宋代的盘古氏传说也具有混乱模糊的特点。

就盘古神话传说的版本信息看，盘古神话至少在秦汉民间就广为流传，到三国徐整的《五运历年记》时正式形成完整的盘古文本。后世盘古神话多引三国徐整的《五运历年记》而来。这在与远古有关的女娲等开创性神话中，盘古神话的形成时间应是最晚的。

4. 盘古神话的清代版本

就盘古传说的历代版本而言，盘古即使是万物之源，似乎也并未开辟过天地。民间同样存在类似的说法，言盘古从未开过天地。清代对盘古的描述，就有"天地将分兮，盘古生焉"之说。② 盘古开天地也许是后人对神话传说的最大改造与误解。这种改造与误解虽然为后世造就了盘古文化，但这种文化的本原我们也应有所知。

清代吴乘权《纲鉴易知录·盘古氏》对盘古氏的认知则有较大的纠正，《纲鉴易知录·盘古氏》："天地初分之时，盘古生于其中，能知天地之高低及造化之理，故俗传'盘古分天地'。"吴氏又做深入解读道：

【纲】盘古氏首出御世

【纪】太极生两仪，阴阳之所以变化者，有个理以为之主宰，太

极即理也。

---

① （宋）王钦若等编，周勋初等校订：《册府元龟》卷一《帝王部·太昊伏羲氏》，凤凰出版社2006年版，第3页。

② （清）毕沅、阮元：《山左金石志》卷一三《樊忠义功德碑》，清嘉庆二年（1797）阮氏小琅嬛仙馆刻本，第75页。

两仪，阴、阳也。两仪生四象，太阳、少阳、太阴、少阴。四象变化而庶类繁矣。相传首出御世者盘古氏，又浑敦氏。①

《纲鉴易知录》意即盘古知天地变化之理，"分天地"乃是认知天地万象之意。这较其他盘古神话研究有着巨大的进步。不论这些文本如何演进，它们本质体现的都是远古华夏先民对宇宙的认知，将那个混沌的世界划分为秩序的世界、层次的世界，将人和万物对立统一起来。

（二）"盘古"指远古皇王故事

从语言文字的角度展开研究，事实上的"盘古"神话，本指远古时期的历代皇王故事，吴氏的解读又与此存在较大区别与联系。我们现今所见中国早期的文字具有特殊的"历史文献功能"。国学大师陈寅恪言：解释一个汉字常常就是做一部中国文化史。② 文字研究大师朱芳圃言：中国古文字具有图画的特点，其结构皆社会事状之反映。③ 甲骨文存有"盘""古"二字。我们今天的文字虽然传承自古代，但夏商周三代的语言文字与秦汉不同，三代之前的语言文字更与今天存在极大的差异，今人对远古文化的解读必然存在较大的文化隔膜。

就甲骨文中"盘""古"二字看，"盘古"本是远古皇王的"开天"传说，是远古皇王的"开天故事集"而非个人"传记"。甲骨文"盘"通"般"，一般写作

《说文解字》篆文"古"字构

"𦨶""𦨶""𦨶"。④ 甲骨文"古"一般写作"𠙶""𠙶""𠙶"。⑤ 东汉许慎

---

① （清）吴乘权等辑，施意周点校：《纲鉴易知录》卷一《三皇纪·盘古氏》，中华书局1960年版，第1页。

② 沈兼士：《陈寅恪先生来函》，《沈兼士学术论文集》，中华书局1986年版，第202页。

③ 朱芳圃：《殷周文字释丛·叙言》，中华书局1962年版，第1页。

④ 王延林：《常用古文字字典》，上海书画出版社1987年版，第486页。

⑤ 王延林：《常用古文字字典》，第123页。

《说文解字》考证先秦古字颇有独到之处，其对"盘""古"解释应较为接近"盘""古"本义。《说文解字》释"盘""古"：

　　盘：本字是般。般，辟也。①

　　古：故也。从十、口。识前言者也。凡古之属皆从古。𣅜，古
　　文古。《逸周书》："天为古，地为久。"郑注《尚书》稽古为同天。
　　从十口，识前言者也。识前言者，口也，至于十则展转因袭，是为
　　自古在昔矣。②

古代的天和现在的天是两个具有联系又有区别的概念。在天的实体性方面，古今意义是一致的，但古代的"天"又具有今"天"不具备的表义。仅据《说文解字》所引"天为古"的解释，"盘""古"本身就是"劈天"或"开天"之意，"盘古"即使和天有关，但和地也没什么联系，盘古开"地"之说并不成立。这是盘古表意的基本特点。

篆文同样具有记事、表意的"文献"价值。如果我们再据"古"字的篆文来解读，"盘古"也有更深刻的文化内涵。篆文"古"字由"皇"和"古"等字素构成。从这个篆文"古"字看，"古"更似是前代"皇"的传说。

据此，所谓的"盘古"可能就是远古之"皇""开天"的传说。我们可以认为这种"开天之皇"是指人类在认识万物的过程中，开创性认知天地万物的重要的远古氏族社会人物。因为有了这些"开天之皇"，我们方能开创性地建构出万物起源的初步认知。"盘古创造宇宙"则是后世对"开天之皇"的曲解。当然，这种"人物"对天地万物的认知，应是原始社会人群经过漫长的历史时期，对宇宙万物集体认知、不断进步的结果。

"盘古"为"开天之皇"传说之意，在后世文献中也有相关的语义记载。传说春秋时期尹喜为函谷关关令，《汉书·艺文志》录尹喜《关尹子》九

---

①　（汉）许慎撰，（清）段玉裁注：《说文解字注》卷一五《舟部·般》，第404页。
②　（汉）许慎撰，（清）段玉裁注：《说文解字注》卷五《古部·古》，第88页。

篇①，后世也称此书为《尹子》，其中《尹子·盘古篇》："共工触不周山，折天柱，绝地维。女娲补天射十日。"②《尹子》所列"盘古"包括共工触不周山、女娲补天这一神话传说。女娲补天就是《尹子》所言的"盘古"之一，先秦时期的"盘古"确然不是一个人物或大神的名称，而是诸多文明开创群体的称谓。商代有"盘庚"迁殷、改革商代文物制度的传说，"庚"为商代帝王的序号，"帝辛"之"辛"就是商纣王之序。"盘"则是改革创新之意，"盘庚"就是改革创新之"庚"，此处的"盘"仍得"盘"字的本意。

总之，就"盘""古"的原始字义看，"盘古"神话本非如当今理解的开天辟地，它最初应是燧人、伏羲、炎帝等人类文明开创者，发明、创造、改革、促进人类发展进步的"统称"，这至少在《列子》时代仍是如此。《列子》即将这些传说人物中女娲的历史"故事"称为"盘古"。但后世将"盘古"由"群体"而个体化，并且"盘古"越来越"文本"化、故事化。个人化的盘古出现最晚，反而成了开天辟地之人，在逻辑上位于三皇五帝之前。

但中国古代的文化具有多元化的特点，其中的"三皇"以"三分"可能是说"三皇"创世，以传统的"三生万物"文化加以人为性的归类。但不同氏族有不同的创世之"皇"，"三"并不能完全涵盖这些传统文化中创世先祖，文化的多元性最终产生"三皇"有多种划分方法的历史歧义。袁珂先生在《中国神话传说词典》中如此描述"三皇"：

> 三皇者，《太平御览》卷七八引《春秋纬》云："天皇、地皇、人皇，兄弟九人，分为九州长天下也。"晋王嘉《拾遗记》卷九云："（频斯国）有大枫木成林……树东有大石室，可容万人坐。壁上刻为三皇之像：天皇十三头，地皇十一头，人皇九头，皆龙身。"此盖神话之三皇。
>
> 其余说三皇者甚众，如《尚书大传》（清陈寿祺辑）以燧人、

---

① （汉）班固撰，（唐）颜师古注：《汉书》卷三〇《艺文志》，中华书局1962年版，第1730页。
② （宋）罗泌：《路史》卷三二《发挥一·女娲补天说》注引《尹子·盘古篇》。

伏羲、神农为三皇；汉班固等编撰《白虎通》以伏羲、神农、燧人或伏羲、神农、祝融为三皇；《春秋纬运斗枢》以伏羲、神农、女娲为三皇；晋皇甫谧《帝王世纪》以伏羲、神农、黄帝为三皇；唐司马贞《史记·补三皇本纪》以伏羲、女娲、神农为三皇，等等。①

不论三皇指哪三皇，这些"皇"的神话传说都应属于最初的"盘古"传说的重要组织部分。如果这些三皇都属于"盘古"的话，那么"盘古"传说的种类就相当丰富且更接近"盘古"为远古创世皇王群体的本义了。

传统观念中的盘古传说的荒诞性，在清代便遭到许多学者的批评，如清代马骕《绎史》卷一引《五运历年纪》及《述异记》《三五历记》等书之后，对盘古氏传说展开了近乎言辞激烈的批判，认为"盘古氏名起自杂书，恍惚之论、荒唐之说耳！作史者目为三才首君，何异说梦?"② 马骕对盘古神话传说的批判就相当中肯。但这种批判始见于清代，倒也说明清代文化的进步与发展，对神话传说的认知趋于理性化。

近代学者蒙文通也认为盘古氏传说为"荒唐之语""迷妄戏论"，魏晋以下，"徐整、任昉又采俗说作为盘古之名，语益荒唐。赵宋而后，述史者莫不首盘古而次以天地人皇，最为戏论，何其迷妄不论，乃至如此！"③ 斧凿、编纂使盘古氏传说由简单、驳杂而渐成体系，越来越具备迷人的"故事"色彩。顾颉刚："时代愈后，传说的古史期愈长"，"时代愈后，传说中的中心人物愈放愈大"。④ 盘古神话传说就是一个典型的例子。

（三）"盘古"文化的影响

中国古代有盘古创世的神话传说，魏晋南北朝时期已在长江中下游与南

① 袁珂：《中国神话传说词典》，北京联合出版公司 2013 年版，第 17 页。
② （清）马骕撰，王利器整理：《绎史》卷一《太古第一·开辟原始》，中华书局 2002 年版，第 2、3 页。
③ 蒙文通：《蒙文通文集》第 5 卷《古史甄微》，巴蜀书社 1999 年版，第 22 页。
④ 顾颉刚：《与钱玄同先生论古史书》，《努力周报》附刊《读书杂志》1923 年 5 月 6 日第 9 期。

方地区广为流传。① 虽然文字解读的盘古神话的本意与后世文本之义存在较大的差异，但二者体现的远古皇王的开创精神则是一致的。任昉先后引述了"秦汉间俗说""先儒说""古说""吴楚间说"等，还介绍了南海盘古墓、桂林盘古庙等。南朝后期盘古神话和信仰在各地已有多种表现形式。迄今我国南方（如广东、广西、江西、湖南、贵州等地）仍存在广泛的盘古信仰，仅广西来宾一地就有上百座盘古庙。瑶族、苗族、畲族的盘王节，不仅讲述"盘瓠"传说，也讲述盘古神话。

盘古神话与"盘瓠"传说并不相同。什么是"盘瓠"传说呢？《后汉书》卷八六《南蛮西南夷列传》又载有"盘瓠"的传说："昔高辛氏有犬戎之寇，帝患其侵暴，而征伐不克。乃访募天下，有能得犬戎之将吴将军头者，购黄金千镒，邑万家，又妻以少女。时帝有畜狗，其毛五采，名曰槃瓠。下令之后，槃瓠遂衔人头造阙下，群臣怪而诊之，乃吴将军首也。

"帝大喜，而计槃瓠不可妻之以女，又无封爵之道，议欲有报而未知所宜。女闻之，以为帝皇下令，不可违信，因请行。帝不得已，乃以女配槃瓠。槃瓠得女，负而走入南山，止石室中。所处险绝，人迹不至。于是女解去衣裳，为仆鉴之结，着独力之衣。

"帝悲思之，遣使寻求，辄遇风雨震晦，使者不得进。经三年，生子一十二人，六男六女。槃瓠死后，因自相夫妻。织绩木皮，染以草实，好五色衣服，制裁皆有尾形。其母后归，以状白帝，于是使迎致诸子。衣裳班兰，语言侏离，好入山壑，不乐平旷。

"帝顺其意，赐以名山广泽。其后滋蔓，号曰蛮夷。外痴内黠，安土重旧。以先父有功，母帝之女，田作贾贩，无关梁符传，租税之赋。有邑君长，皆赐印绶，冠用獭皮。名渠帅曰精夫，相呼为姎徒。今长沙武陵蛮是也。"②

① 黄剑华：《略论盘古神话与汉代画像》，《地方文化研究》2014 年第 5 期，第 8—28 页。
② （南朝宋）范晔撰，（唐）李贤注：《后汉书》卷八六《南蛮西南夷列传》，中华书局 1985 年版，第 2829—2830 页。

这里的"盘瓠"与远古皇王的故事差距极大，应当不是原始的盘古神话的组成部分。

"盘古"由历代皇王神话演变为个人神话，融合了中国固有的混沌、元气、阴阳、五行等宇宙创生观念，并与烛阴等神话母题结合在一起。盘古经过道士的加工、改造和利用，出现了盘古真人、元始天王，形成了道教最高神元始天尊。至于盘古的在地化讲述和信仰，是盘古神话在漫长的本地化过程中必然经历的演变阶段。唯经此演变阶段，盘古创世神话才能深深扎根于中国民间文化的土壤，成为本土神话和信仰的有机组成部分。[①]

五、女娲氏的创世神话

在中国远古的神话传说中，曾经出现过"补天"、天地"崩坏"与"修建"的"历史"。这些"历史"活动本来零散出现，并无关联，但最终融合成一个统一的故事文本之中。在这样的神话传说中，"天"就是物质性质的"天"。女娲就是创造这一神话"历史"的主角。

（一）女娲氏的神话传说

女娲传说自《山海经》《列子》至《淮南子》皆有记载，其出现时间要大大早于民间的盘古传说，文献数量也较盘古传说更为广泛。但《山海经》仅载"有神十人，女娲之肠，化为神，处栗广之野，横道而处"，女娲初步形成了"化"神的形象。[②]战国时期成书的《列子》始见女娲"炼（化）石补天"的记载。就女娲补天出现的时间而言，《山海经》所载的烛阴神话，是相对较早的创世神话。但《淮南子》形成的系统化的女娲创世神话，与三国时期的盘古神话大约同时见于文字记载。

---

① 参引黄景春、陈杰《盘古神话辨析：以古代文献为中心》，《民族文学研究》2021年第5期，第5—12页。

② 袁珂校注：《山海经校注·海经新释》卷一一《大荒西经》，第328页。

女娲神话传说的记载同样极为零散。女娲圣相，"蛇身人首"，汉代画像多是如此。但女娲的这一形象，在商代所存甲骨文"龙"字中已有展现，女娲"蛇身人首"的形象较汉代画像更早。相关论述见"龙"的神话研究部分。《列子·黄帝》中描写了女娲氏"蛇身人面，牛首虎鼻"之相，这比甲骨文、画像砖的描绘更为细密："庖牺氏、女娲氏、神农氏、夏后氏，蛇身人面，牛首虎鼻：此有非人之状，而有大圣之德。"①

女娲的"形象"相当生猛。女娲等远古圣人为什么生就如此的相貌呢？这也许与远古神话传说的文本形式有关。

在远古教育不发达、文字传播不广泛的时代，远古神话传说可能多是"看图说话"，"以图会意"。神话研究大师袁珂先生认为："《山海经》海外各经已下文字，意皆是因图以为文，先有图画，后有文字，文字仅乃图画之说明。故郭璞注此，屡云'画似仙人也'（《海外南经》），'画亦似仙人也'（《海外南经》），'画四面各乘云车，驾二龙'（《海内北经》），'亦在畏兽画中'（《大荒北经》），等等；陶潜《读山海经》诗，亦有，'流观山海图'之语，知本以图为主而以文字为辅。"②

传说《山海图》作于禹的时代，但"以图叙事"则是禹前已有的传统，《易纬通卦验》载虑戏（伏羲）："方牙苍精作《易》，无书以尽（画）序（事）。"汉代郑玄注："虑戏时质朴，作《易》以为政令而不书，但以画其事之形象而已。"③"无书以画序（事）"，"画其事之形象"说的就是记事发展的这一阶段。女娲及其他远古圣人的这些怪异的相貌，本身可能就是对这些圣人出生神话的"画事"式描述。但一旦时光久远，文化隔膜产生，仅凭画而实述其事，则难度大为增加，甚至扭曲画面本义，原"画"不怪而所述

---

① 杨伯峻：《列子集释》卷二《黄帝》，中华书局 1979 年版，第 83、84 页。

② 袁珂校注：《山海经校注·海经新释》卷一《海外南经》，"海外自西南陬至东南陬者"注，第 174 页。

③ （汉）郑玄：《易纬通卦验》卷上，景印文渊阁《四库全书》经部·易类（第 53 册），上海古籍出版社 1995 年版。

甚怪。

据载，女娲是伏羲文化的传承者，如《帝王世纪》载："女娲氏，亦风姓也。承庖牺制度。亦蛇身人首，一号女希，是为女皇。"① 伏羲、女娲一人多名，应是那时文字、政治不统一，或文字较少而通假之故。女娲又是"化"神，《山海经》："女娲之肠，化为神，处栗广之野。"② 东汉王逸注："传言女娲人头蛇身，一日七十化，其体如此，谁所制匠而图之乎？"③ 晋代郭璞注："女娲，古神女而帝者，人面蛇身，一日中七十变，其肠化为此神。栗广，野名。"④ "女娲之肠化为神"，女娲已经具有了生育特点。

到东汉时，女娲演变成"化万物"的"神圣女"。《说文解字》："娲，古之神圣女，化万物者也。""𡡀，籀文娲，从𠗾。"⑤ 据籀文"娲"，女娲就是用𠗾化万物的神圣女，是一个专有性的人物称谓。除其肠化为"神"之外，女娲还"化"了哪些"物"呢？其一是女娲"化"出了人，《淮南子·说林篇》："黄帝生阴阳，上骈生耳目，桑林生臂手，此娲所以七十化也。"东汉高诱注："黄帝，古天神也，始造人之时，化生阴阳；上骈、桑林，皆神名；女娲，王天下者也。七十变造化。"⑥

其二是"化石""化足"以补苍天之缺。天地本物，物有不足。女娲补天后，天地复缺。《列子·汤问篇》："天地亦物也，物有不足。故，昔者女娲氏炼五色石以补其阙，断鳌之足以立四极。其后共工氏与颛顼争为帝，怒而触不周之山，折天柱，绝地维，故天倾西北，日月辰星就焉；地不满东南，故百川水潦归焉。"⑦ 西汉时这一版本的故事大为盛行，可见《淮南子·览冥

---

① （晋）皇甫谧等撰：《帝王世纪》第一《从开辟至三皇》，第 3 页。
② 袁珂校注：《山海经校注·海经新释》卷一一《大荒西经》，第 328 页。
③ （宋）洪兴祖撰，白化文等点校：《楚辞补注》卷三《天问章句第三·离骚》，第 104 页。
④ （晋）郭璞传，（清）郝懿行笺疏，张鼎三等点校：《山海经笺疏》第一六《大荒西经》，齐鲁书社 2010 年版，第 4992 页。
⑤ （汉）许慎撰，（清）段玉裁注：《说文解字注》卷二四《女部·娲》，第 617 页。
⑥ （汉）刘安撰，何宁整理：《淮南子集释》卷一七《说林训》，第 1186 页。
⑦ 杨伯峻撰：《列子集释》卷五《汤问篇》，第 150 页。

训》。这里的天本身有缺，女娲补天只是使天更完美。但女娲补天、天更完美之后，共工与颛顼又破坏了天地形构，形成天倾西北、地不满东南的天地新形势。

其三是"化"天下文物制度。女娲不设法度，无为而治，德遗后世。《淮南子·览冥训》："伏羲、女娲不设法度，而以至德遗于后世。何则？至虚无纯一，而不嘤喋苟事也。"① 《风俗通义》卷一《皇霸·三皇》引汉代纬书《春秋运斗枢》："伏羲、女娲、神农，是三皇也。皇者，天，天不言，四时行焉，百物生焉。三皇垂拱无为，设言而民不违，道德玄泊，有似皇天，故称皇。皇者，中也，光也，弘也。含弘履中，开阴布纲，上含皇极，其施光明，指天画地，神化潜通，煌煌盛美，不可胜量。"②

其四是"化"礼乐器物。《礼》："女娲之笙簧。"③《帝系谱》："女娲氏命娥陵氏制都良管，以一天下之音；又命圣氏为斑管，合日月星辰，名充乐。既成，天下幽微无不得理。"④《博雅》引《世本》："女娲作笙簧。笙，生也，象物贯地而生，以匏为之，其中空而受簧也。"⑤ 在中国古代，乐器是为礼服务的。女娲制笙簧，应是大大促进了远古礼乐文化的发展。礼乐文化是政治控制的重要手段。就此而言，女娲确然属于当时具有较高政治影响的氏族部落。这也是女娲文化能够在后世广泛传播并得以发展的重要原因。

（二）女娲之"化"的历史背景

在女娲的诸"化"之中虽然包括"化人"，但可能以冶炼之"化"最为突出，也最为真实。《说文解字》中籀文"娲"字，表示"娲"是"用离

---

① （汉）刘安撰，何宁整理：《淮南子集释》卷六《览冥训》，第497页。
② （汉）应劭撰，王利器校注：《风俗通义校注》卷一引《春秋运斗枢》，第2—3页。
③ （清）孙希旦撰，沈啸寰、王星贤点校：《礼记集解》卷三一《明堂位第四》，中华书局1989年版，第854页。
④ （宋）李昉等：《太平御览》卷五六六《乐部四·历代乐》引《帝系谱》，第2556页。
⑤ 袁珂：《中国神话传说词典》"女娲作笙簧"条，第39页。

（锅）化（炼）物之女"。它反映着女娲氏时代已经拥有了较高的金属冶炼水平。学界一般认为，女娲生活在五六千年前。考古发现的红山文化分布在北起内蒙古中南部，南至河北北部，东达辽宁西部，以及辽河流域的西拉木伦河和老哈河、大凌河上游。这是一支起始于五六千年前的史前文明遗址，与女娲生活的时代大体相近，并且具有高度发达的冶炼文化。

牛河梁遗址位于今辽宁省朝阳市凌源、建平两县交界处的牛河梁村，是一处原始社会末期的红山文化遗址。20世纪80年代初，辽河流域考古工作者在这里发现了一座女神庙，并在庙中出土了一尊完整的与真人一样大的彩塑女神头像。女神面部朱红色，两颧突起，圆额头，扁鼻梁，尖下巴，是典型的蒙古利亚人种，与现代华北人的脸型接近。

在距离牛河梁女神庙一公里的地方，有座人工夯筑的土山，地上夯土直径近40米，高16米，外包巨石；内石圈直径60米，外石圈直径约100米。夯土层次分明，土方量约10立方米。土山的形状为圆锥形、小抹顶。上面用3圈石头围砌，每层石头伸进10米，高度1米。山下面也由3圈石头围砌。围绕土山周围的山头，还发现有30多座积石冢群址，整个积石冢群圆锥形、大抹顶，和古埃及金字塔的布局一致，故考古专家将其称为中国的"金字塔"。

从"金字塔"顶向四周望去，女神庙遗址与"金字塔"在一条南北线上，东西两侧的积石冢群址与"金字塔"等距离地排列在一条线上，这种布局使人明显地感受到"金字塔"的中心地位。发现这座"金字塔"时，山上散布着带有红山文化特征的"之"字纹彩陶片以及冶铜坩埚片。"金字塔"顶部是炼铜遗址，有1500个炼红铜的坩埚，每一坩埚1尺多高，埚口约有30厘米。牛河梁大金字塔顶炼红铜的遗址，反映出女娲时代已经发展出了高度发达的冶炼工艺。

大金字塔周围的小金字塔群出土大批玉器。其中一座积石冢的中心大墓里出土一具完整的男性骨架，头部两侧有两个大玉环，胸前佩戴着双龙相交的勾云形班次佩，头的上部有玉箍，腕部有镯。死者双手各握一玉龟，一雌一雄，相配成对。但积石冢中出土的玉龟均无头无尾无足，浑然一体。女娲补天，"断龟足以立四极"，"炼五色石以补苍天"。① 牛梁河遗址与女娲补天传说具有高度的逻辑联系，女娲炼石补天可能就是在这种社会文化发展背景下产生的远古神话。

（三）女娲抟黄土做人

"女娲之肠化为神"的传说虽然见于《山海经》，但女娲抟黄土做人的神话最早见于汉代。人类的胎儿和母体有脐带相连，远古人可能认为人是由脐带生化而来，"女娲之肠化为神"可能是这种生育观的神化反映。当然，如果"女娲之肠化为神"也是后人对《山海经》中某"画"或"图"的描述，那么这幅"画"或"图"的本意也可能是从女娲族分化而来，并与女娲族保持密切联系的其他氏族。

但女娲"抟黄土做人"属于后出故事，见于东汉应劭的《风俗通》："俗说天地开辟，未有人民，女娲抟黄土作人，务剧，力不暇供，乃引絙于泥中，举以为人。故富贵者，黄土人也，贫贱凡庸者，絙人也。"② 《太平御览》所引与《风俗通》的记载大致相同。黄土是黄河流域、黄土高原广泛存在的土壤，女娲传说可能较早起源于中国北方的黄河流域。

但女娲造人传说也存在其他的版本："帝生阴阳，上骈生耳目，桑林生臂手：此女娲所以七十化也。"③ "匕，变也。从到（倒）人。凡匕之属皆从匕。"④ "化"的单人旁加一个"匕"字，"匕"的原始意蕴是雌性动物。如，

---

① 马义、丁铭：《真有女娲？就在牛河梁炼"五色石"》，《新华每日电讯》2005 年 12 月 8 日文化第 8 版。
② （汉）应劭撰，王利器校点：《风俗通义校注·佚文·辨惑》，第 601 页。
③ （汉）刘安撰，何宁整理：《淮南子集释》卷一七《说林训》，第 1186 页。
④ （汉）许慎撰，（清）段玉裁注：《说文解字注》卷一五《八篇注上·匕部》，第 384 页。

牡，"畜父也"；"牝"，"畜母也"。[1]"匕"具有区别动物性别的属性，所以《老子》："谷神不死，是谓玄牝；玄牝之门，是谓天地根。"[2]"玄牝之门"即是指雌性生殖器，言其体量之大而能生天地。那么，"匕"可指生育之事，可表交媾、交尾之意。它反映出那个时代的女娲，可能对生育文化有了一定的了解。但彼时可能存在乱婚制的形式，女娲就曾与多人存在交媾关系。由于对生育之事认知的粗浅，早期之人认为女娲所生之子的各器官，也是与多人交媾、各造人之一体的结果。[3]

婚姻的本质是人口的繁衍。由于女娲对生育之事的贡献，汉代女娲又被奉为"女媒"与"婚姻"之神。清代马骕《绎史》卷三《太古第三·太皞纪女娲附》引《风俗通》："女娲祷神祠祈而为女媒，因置昏姻。"[4]《路史》卷一一《后纪二》："以其（女娲）载媒，是以后世有国，是祀为皋禖之神。"[5]但"一日七十化"不如"抟黄土做人"更简明易解，后者渐成为女娲造人的常见版本。中国人多属黄种人，肤色与黄土的颜色一致，应是世人认为此肤色，出于女娲抟黄土做人之故。

（四）女娲修复天地

中国地势西高东低，视觉中的西北方向，天地距离较东南为近，水则向东部或东南流动；地球自转，日月星辰向西向北移动。中国古人在解读这种天文地理现象时，归结为共工与颛顼争帝，引起天地形态的变化，并附会女娲补天的结果。但女娲炼五色石补天的传说同盘古传说一样存在不同的版本。

---

[1] （汉）许慎撰，（清）段玉裁注：《说文解字注》卷三《二篇注上·牛部》，第50页。

[2] （三国魏）王弼注，楼宇烈校释：《老子道德经注校释·六章》，中华书局2008年版，第16页。

[3] 何新：《诸神的起源 中国远古太阳神崇拜》，光明日报出版社1996年版，第85页。

[4] （清）马骕撰，王利器点校：《绎史》卷三《太古第三·太皞纪女娲附》引《风俗通》，第21页。

[5] （宋）罗泌：《路史》卷一一《后纪二·禅通纪·太昊纪下·女皇氏》。

1. 春秋时代的"女娲补天"

《尹子》多称《关尹子》，传说为春秋时期的尹喜所著。《路史·发挥一》注引《尹子·盘古篇》："共工触不周山，折天柱，绝地维。女娲补天，射十日。""世遂有（女娲）炼石成霞，地势北高南下之说。"①

《尹子》所载女娲之所以补天，是因为共工触不周山，破坏了天柱、地维；补天的结果，则是造就了霞，地势北高南下。这是目前所见对地势北高南下及霞之成因的最早的神话解释。炼石补天与"射十日"，可能都是特定的巫术活动。

不周山，是指山形有缺坏不周之处的山，《山海经·西次三经》载"不周之山"："北望诸毗之山，临彼岳崇之山，东望泑泽，河水所潜也，其源浑浑泡泡。爰有嘉果，其实如桃，其叶如枣，黄华而赤柎，食之不劳。"晋代郭璞注："此山形有缺坏不周币处，因名。云西北不周风自此山出。"②

共工为远古神话中的一位帝王，其有臣号相柳氏，《山海经·海外北经》："共工之臣相柳氏，九首，以食于九山。相柳之所抵，厥为泽溪。禹杀相柳，其血腥，不可以树五谷种。禹厥之，三仞三沮，乃以为众帝之台。在昆仑之北，柔利之东。相柳者，九首人面，蛇身而青。不敢北射，畏共工之台。台在其东。台四方，隅有一蛇，虎色，首冲南方。"③

相柳氏"九首"可能是指相柳氏族，是由九个部落构成的部落联盟。"相柳之所抵，厥为泽溪。"这一氏族应当也是以水文化著名的氏族。但共工和禹共同生活的时代，存在过诸多氏族领袖，这些领袖被称为"众帝"，"众帝"也有自己的势力范围，相柳就是共工的羽翼部落，又与共工族构成更大的部落联盟关系。古人以为天圆地方，天有九柱支持，地有四维系缀。

就字面意思看，共工所触的是撑天杵地的天柱，并连带引发了对地维的

---

① （宋）罗泌：《路史》卷三二《女娲补天说·发挥一》注引《尹子·盘古篇》。
② 袁珂校注：《山海经校注·山经柬释》卷二《西次三经》，第36—37页。
③ 袁珂校注：《山海经校注·海经新释》卷三《海外北经》，第211页。

破坏，从而最终造就了女娲补天的神话。

2. 战国时代的"女娲补天"

列子是战国时人，相传著有《列子》，《列子·汤问篇》："天地亦物也。物有不足，故昔者女娲氏炼五色石以补其阙，断鳌之足以立四极。其后共工氏与颛顼争为帝，怒而触不周之山，折天柱，绝地维，故天倾西北，日月辰星就焉；地不满东南，故百川水潦归焉。"①

这里的女娲补天，本与共工无关，是天地本身不足，需补、需立四极的结果。后世的天地形势，则是女娲补天之后，共工与颛顼争斗，共工破坏的结果。女娲补天之因与春秋时期《尹子》所载不同。这则传说中也无女娲"射十日"的情节。鳌为传说中的能承载大地的大力神兽，古人可能认为腿部是其产生力量的根本，"断鳌足以立四极"同样具有"模拟巫术"的特点。女娲补天可能也是举行的一场具有"祭天"性质的巫术活动。

太行山是女娲活动的主要地区，太行山又以"女娲"或"皇母"命名，如宋代王应麟《通鉴地理通释》："太行山在怀州河内县西北，连亘河北诸州，为天下之脊。一名皇母，一名女娲，其上有女娲祠。"② 晋东南地区陵川、黎城一带的太行山，不少山峦呈现"断层"结构；断层的岩层纹理方向基本都是"东南高、西北低"，呈东南方向朝西北方向倾斜形状。这或许就是与《列子·汤问篇》"天倾西北""地不满东南"之源。③

3. 西汉时期的"女娲补天"

西汉淮南王刘安《淮南子》："往古之时，四极废，九州裂，天不兼复，地不周载。火爁焱而不灭，水浩洋而不息。猛兽食颛民，鸷鸟攫老弱。于是女娲炼五色石以补苍天，断鳌足以立四极，杀黑龙以济冀州，积芦灰以止淫

---

① 杨伯峻撰：《列子集释》卷五《汤问篇》，第 150 页。
② （宋）王应麟著，傅林祥点校：《通鉴地理通释》卷五《十道山川考·河东》，中华书局 2013年版，第 126 页。
③ 孟繁仁：《黄土高原的"女娲崇拜"》，《中国文化》1994 年第 24 期，第 105 页。

水。苍天补，四极正，淫水涸，冀州平，狡虫死，颛民生。"① 西汉《淮南子》所载的女娲补天，与春秋战国时期的文本一样，与共工、颛顼关系无关。

从文本的演变看，女娲补天多有虚构。不同的虚构必然产生不同形式的文本，女娲补天的内容也不乏驳杂抵牾之处，这也是有关神话的共同特点，《汉书·古今圣人表》："自女娲以下，帝鸿以前，诸子传记，互有舛驳，叙说不同，无所取正，大要知其古帝之号而已。诸人士见于史传，彰灼可知者，无待解释，其间幽昧者，时复及焉。"②

（五）女娲补天产生的社会基础

女娲补天治水的传说虽然出现在汉代，但其在社会上应已长期流传。从真实性上讲，天与四极都是非真实的存在，女娲当然不能补天，也不能重立四极。除女娲时代具有相对发达的红铜冶炼技术外，补天也建立在巫术的基础之上。巫术一是先民意识到生存的艰难困苦尤其死灭的万劫不复；二则迷信于神灵的佑助，错以为借助神力而人自己可以战胜一切苦难和死亡；三为迷信天人、物物、人人与主客之间的神秘"感应"。

鳌是神话传说中的大力神，能够承载三山五岳甚至大地之重。汉代之龙属于弄水之神。芦灰能吸止淫水。女娲补天，至少断鳌足立四极、杀黑龙济冀州，积芦灰止淫水，通过由特定的模拟物产生特定的感应，达到消灾求佑的目的。这些活动就带有极强的巫术特点。炼五色石以补苍天也应属于这样的巫术活动。女娲能够治水，所以至少在汉代，女娲就是司雨的雨神，西汉董仲舒《春秋繁露》："雨不霁，祭女娲。"③ 这就完成了女娲由巫到神的演变。

---

① （汉）刘安撰，何宁整理：《淮南子集释》卷六《览冥训》，第479页。
② （汉）班固撰，（唐）颜师古注：《汉书》卷二〇《古今圣人表第八》，第863页。
③ （汉）董仲舒著，（清）苏舆撰，钟哲点校：《春秋繁露义证》卷三《精华》注引《顺鼓篇》，中华书局1992年版，第88页。

（六）学者解读女娲补天治水

中国学者对《淮南子》中女娲补天治水的神话，多从历史地理的角度进行解读。我国的黄土主要分布在山西、陕西、甘肃东南部及河南省西部，大体处于当今的黄河中游地区。从女娲"抟黄土做人"的记载看，女娲传说可能主要分布在文化相对发达的山、陕地区。距今约5000至4000年，也即女娲生活的时代，华北从晋北直到冀中，甚至延伸到渤海湾附近，确实发生了一次规模巨大的陨石雨撞击事件。

女娲补天治水中的"冀州"主要属于今河北、京津及山西地区，这一地区是华北地区的主要组成部分，也应是女娲族的势力范围。河北省涉县是冀南太行山区女娲信仰的核心区域，女娲庙宇分布广泛，常建于山顶或山村最高处，称之为"顶"或"奶奶顶"。[①]　"全新世中、晚期在华北地区曾经发生过一次规模巨大的陨石雨撞击灾害。"[②] 规模巨大的陨石雨过后，大火弥漫，雨水暴降，河流泛滥，海水水面抬升，一面是烈烈大火，一面是汪洋恣肆。当时天空出现的陨石雨，可能被曲解为天的崩坏。

《淮南子·览冥训》等记载的女娲补天时出现的那次火灾水灾事件[③]，或许就是这次陨石雨后华北境况的历史记忆。陨石雨引起了森林火灾，同时使黄河北流的河道破坏，造成壅塞，入海口可能也被截塞。河北平原开始洪水肆虐，黄河下游河道进入极不稳定的时期。白洋淀地区属于陨石雨撞击坑区，这也是历史时期黄河虽然在河北平原流动，但一直未能进入白洋淀的重要原因。就此，从陨石雨的角度解释女娲时期的自然灾害确实存在一定程度的历史真实性。

---

① 李红霞、贾建钢：《明清时期冀南太行山区女娲信仰的地理分布与历史变迁——以女娲庙宇及碑刻为中心的考察》，《河北大学学报（哲学社会科学版）》2023年第3期，第153—160页。

② 王若伯：《华北平原的"古文化空缺区"之谜》，《北京林业大学学报（社会科学版）》2006年第1期。

③ （汉）刘安撰，何宁整理：《淮南子集释》卷六《览冥训》，第479页。

但这次补天治水文本应源自"女娲补天射十日",早期的"补天"并无洪水与治洪现象的记载,"补天"与"治洪"本来是两个不相关的神话。神话传说中"十日"并出之时,往往伴随着天下大旱(见"羿射十日"神话部分)。"女娲补天射十日"可能也发生在天下大旱时期。天下天旱,引发长时间的森林大火,过度的水量蒸发又最终在特别的气象条件下,引发了洪水灾害。在远古神话中,共工与颛顼具有治水之神或以水德王的形象,并在治洪期间发生过矛盾与冲突。

"女娲补天""女娲射日"两个神话,反映的可能是女娲举行的补天与祛除旱灾的两场巫术仪式。这两场巫术仪式,都彰显了女娲拥有"祭天"、掌握"天命"的巫文化权威,是那个时代的区域氏族群体中具有较高氏族地位、较大发言权的强大的氏族势力。这也为其在后世成为与伏羲氏并列并不断融合发展其他氏族奠定了基础。女娲崇拜在山西、河北地域分布着数量较多的文化遗存,这两地应是女娲文化影响的核心地区。

(七) 女娲氏属于伏羲氏族系

《汉书·古今圣人表》中,列出伏羲之后为女娲氏、共工氏、容成氏、大庭氏、柏皇氏、中央氏、栗陆氏、骊连氏、赫胥氏、尊卢氏、混沌氏、昊英氏、有巢氏、朱襄氏、葛天氏、阴康氏、无怀氏、东扈氏、帝鸿氏,共十九位帝王。[1]《周易兼义》卷八《周易系辞下第八》:"包牺氏没,女娲氏代立为女皇,亦风姓也。女娲氏没,次有大庭氏、柏黄氏、中央氏、栗陆氏、骊连氏、赫胥氏、尊卢氏、混沌氏、皞英氏、有巢氏、朱襄氏、葛天氏、阴康氏、无怀氏,凡十五世,皆习包牺之号也。"[2] 伏羲氏族虽然在不同时期的称号有别,但这些氏族都传承着伏羲文化。名号有变但文化传承不断,是中国古代较为强盛的氏族发展的重要特点。

---

① (汉) 班固撰,(唐) 颜师古注:《汉书》卷二〇《古今圣人表第八》,第 863—865 页。
② (清) 阮元校刻:《十三经注疏·周易正义》卷八《系辞下》,中华书局 2009 年版,第 180 页。

　　如果伏羲、女娲世系具有特定的"史"的严谨性的话，那么伏羲和女娲也存在兄妹关系这种"不严谨"的神话传说。现存关于伏羲、女娲有兄妹关系文献的最早记载，当是东汉应劭《风俗通义》的"女娲，伏希之妹"①。但女娲与伏羲为夫妻或兄妹的传说，至少在商代的甲骨文中就已经存在了。甲骨文龙字是女娲、伏羲为夫妻的直接写照。《汉书·古今圣人表》中言伏羲之后为女娲氏，约略女娲氏应是与伏羲氏具有通婚关系，且受伏羲文化影响极为深刻，具有伏羲文化认同的部落。伏羲氏与女娲氏的这种通婚关系，应当由乱婚发展到同辈为婚的阶段，这样后人将伏羲、女娲氏族理解为兄妹关系也就不难想见了。

（八）女娲文化的发展

　　女娲神话逐渐演化出特定的女娲文化。女娲抟黄土造人，使女娲形成生育之神的形象，女娲首先是一位生育大神，清代马骕《绎史》卷三引《风俗通》："女娲祷神祠祈而为女媒，因置昏姻。"② 同时，女娲又是一位"发明家"，《世本·帝系篇》："女娲氏命娥陵氏制都良管，以一天下之音；命圣氏为班管，合日月星辰，名充乐。乐既成，天下幽微无不得理。"③ 《博雅》引《世本》："女娲作笙簧。笙，生也，象物贯地而生，以匏为之，其中空而受簧也。"④ 如果我们演奏笙簧或欣赏笙簧表演，那我们不妨在享受音乐美之前，向这位远古先祖致敬！

　　女娲补天治水、拯救人类，其功其德使其成为"上中"的"仁人"。⑤ 女娲治水，女娲又是掌水之神，《春秋繁露》："雨不霁，祭女娲。"⑥ 如果伏羲

---

① （汉）应劭撰，王利器校注：《风俗通义校注·佚文·阴教》，中华书局2010年版，第599页。

② （汉）应劭撰，王利器校注：《风俗通义校注·佚文·阴教》，599页。

③ （宋）李昉等：《太平御览》卷五六六《乐部四·历代乐》引《帝系谱》，第2556页。

④ （汉）宋衷注，（清）王谟辑：《世本·姓氏篇》，《世本八种》，中华书局2008年版，第35页。

⑤ （汉）班固撰，（唐）颜师古注：《汉书》卷二〇《古今圣人表第八》，第864—865页。

⑥ （汉）董仲舒著，（清）苏舆撰，钟哲点校：《春秋繁露义证》卷三《精华》注引《顺鼓篇》，第88页。

属于龙文化的代表的话，那么其族的女娲同样属于龙种，中国古代掌雨的龙就应是女娲的变体了。唐代女娲墓曾在黄河河道之内，《旧唐书·五行志》："（唐肃宗）乾元二年六月，虢州阌乡县界黄河内女娲墓，天宝十三载因大雨晦冥，失其所在，至今年六月一日夜，河滨人家忽闻风雨声，晓见其墓踊出，上有双柳树，下有巨石二，柳各长丈余。郡守图画以闻，今号风陵堆。"[①] 民间多也有女娲祠。

今天的山西太行山地区还留存有不少著名的"女娲"遗迹，如：一、晋城浮山"娲皇窟"。洞内现供有"女娲"神像一座，一度"香火"旺盛。以前来自远近各处的妇女，经常到这里祈祷、求子。这正是女娲属于"女媒"的反映。二、平定县东浮化山"补天台"遗址。山头的上上下下都是由五颜六色的蜂窝状"浮石"组成。远古时期这里曾经是一座火山口，这些蜂窝状"浮石"可能就是当年火山喷发出来的岩浆凝结而成。在当地百姓的传说中，这些"五色石"就是当年女娲"炼石补天"所遗留的渣滓。三、吉县柿子滩的"女娲岩画"。吕梁山区的山西吉县存一距今一万多年前的女娲岩画。

岩画中有"女娲"头梳双髻，双乳下垂，充满哺乳人类的乳汁；在她的头顶上面画有七颗黑点，象征布有"北斗七星"的天空；"女娲"右手上举，手端举有石块状物体，意指女娲"炼石补天"；女娲的下身两腿分开，画有外露的阴器，脚下大地画有六个圆点，象征女娲化育万物、子孙繁衍创造了人类。这幅岩画所反映的，是典型的"女娲造人"的女性生活内容。

这幅女娲岩画所在的柿子滩，不仅山深沟险，环境安全，不易受到外界侵犯骚扰，而且依山傍水，土地肥沃，既便于渔猎，又有不少野生植物可供采摘。柿子滩台地发掘出的古代文化遗物共有石制品1807件，其中有直接打制并细加工的石片、石器及间接法压制的典型细石器等，其文化期当在旧石器时代晚期至新石器时代早期，距今一万多年；同时，还发掘出田鼠、鼢鼠、

---

① （后晋）刘昫等：《旧唐书》卷三七《五行志》，中华书局1975年版，第1351页。

黑鼠、虎、鹿、牛、羚羊、猪、犀、驼鸟等多种动物化石，是一处便于原始人类栖息、生存的理想环境。

在山西太行山、吕梁山广大地区，还留存有许多"女娲庙""伏羲庙"等遗迹，其中太行山及晋东南地区有：晋城市水东村"娲皇窟""娲皇庙"，晋城市北村"娲皇圣母庙"，金村乡东五里，丹河西岸长治市天台山"娲皇庙"，高河乡南上郝村，明代正德六年（1511）重修，陵川县东上河村"娲皇庙"，县城东七十里古郊乡境内黎城县广志山"娲皇庙"，襄垣县仙堂山"娲皇宫"，河北涉县太行山"娲皇宫"，左权县东苇沟口"娲皇庙"，平定县东浮化山"娲皇庙"，寿阳县西浮化山"娲皇庙"。

吕梁山及晋南地区有：赵城县侯村"娲皇陵"及"娲皇圣母庙"；洪洞县南关"娲皇行宫"，洪洞县南范村"娲皇庙"，元大德十一年（1307）重修；霍州市贾村"娲皇庙"，清同治四年（1865）重修；灵石县南关镇"娲皇庙"；临汾市城居村"娲皇庙"，金殿乡南三里，元至元六年（1304）重修；襄汾县城北街"娲皇庙"，清道光年间（1821—1850）重修；吉县"女娲、伏羲庙"；蒲县河西村"娲皇行宫"；闻喜县礼园镇"娲皇庙"；运城市新庄村"娲皇庙"，明天启三年（1623）重修；等等。

分布在黄土高原山西的众多"女娲遗迹"，基本上都是在《尚书·禹贡》所记载的"霍山"以南的"冀州之域"，即今日山西晋东南、晋南一带地区。这里地处黄河中、下游，古代气候温和、特产丰富，是原始人类天然的生存、居住环境。这些遗迹所在的地区与以后著名的尧、舜、禹等城所在区域完全吻合一致，说明黄土高原山西晋南、晋东南一带，确实是中华民族重要的发祥地，是中华民族古代文明的摇篮。①

在男权社会里，女娲又是那些具有政治抱负的女性的偶像，成为个别女性涉足政治的历史依据。如北齐时期的祖珽盛赞陆媪是女娲之后的女中豪杰，

---

① 孟繁仁：《黄土高原的"女娲崇拜"》，《中国文化》1994 年第 24 期，第 105—109 页。

《北齐书·祖珽传》："又太后之被幽也，（祖）珽欲以陆媪为太后，撰魏帝皇太后故事，为太姬言之。谓人：'太姬虽云妇人，实是雄杰，女娲已来无有也。'"① 唐代则径称高宗、武则天为"伏羲""娲后"②，武则天与高宗被称为"二圣"就明显地受伏羲、女娲崇拜的影响。晚唐皮日休则将武氏称帝比为"娲皇肇命"③，武氏的女娲意蕴在唐代是较为普遍的，女娲崇拜应是武氏自拟于女娲的社会文化基础。

将盘古与女娲创世神话相比较，我们不难发现，女娲创世与盘古创世各有特色：女娲创世更多的是补天、救灾、造人、制器，盘古则是开创宇宙万物；女娲崇拜多分布在北方，盘古神话则以南方为重。但盘古与女娲最大的不同之处，在于女娲拥有的"补天射日"等天命权威，其政治地位要远远高于早期的盘古氏；即使后来经过道家、道教改造的盘古，也并未形成女娲这样的"天命"色彩。女娲的"高禖""司雨"等形象，更使女娲在民间拥有切实而广泛的影响。但"盘古"本身由远古皇王杂说演变而来，虚构特点决定了必然与女娲具有"写实"性神话在"含金量"方面存在较大的区别。

---

① （唐）李百药：《北齐书》卷三九《祖珽传》，中华书局 1972 年版，第 519 页。
② （后晋）刘昫等：《旧唐书》卷三八《音乐志四》，第 1138 页。
③ （清）董诰等：《全唐文》卷七九九《皮日休〈狄梁公祠碑〉》，中华书局 1983 年版，第 8391 页。

第二章　燧人氏钻燧取火——人与动物相分的神话

三皇五帝神话是人类始祖神话的组成部分，但三皇五帝存在多种不同的历史认知，其中也有将燧人氏列入三皇之一。"燧人始钻木取火，炮生为熟，令人无腹疾，有异于禽兽，遂天之意，故为燧人。"[①] 燧人氏人工取火技术的发明，促进了人类社会的发展与文明的巨大进步，古人认为这是使人"异于禽兽"、人之为人的重要标志。石器的本质仅是石的形态的变化，但"钻木取火"则是在一种物质形态的基础上，创造出另一种全新的物质形态。从发明火这一人类向自然进取的"利器"而言，燧人氏确然具有中国远古三皇之首的地位。早期燧人氏在氏族群体中的中心地位即"王天下"地位的确立，是建立在其足以改变中国远古社会发展的发明，初步形成的文化贡献、社会经济优势基础之上的。

一、燧人氏神话传说概述

从人类社会发展的历程看，燧人氏处于旧石器时代，距今 100 万—10 万年前。这一时期的人类文化遗存相对较少，可见的有蓝田人和北京人，使用打制的石器，能够使用和管理火。[②] 炎帝族至少存在"八世"。"炎"为氏族

---

① （宋）李昉等：《太平御览》卷七八《皇王部三·燧人氏》引《礼含文嘉》，第363页。
② 中国社会科学院历史研究所：《中国历史年表》，中华书局2002年版，第1—2页。

称号，"帝"则是此氏族首领的尊号。燧人氏可能同样属于一个被后世"人格化"的氏族，其发明创造也是集体化劳动贡献的结果。如果神话传说中的盘古氏与女娲氏无父无母或不知父母，那么在与燧人氏有关的神话中，燧人氏同样未见有父母的记载，属于不知父母的"圣人"。

这一时期属于原始社会的原始群时期，人类初从猿类分化出来，生产能力很低，改造自然能力弱，以血缘为纽带结成群体，从事生活与生产。有巢氏、燧人氏是这一时期重要的传说人物。《吕氏春秋·恃君览》："昔太古尝无君矣，未有君臣之制。其民聚生群处，知母不知父，无亲戚兄弟夫妻男女之别，无上下长幼之道，无进退揖让之礼，无衣服履带宫室畜积之便，无器械舟车城郭险阻之备，此无君之患，故君臣之义不可不明也。"① 现代对"知母不知父"的现象存在较大的争议，但原始社会的乱婚现象则是客观存在的。只要存在乱婚的现象，就难免"知母不知父"。如无辈分婚配之别，则又无"母"之制，甚至子女不知其母；如果子女为同代妇女抚养，而无特定的血缘从属责任与义务，同样可能产生不知父母的文化现象。

从燧人氏不知父母的角度看，燧人氏可能生活在乱婚制时代。燧人氏最大的功业在于钻燧取火。但燧人氏发明钻燧取火的传说，同样存在两种版本：一种是仿鸟钻木出火，晋代王子年《拾遗录》："遂明国有大树，名遂，屈盘万顷。后世有圣人游日月之外，至于其国，息此树下。有鸟啄树，粲然火出。圣人感焉，因用小枝钻火，号燧人氏。"② 二是燧人氏观辰星取火，《尸子》："燧人上观辰星，下察五木，以为火也。"③ 燧人氏感鸟啄树火出而用"小枝钻火"，其发明人工取火术可能也是一种模拟巫术的过程。

"燧人氏"姓名已经无从查考，因其发明人工生火术，后人纪其功而名其为"燧人"，汉代纬书《礼含文嘉》："燧人始钻木取火，炮生为熟，令人无腹

---

① 许维遹：《吕氏春秋集释》卷八《恃君览》，中华书局 2009 年版，第 544 页。

② （宋）李昉等：《太平御览》卷七八《皇王部三·燧人氏》引王子年《拾遗录》，第 364 页。

③ （战国）尸佼著，黄曙辉点校：《尸子》卷下，华东师范大学出版社 2009 年版，第 43 页。

疾，有异于禽兽，遂天之意，故谓燧人。"① 据《礼含文嘉》，"燧人"似是"钻木取火，遂天之意"的简称。但从远古皇王以功业命名的传统看，"燧人"应是"钻燧取火之人"的简称。燧人氏发明人工生火术，极大促进了人类社会的发展，魏晋时期谯周《古史考》载："古之初，人吮露精，食草木实，穴居野处。山居则食鸟兽，衣其羽皮，饮血茹毛；近水则食鱼鳖、螺蛤。未有火化腥臊，多害肠胃。于是有圣人以火德王，造作钻燧出火，教人熟食，铸金作刃，民人大悦，号燧人。"②

其他文献对燧人氏发明人工取火术的记载与此基本相同，但对燧人氏发明人工取火的社会影响更为详细，如汉代戴圣《礼记》载："昔者先王未有宫室，冬则居营窟，夏则居橧巢。未有火化，食草木之实，鸟兽之肉，饮其血，茹其毛；未有麻丝，衣其羽皮。后圣有作，然后修火之利，范金，合土，以为台榭、宫室、牖户。以炮以燔，以亨以炙，以为醴酪；治其麻丝，以为布帛。以养生送死，以事鬼神上帝，皆从其朔。"③

燧人氏发明的人工取火术带来的"火之利"包括饮食、冶炼、做陶、居室等。取火术的发展促进了"灶"的出现，唐代李尤《灶铭》："燧人造火，灶能以兴。"④ 同样极大地改变了人类的生活环境。但远古时期的"火"不仅指生火用火技术，而且包括观测"大火"（心宿二）、定订节气的"观火"活动。"火"成为燧人族发展或燧人文化的重要标志。燧人氏是以功德命名之号，这多是古代皇王命名的基本特点。

一般认为燧人氏生活在伏羲之前，如汉代纬书《易纬通卦验》："遂（燧）皇始出，握机矩表计冥图，其刻：'苍渠通灵。'"郑玄注："矩，法

---

① （宋）李昉等：《太平御览》卷七八《皇王部三·燧人氏》引《礼含文嘉》，第363页。

② （宋）李昉等：《太平御览》卷七八《皇王部三·燧人氏》引《古史考》，第363、364页。

③ （清）孙希旦撰，沈啸寰、王星贤点校：《礼记集解》卷二一《礼运第九之一》，第587、588页。

④ 《全后汉文》卷五〇《李尤〈灶铭〉》，（清）严可均编：《全上古三代秦汉三国六朝文》，中华书局1958年版，第748页。

也。遂皇也，谓燧人，在卢羲（伏牺）前，作其图谓之计冥，时无书，刻石而谓之耳，刻苍精渠之人能通神灵之意也。"① 《古三坟》记载燧人氏发明了结绳记事，说燧人氏"生而神灵，教人炮食。钻木取火，天下生灵尊事之。始有日中之市，交易其物。有传教之台，有结绳之政"②。燧人氏在文字领域具有重大贡献，同样促进了人类文化的大发展与人类社会的进步。

火在燧人氏及人类发展中具有重要作用，故燧人氏崇拜火并以火作为氏族的文化标志，《尚书大传》："遂人为遂皇，伏羲为戏皇，神农为农皇也。遂人以火纪。火，太阳也，阳尊，故托遂皇于天。伏羲以人事纪，故托戏皇于人。盖天非人不因，人非天不成也。神农悉地力，种谷疏，故托农皇于地。天、地、人之道备，而三五之运兴矣。"③ 以重要的文化贡献，特别是发明、发现作为氏族的标志，是三皇五帝的重要文化特点之一。传说中的远古三皇五帝的存在，说明即使在原始社会，不同氏族已经形成了不同的政治地位，绝对的原始的氏族平等是不存在的。

二、"辛"是燧人钻燧取火故事的图画符号

中国古代文字具有记事的功能，所记既可能包括日常之事，又可能包括氏族史上的大事。人工取火术在燧人氏发展中占有重要地位，甲骨文"辛"（辛）则是记录燧人氏发明取火术的"画事"符号。郭沫若认为"辛"为一象形字，"殆如今之圆凿而锋其末"④。汉代学者认为，"辛"中之"—"表"阳"，即"—"为阳爻符号。⑤ "火，太阳也"⑥，"太阳"亦可指"火"，

---

① （汉）郑玄注：《易纬通卦验》卷上。
② （宋）佚名：《古三坟书·山坟第一·太古河图代姓记第二》，宋绍兴（1131—1162）沈斐婺州州学刻本。
③ （清）皮锡瑞撰，吴仰湘编：《尚书大传疏证》卷七《略说》，中华书局 2015 年版，第 303 页。
④ 郭沫若：《甲骨文字研究》，《郭沫若全集》，科学出版社 1982 年版，第 155 页。
⑤ （汉）许慎撰，（清）段玉裁注：《说文解字注》卷二八《辛部·辛》，第 741 页。
⑥ （汉）应劭撰，王利器校注：《风俗通义校注》卷一《皇霸》，第 3 页。

"辛"中之"一"即具"火"意。"𐊡"在甲骨文、金文中也作"𐊢"、"𐊣"。① 那么，"辛"中之"一"当是"("的异形，"("从而亦具火意，其形即如火状。"辛"义"愆阳"即"太阳"②，本身更具表"火"之蕴。朱芳圃释"𐊡"为"爨薪""烛薪"③，其"𐊡"亦与火密切相关。在以图画记事的远古历史时期，如果将"圆凿之锋末"与"火"意相合，那么"𐊡"就是"凿"（钻）物起火之"画"。

燧人氏"上观辰星（心宿二别称，即"大火"），下察五木，以为火也"④。即燧人据天上辰星的启示，发明了人工取火之术。如此，燧人氏发明"火"的"故事"，就包括上之天"火"与下之人工火。事实上，"𐊡"（𐊢）有上下二"一"即"二火"。如果上"一"表示燧人观察的"大火"、天火，下"一"表示燧人钻燧所起之人工火，那么，"𐊡"就是燧人氏"火"故事的"图画"符号，也是燧人氏族的文化标志之一。

朱芳圃结合商人主"大火"（星名）的传说，认为"𐊡"是"烛薪"之象，"𐌌"为安放"𐊡"的"底座"，"设烛薪于𐌌上以象征大火之星。或增◦◦，象星形，意尤明显。又增𐌊，附加之形符也"。朱芳圃先生似认为"𐌎"的初始之义，是商人"主大火"等"社会事状"。⑤ 但就甲骨文"𐊡"的燧人氏文化内涵而言，朱芳圃先生的这种"商"义之说似可推敲，至少"𐊡"并不是"烛薪"之象。

但另外从一个文字的文化释义的角度看，"辛"字之"一"体现着此字融合有较为原始的阳崇拜文化，或雏形期的八卦文化、阴阳文化等文字字素。如果这种阳文化属于早期的"易学"文学的话，那么"易文化"在传说中的燧人文化中已经存在，燧人氏已经发展出了较高的文明。三国时期魏高贵乡

---

① 徐中舒：《甲骨文字典》，四川辞书出版社1989年版，第751页。
② （汉）许慎撰，（清）段玉裁注：《说文解字注》卷二八《辛部·辛》，第741页。
③ 朱芳圃：《殷周文字释丛》，第19—20页。
④ （战国）尸佼著，黄曙辉点校：《尸子》卷下，第43页。
⑤ 朱芳圃：《殷周文字释丛》，第36—37页。

公曹髦幸太学，以《易》问诸儒，博士淳于俊对曰：

> 庖牺因燧皇之图而制八卦，神农演之为六十四，黄帝、尧、舜通其变，三代随时，质文各由其事。故《易》者，变易也；名《连山》，似山出纳云气连天地也；《归藏》者，万事莫不归藏于其中也。帝又曰：若使包羲因燧皇而作易，孔子何以不云燧人氏没包羲氏作乎？俊不能答。①

淳于俊之论并非没有根据，但其只知结论而不知其据；"孔子何不云燧人氏没包羲氏作"，是因为孔子对三代之前的事也并不一定熟谙。"辛"字与燧人族系的密切关系，说明所谓的伏羲发明八卦，约略是承燧人文化而来，也是伏羲氏继承前人文化，推陈出新的结果。我们据此至少可以认为，燧人时代已经具有步入了文明发展的较高阶段，钻燧取火与阴阳文化就是这一文明发展的两大重要的标志性成果。不同氏族间的文化交流与融合，既促进了不同氏族的文化发展，又形成了基于氏族自信、自尊，人为建构的多元化文明起源。

三、燧人族系辛文化标志的演变

"𐤚"（辛）作为记录燧人氏发明取火术的"画事"符号，在特定的氏族文化标志背景下，逐渐发展出燧人族系特有的"𤞤"这一氏族标志。这是远古氏族文化中极为特殊的一个文化现象，说明燧人族有着极强的文化特色与文化传承记忆，这也是这个氏族能够经久不衰的根本原因。这个甲骨文"𤞤"字，也是揭开远古氏族命名文化的一把钥匙。

（一）甲骨文"𤞤"表炎帝高辛阏伯之事

甲骨文"𤞤"字中"𐤚"的燧人"火"故事之意，应是"图画"式

---

① （晋）陈寿撰，陈乃乾校点：《三国志·魏书》卷四《三少帝纪第四》，中华书局1982年版，第136页。

"▼"字表达的原始意蕴。这一部族之所以称为"燧人氏"，应由此族钻燧取火之事而名，此即后世所谓"因事命氏"的原则。从炎帝图腾与燧人传说、炎帝之号与"▼"的关系看，"叒"中之"▼"亦是炎帝族文化符号，而"月""∞"则是炎帝之后高辛氏、高辛之"子"阏伯的文化符号，这些符号同样也是炎帝、高辛、阏伯得号之因。

首先，火（日）、鸟"相合"是炎帝氏族的族徽，如图。① 图中亦有一"圆"，可表"天"或阳之意象。这也许是炎帝族早期的"图画记事板"。燧人氏感"有鸟啄木，粲然火出"而钻木取火。②
这是燧人氏火"故事"的又一版本。"啄木"出火之"鸟"，当是燧人氏文化中的"神"鸟。"燧人以火纪，火，太阳也，阳尊，故讬燧皇于天。"③ 天、火（日）、鸟组合而成的"图画"就是炎帝族的文化标志。换言之，炎帝的文化标志可能就是燧人传说的"图画"符号之一。

传说"燧人始钻木取火"，以"火纪"且称"燧皇"④，传说炎帝亦发明人工取火、以火纪且称"火师"⑤，二者的文化特质是一致的。"▼"（⊽）上下"二火"相加即为"炎"，那么，炎帝之"炎"实由"▼"生，"▼"除为燧人氏文化符号外，亦是炎帝族的文化符号。从炎帝族文化标志与燧人传说的一致性及炎帝称号与"▼"的对应演变关系看，燧人与炎帝可能是称号有别的同一部族，属于远古"同姓而异其国号"⑥ 的历史现象。

---

① 王大有、王双有：《图说中国图腾》，人民美术出版社 1997 年版，第 107 页。
② （宋）李昉等：《太平御览》卷七八《皇王部三·燧人氏》引王子年《拾遗录》，第 364 页。
③ （汉）应劭撰，王利器校注：《风俗通义校注》卷一《皇霸·三皇》，第 3 页。
④ （宋）李昉等：《太平御览》卷七八《皇王部三·燧人氏》引《礼含文嘉》，第 363 页。
⑤ 杨伯峻：《春秋左传注·昭公十七年》，中华书局 1981 年版，第 1386 页。
⑥ 司马迁：《史记》卷一《五帝本纪》，第 45 页。燧皇、炎帝、阏伯应同后世的夏王、齐侯、秦公、郑伯之号相似，燧、炎、阏为氏族之称即"国号"，皇、帝、伯既表明氏族酋长地位等级，又表明氏族在部落联盟中的等级地位，是远古时代"礼制"文化的反映。至于伏羲氏有几世、炎帝有几世，似是氏族酋长之世次。如《帝王世纪》言炎帝"八世"，应指"炎族"有八位酋长皆有"帝"号。氏族皇、帝、伯类地位的升降，既是其"德"变、势变的结果，又是其氏族称号发生相应变化之因。

其次，"灶"可能是炎帝发明的，《淮南子·氾论训》载："炎帝于火，而死为灶。"汉代高诱注："炎帝神农，以火德王天下，死托祀于灶神。"① "（炎帝）桐瀪井灶，以济万民。"② "灶"在《说文解字》中写作"竈"，属穴部，从穴"鼀省声"③，"灶"的本质为炊"穴"。"穴"之篆文作"宂"④，因而"鬲"之"宀"类穴。徐中舒就认为"鬲"之"宀"为穴。⑤ 那么，"鬲"之"宀"意亦可释以"竈"义。炎帝"死而为灶"，应是炎帝生前发明了"灶"，但死后升格为灶神之意，祭灶即祭炎帝。

"燧人始钻木取火，炮生为熟，令人无腹疾，有异于禽兽。"⑥ 古人认为，燧人氏的重要贡献，不仅在其发明的人工取火术，更在其将火运用于食物加工，以饮食方式将人和动物区别开来，产生人之所以为人的初步观念。火更是人与禽兽相分的标志，以食物加工作为人兽的标志并不准确。但食物加工在远古文明中的重要地位，是现代人很难想象得出的。《说文解字》释"炮"为"毛炙肉"："炙肉者，贯之加于火。毛炙肉，谓肉不去毛炙之也。"⑦ "炮"仅是对动物性食品的粗加工，它应是狩猎时代的食物加工方式。灶的使用应扩大了食物的加工品种，扩展了人类的食物来源，促进了远古农业经济的发展。

如果"丫"代表燧人、炎帝的文化特点，"宀"是炎帝后继氏族的文化标志，那么，从炎帝到炎帝后裔氏族的文化发展历程，就可用"昺"这一"图画"字来表示。"穴"上立一"辛"，"辛"在"穴"之上，其形就是"高辛"（"昺"），意似"穴"上生"火"即"灶"状。一说炎帝之裔称俊、

---

① （汉）刘安撰，何宁整理：《淮南子集释》卷一三《氾论训》，第985页。

② （宋）罗泌：《路史》卷一二《禅通纪·炎帝》。

③ （汉）许慎撰，（清）段玉裁注：《说文解字注》卷一三《穴部·竈》，第343页。

④ （汉）许慎撰，（清）段玉裁注：《说文解字注》卷一三《穴部·穴》，第343页。

⑤ 徐中舒：《殷商史中的几个问题》，《四川大学学报》1979年第2期，第108—112页。

⑥ （宋）李昉等：《太平御览》卷七八《皇王部三·燧人氏》引《礼含文嘉》，第363页。

⑦ （汉）许慎撰，（清）段玉裁注：《说文解字注》卷一八《火部·炮》，第482页。

鵤、夋等①，帝喾高辛氏之名即为夋②，其崇拜之物为"俊鸟"即"日中神鸟"。③"日中神鸟"为炎帝文化标志之状，夋与炎帝的文化当是一致的，五帝之一的"高辛氏"应是炎帝族的后裔。

第三，传说商族之祖契为帝喾（高辛氏）之子④，那么契也应是燧人、炎帝的族裔。如前文所言，天、火（日）、鸟是炎帝族文化标志的组成部分。这一组合中的"鸟"，既可以为"火"鸟，也可以为"天鸟"。中国古代文化中的天、火皆有至阳之性，"天鸟"亦即"火鸟"。天、火至阳即"愆阳"，"愆阳"又为"辛"，此"鸟图"所成之字即为"鳳"（凤）。⑤ 古人认为"天玄地黄"，"鳳"亦可称为"玄鸟"。⑥ 史载商族的文化标志就是"玄鸟"，因而炎帝、商族文化标志是一致的。这也在一定程度上说明，炎帝、高辛、商族同属一族的可能性，契为高辛氏之子也是较为可信的。

商族之祖契号阏伯⑦，《尔雅·释天》："大岁（木星）在甲阏逢。""在卯单阏。"⑧ 那么，契似有观测岁星方位之职，阏伯之号应由契的职事而致。但阏伯在观测岁星之外，亦观测、祭祀"大火"⑨，契实则负有观测岁、大火两星之任。通过观测大岁与大火在天空中的位置关系，可能使以大火测定的岁时更为精准，促进古代历法技术的进步。商人对本族这一文化发展历程的记载，就是在原高辛氏之"月"中加一表契之功的"双星"（∞）"图画"。"月"中加"双星"之后，甲骨文之"鳳"最终形成。

如果甲骨文之"鳳"确实存在图画意蕴的发展阶段，那么这种图画意蕴

---

① 王大有、王双有：《图说中国图腾》，第 107 页。

② （汉）司马迁：《史记》卷一《五帝本纪》，第 13 页。

③ 何新：《诸神的起源　中国远古太阳神崇拜》，光明日报出版社 1996 年版，第 25 页。

④ 杨伯峻：《春秋左传注·昭公元年》，第 1218 页。

⑤ 沈兼士：《陈寅恪先生来函》，《沈兼士学术论文集》，中华书局 1986 年版，第 1260 页。

⑥ "俊鸟"亦有"金乌"等称，包括二足、三足两种形象。如果"俊鸟"即为"凤"的话，那么从甲骨文之凤"鳳"的两足形态看，二足"鸟"应是金乌的原始形态。

⑦ 杨伯峻：《春秋左传注·昭公元年》，第 1218 页。

⑧ （晋）郭璞注，（唐）邢昺疏：《尔雅》，北京大学出版社 1999 年版，第 168—169 页。

⑨ 杨伯峻：《春秋左传注·昭公元年》，第 1218 页。

的""表述的就是燧人族系的发展史，是燧人族系发展过程的历史记忆符号，也是燧人族系特殊的文化标识符号之一，是维系燧人族系族属认同的重要标志。当然，随着时间的推移，甲骨文之"商"形成地名、人名、方国名之义。[①] 这些新义与"图画式"之"商"既有联系又有区别，但总体趋势则是图画式族系的确认功能渐趋模糊。这是在漫长的历史记忆的遗忘过程中，图画字"故事"大多无法理解、产生文化隔膜的必然结果。

这也说明，在远古时期，人们确实是用"图画字"的形式记载历史故事的，我们的好些远古神话传说，可能都是后世以这类"图画"为基础，用语言表述出来的、发生形变的"历史故事"。

燧人、炎帝、高辛氏、阏伯在血缘上可能存在非直系传承的情况。即使这种情况是客观存在，这一系氏族人群的文化传承与发展，可能也在很大程度上说明，它们有着共同的文化认同，是基于文化认同形成的氏族群体。"氏族"之"氏"本意为"标志""村识"，"氏族"就是有特殊文化标志的人群。一个拥有优势文化的氏族，在远古社会中具有较强的生命力。这样的氏族也就成为一个长期发展的氏族融合中心。这是中国远古文化的重要特点。从夏商周三代所谓的"世卿世禄"到后来魏晋时期门阀社会的"家风传承"，大约都保留着氏族文化的遗风。

（二）从甲骨文""看远古燧人族的文化特点

燧人、炎帝、高辛、阏伯的族系关系表明，在伏羲氏取代燧人氏之后，燧人族的发展虽然一度衰落，但炎帝、高辛氏及其他商族势力的存在与发展，仍使燧人族系成为远古时期历史悠久、盛族间出的一大氏族，仅炎帝族就有"八世""五百三十年之久"[②]，从高辛氏到商的发展也历久弥远。在漫长的历

① 沈兼士：《陈寅恪先生来函》，《沈兼士学术论文集》，第214页。
② （晋）皇甫谧等撰：《帝王世纪》第一《自开辟至三皇》，第5页。

史时期中，这一氏族保持着自身突出的文化优势与特色，并以此维系着氏族的不断发展。

首先，燧人族系长期保持着理"火"之"官"的身份。燧人称燧皇，炎帝称火师。商族之祖契为陶唐氏（尧）的火正。① 火正地位虽低于燧皇、火师，但三者的职责并无差别，司火是燧人族系的重要传统。燧人以火纪，炎帝以火纪，即以火"名百官"。下文所言的商人先祖也仍保持着以火纪官的特点。燧人观测"大火"②，炎帝"上承荧惑（火星）"③，契亦观测、祭祀"大火"④。

"大火"是古代判断季节变化的依据，《诗经·七月》有"七月流火，九月授衣"⑤。"七月"指农历的七月。"流"指移动、落下。"火"即古代"大火"，每年农历五月黄昏时在中天，六月以后，就渐渐偏西。时暑热开始减退，故称"流火"。古人发现大火逐渐向西方迁移，天气就开始变凉，并据此确定农时，指导生产："三代以上，人人皆知天文。'七月流火'，农夫之辞也。"⑥ 故炎帝以降强大氏族置有"火师""火正"，负责观测"大火"、确定农时节令。

炎帝"以火纪时"，"正气节，审寒暑，以平早晚之期"⑦，祝融也以火文化著名，契也是"以火纪时"之"官"。这在很大程度上表明，燧人族理"火"的"世宦"特点相当悠久。

其次，燧人族系具有重"辛"的文化特点。辛最初应是反映燧人氏文化的专有性符号，炎帝之炎也是由"辛"演变而来的文化符号。商族之"商"

---

① 杨伯峻：《春秋左传注·昭公元年》，第1218页。
② （战国）尸佼著，黄曙辉点校：《尸子》卷下，第43页。
③ （宋）罗泌：《路史》卷一二《后纪三·禅通纪·炎帝》。
④ 杨伯峻：《春秋左传注·昭公元年》，第1218页。
⑤ 聂石樵主编，雒三桂、李山注释：《诗经新注·国风·豳风·七月》，齐鲁书社2009年版，第263页。
⑥ 顾炎武：《日知录》卷三〇《天文》，上海古籍出版社2006年版，第1673页。
⑦ （宋）罗泌：《路史》卷一二《后纪三·禅通纪·炎帝》。

本身也是燧人族贡献的"集合"性符号，祭祀包括高辛氏在内的先祖，形成重"辛"、以"日"为名、以"辛"为徽志的文化特点。[①] 甲骨文之"禹"对燧人氏文化符号（"丫"）的传承及"玄鸟"图腾的相对稳定，是燧人族能够保持自身文化记忆的重要原因。"丫"（丫）包括天地之火。"天火"是燧人族观测的对象，"地火"是燧人族管理的民间之火，"丫"（丫）又是对燧人族理"火"职责的概括。燧人族系世代为理"火"之官，是其形成重辛文化的前提条件。

再次，燧人族系的发展是基于文化创新的发展。燧人族系在其长期的历史发展过程中，燧人氏发明取火术，炎帝发明灶，契观双星、修历法。这些都不同程度地促进了氏族社会的进步，并使其保持了相对强大的势力，是其形成"世宦"地位、重辛文化的重要基础。这些发明、发现皆是润泽人类社会的大德。如果"同姓而异其国号"，"国号"之变出于"章（其）明德"之因，那么燧人族系之燧人、炎、高辛氏、阏等"异号"，就是这一族系"德"变的必然产物。文化贡献即"德"是燧人族系标识"国号"的重要依据和传统。

最后，在燧人族系的发展过程中，形成了两大功用有别的氏族标识符号：其一是由"丫""丙""◎◎"构成的"禹"这一历史记忆符号，其二由"禹"（凤）为标识的文化图腾符号。前者载录的是燧人族系的历史信息，也是形成燧人族系不同称号即得"氏"之由；后者则是燧人族系神化的先祖图腾。氏族图腾是相对稳定的，而氏则是可以有所演变的，这是远古氏族"同姓而异其国号"现象产生的重要原因。两大功能有别的氏族标识符号，是燧人族系文化的又一特点。

此外，源自燧人氏族文化符号，表达"阳尊"之意的"丫"，是使燧人之鸟图腾区别于普通的鸟图腾，具有阳尊地位之"禹"的关键。换句话说，

---

① 王晖：《殷商十干氏族研究》，《中国史研究》2003 年第 3 期，第 15—40 页。

燧人氏"▼"文化的发展，促进了原始动物图腾神性的升格；随着燧人文化的传播与势力的发展，其"矗"图腾亦是华夏文化的主要图腾圣物。从古"龙"字形体意蕴的演变看，"▼"同样是促进龙图腾由蛇龙到"火龙"、龙之神性升格的重要因素。[1] 可以这样认为，燧人氏"▼"文化的发展，塑造了华夏族两大神化性的先祖图腾，燧人氏对中国古代文化的影响是相当深远的，是塑造华夏图腾文化的重要因素。

总之，甲骨文"矗"字作为燧人族系三大文化符号的组合式"图画"，载录了燧人族系从燧人到炎帝，从炎帝到高辛氏再到阏伯的发展历程，是燧人族系发展史上重要的历史记忆符号。在燧人族系的这一发展过程中，文化发展与创新是其维持族系生存的重要动力。如果伏羲氏是中国远古重要的部族力量的话，那么燧人氏可能是一支仅次于伏羲氏的、族系绵长、势力强大，对华夏文化影响深远的氏族。文化的改革与创新，是维系一个民族发展的基本动力。

伏羲氏族在不同社会阶段有不同的龙图腾之象，伏羲氏图腾具有与时俱进的文化特点。[2] 相反，甲骨文之凤反映的燧人族系的凤图腾的形态、意蕴相对单一，凤图腾存在的社会基础可能不及龙图腾那样广泛与深厚。伏羲之号存在十五世之久，而燧人氏之号似仅存一世，炎帝之号似存八世，加之商、秦两朝，燧人族系之号变化同样较多。后世称伏羲为华夏之祖、炎黄为伏羲之后，应是二族联盟长期存在、相互通婚、先祖记忆模糊及后世大一统政治发展的产物。这应是燧人族系实存而名变的重要原因。

四、阏伯的火文化神话传说

燧人族世代为理火之"官"，后来演化出阏伯盗火神话。燧人族系传承着

---

① 顾乃武：《古龙字中的华夏先祖》，《寻根》2014 年第 4 期，第 4—7 页。
② 顾乃武：《古龙字中的华夏先祖》，《寻根》2014 年第 4 期，第 4—7 页。

火文化，在高辛之子阏伯身上有突出的表现。阏伯原是高辛帝（帝喾）的儿子，后被封在商丘，是一大地方诸侯，阏伯也被称为商伯。此说见于《左传》：

> 昔高辛氏有二子，伯阏伯，季实沉，居于旷林，不相能也，日寻干戈，以相征伐。后帝不臧，迁阏伯于商丘，主辰，商人是因，故辰为商星；迁实沉于大夏，主参，唐人是因，以服事夏商。①

> 陶唐氏之火正阏伯居商丘，祀大火而火纪时焉。相土因之，故商主大火。②

在阏伯的封地商丘流传着阏伯盗火的神话。阏伯原来是天上管火的火神。他听说人间没有火，日子过得很苦，就曾经多次偷着向人间投过火种，可惜都没有成功。时间一久，这件事就让天帝知道了。天帝说商伯犯了天条，就把他贬到凡间为民。商伯将要从天上来到人间的时候，心想：这一次如果还不能把火种带下凡来，以后就再也没有指望了。当时，他就把一根蒿绳点着，悄悄地藏在衣服下面，冒着危险，把火种带到世上来了。

阏伯来到人间以后，千辛万苦地教人们冬天用火取暖，夜晚用火照明，打猎时用火围攻捕捉野兽，于是，吃饭有了热食，人们还可以放火烧荒种田。人们从此过上了平安快乐的生活。时隔不久，阏伯偷火到人间的事，很快又传到天帝的耳中，于是，天帝对阏伯进行了严厉的处罚，他决定发洪水淹没人间的火种，惩罚商伯。

霎时间，地上洪水滚滚，像猛兽一样，很快淹没了许多地方。村庄上的房屋、树木顺水漂流。老百姓一时吓得四处逃散，谁都忘了保存火种，只有商伯心里挂念着火种。当时，他急中生智，召集一批人帮助自己筑起一座高大的土台，把火种放在上面，搭起个篷子遮蔽起来。他独自一个人留在台上，看守火种。

---

① （清）洪亮吉撰，李解民点校：《春秋左传诂》卷一五《传·昭公元年》，第641页。
② （清）洪亮吉撰，李解民点校：《春秋左传诂》卷一二《传·襄公九年》，第510页。

很长很长时间过去了，洪水也退了。人们从四面八方回到这里。他们心里惦念着阏伯，来到上台上面一看，见火种还燃烧着，阏伯为了保存火种却活活饿死在上台上了。后来，人们为了纪念阏伯的功德，就把这座上台叫作火神台。台周围这一带地方也因为商伯的名字叫商丘。

同时在商丘地区还存在着另一个阏伯与火的神话系列，与这则神话大相异趣，其内容是：阏伯是部落首领帝喾（或舜）的儿子。在一次大雨中，部落的火种被雨浇灭了。帝喾派本部落中最勇敢的勇士阏伯前往其他部落中去借火种。阏伯不畏千难万险，终于找到了火种。人们合修了一个台，把这火种放在高台上。这个台子就是"阏伯台"。阏伯死后，人们为了纪念这位给本部落带来光明和幸福的英雄，就称他为火神，世代祭祀。

民间神话传说本来就易于产生不同的表述内容。这则阏伯取火的神话传说带有"史"的性质，也比较质朴，当是早期的神话传说。而"盗火"神话则是在"取火"神话的基础上加工而成并流传下来的，是后起的，所以带着文明社会的特征。火是人类告别兽性时代而与人性握手的重要标志，它是初级文明和高级文明时期人类生活中必不可少之物。在世界各个地区、各个民族中，大都有关于火的发明的神话与传说，也有专门掌管火的火神。[1]

阏伯盗火神话反映出在阏伯时代，仍然使用天然火而无人工取火的技能。按人工取火术在传说中的燧人氏时代就已经出现了，高辛氏时代更当掌握了发达的人工取火术，阏伯无须通过"盗火"来保存火种，这种"盗火神话"可能本来就具有虚构的色彩。就燧人族系"观测、祭祀大火"、利用火的历史文化而言，阏伯台更多的可能是远古时期的"观星台"而"非保存火种"之台。商丘地区的"阏伯盗火"神话，仅在一定程度上反映了人们对英雄人物的期待，更是一种后人附会性塑造的后出的神话传说。但无论如何塑造阏伯的形象，它都以阏伯的火文化为基础，是阏伯火文化的神话衍生物。

---

[1]　金荣权：《阏伯盗火神话及其学术价值》，《商丘师范学院学报》2001 年第 1 期，第 21—23 页。

五、奠定了皇王文化符号的基础

19世纪西方宗教研究领域自然神话学派的代表人物麦克斯·缪勒（Max Muller）提出，人类塑造出的最早的神是太阳神，最早的崇拜形式是太阳崇拜。太阳神话是一切神话的核心，一切神话都是由太阳神话派生出来的。太阳"从仅仅是个发光的天体变成世界的创造者、保护者、统治者和奖赏者实际上变成一个神，一个至高无上的神"①。中国远古时期从江苏连云港将军岩到阴山、贺兰山有一个人面岩画带，这一岩画带反映着远古中国太阳崇拜的广泛流行。

何新认为"所谓'华族'，就是崇拜太阳和光明的民族。而日华之华，可能就是华夏民族得名的由来"②。这也是一个典型的太阳崇拜文化的产物。在我国远古时期，那些功业无量的"圣人"，称为具有"象日之明"的"皇"即人间之"日"，如汉代应劭《风俗通》引《尚书大传》："燧人以火纪。火，阳也。阳尊，故托燧皇于天。""燧人以火纪。火，阳也。阳尊，故诧燧皇于天。"③

伏羲氏取代燧人氏地位，拥有了燧人氏"阳尊"的地位，后世所载伏羲氏"日月之明"的形象，应是由"阳尊"形象演变而来的，《帝王世纪》："太昊帝庖牺氏，风姓也。蛇身人首，有圣德，都陈。作瑟三十六弦。燧人氏没，庖牺氏代之，继天而王，首德于木，为百王先。帝出于震，未有所因，故位在东方，主春。象日之明，是称太昊。"④

中国远古时期的太阳崇拜，最终演变为"皇""帝""王"等帝王符号。什么是"皇""帝""王"呢？这些帝王符号都是"天子"之号，《帝王世

---

① ［英］麦克斯·缪勒（Max Muller）：《宗教的起源与发展》，上海人民出版社1989年版，第186页。
② 何新：《诸神的起源——中国远古太阳神崇拜》，光明日报出版社1996年版，第62页。
③ （汉）应劭撰，王利器校注：《风俗通义校注》卷一《皇霸·三皇》，第3页。
④ （晋）皇甫谧等撰：《帝王世纪》第一《自开辟至三皇》，第2页。

纪》："天子，至尊之定名也。应神受命，为天所子，故谓之天子。故孔子曰：
'天子之德，感天地，洞八方。是以功合神者称皇，德合天地称帝，义合者称
王。'"① 皇、帝、王虽然都是"天子"之名号，但三种称谓是何关系呢？仍
以《说文解字》对"皇""帝""王"的解释为始。

《说文解字》中篆文"皇"写作"皇"，释"皇"："皇，大也。从自王。
自，始也，始王者，三皇。大君也。"清段玉裁注："始王天下，是大君也，
故号之曰皇。"②《说文解字》"帝"："帝，谛也，王天下之号。"③《说文解
字》中篆文"王"写作"王"："天下所归往也。董仲舒曰：'古之造文者，
三画而连其中谓之王。'三者，天、地、人也，而叁通之者，王也。"④

《说文解字》释"神"："引出万物者也。⑤"所释之"天"则略为繁：
"凡言元始也。天，颠也，丕大也，吏治人者也，皆于六书为转注而微有差
别。元、始可互言之，天颠不可倒言之，盖求义则转移皆是，举物则定名难
假，然其为训诂则一也。颠者，人之顶也，以为凡高之称。始者，女之初也，
以为凡起之称。然则天亦可为凡颠之称。臣于君，子于父，妻于夫，民于食
皆曰天是也。至高无上。从一大。至高无上。是其大无有二也，故从一大。"⑥

《说文解字》释"地"："元气初分，轻清阳为天，重浊阴为地。元者，
始也。《阴阳大论曰》：黄帝问于岐伯曰：地之为下否乎？岐伯曰：地为人之
下，大虚之中者也。黄帝曰：冯乎？岐伯曰：大气举之也。按：地之重浊而
包举乎轻清之气中，是以不坠。万物所陈列也。从土。地以土生物。"⑦

据这些解释，"皇""帝""王"是"天子"的三种称谓，三种称谓的
"功德"含义并不相同：神"引出万物"，"皇"更似是创世"天子"的称谓，

---

① （晋）皇甫谧等撰：《帝王世纪》第一《自开辟至三皇》，第2页。
② （汉）许慎撰，（清）段玉裁注：《说文解字注》卷一《王部·王》，第9页。
③ （汉）许慎撰，（清）段玉裁注：《说文解字注》《一部·帝》，第2页。
④ （汉）许慎撰，（清）段玉裁注：《说文解字注》卷一《王部·皇》，第9页。
⑤ （汉）许慎撰，（清）段玉裁注：《说文解字注》卷一《示部·神》，第3页。
⑥ （汉）许慎撰，（清）段玉裁注：《说文解字注》卷一《一部·天》，第1页。
⑦ （汉）许慎撰，（清）段玉裁注：《说文解字注》卷二六《土部·地》，第682页。

它强调的是在人类社会发展中的开创地位；"帝"强调的似是行天地大道，不言而天下治的至高之功；义者，"己之威仪也"①，"义合者称王"，"王"则是通过法天地之道，实现人间大治，具有无限威仪的"天子"。皇、帝、王功业有别，本身并无地位高下之分。

"皇""帝""王"体现的应是"天子"之"德"的差异，故后人附会孔子学生子贡对此稍做评论，《庄子》卷五《天运》："子贡曰：'夫三王五帝之治天下不同，其系声名一也。'"②从字义的本源看，"皇""帝""王"都属于表意有别但关系相近的文字。甲骨文尚未发现存在皇字，先以金文"皇"字为例。③金文"皇"字的下部为一倒立状的"辛"的一部分（"土"），"辛"上的"—"演变为发光的"日"形（"⊞"），下部与上部构成一个结构变异的"皇"字，但"皇"仍未超出"至阳""阳尊"这一"辛"的基本文化意蕴；唯其更突出的是"日"的意象，或带有"功合神"、突出"日神"或"阳尊"的意味。

"帝"字以甲骨文"帝"、金文"帝"为例。④甲骨文、金文"帝"包括正立之辛，但字间增"—"并在左右各加一竖，约表此首领沟通天地，集天地功德于一体之意。如果"神"引出万物，那么天、地亦由神出，"帝"世则不同于"皇"世。"王"字以甲骨文"王"、金文"王"为例。⑤两个"王"字上部为一阳爻，下部为一倒立"辛"的一部分（"土"）。它虽仍是"辛"字的变体，但少了"皇"的突出的"日神"之像，也少了"帝"字德合天地之意，却突出了辛字下部"土"的地位，意其为"人间之主"的特点。

根据甲骨文"辛"字与"皇""帝""王"的密切关系，我们不难得出以

---

① （汉）许慎撰，（清）段玉裁注：《说文解字注》卷二四《我部·义》，第633页。
② （宋）吕惠卿撰，汤君集校：《庄子义集校》卷五《天运》，中华书局2009年版，第295页。
③ 王延林：《常用古文字字典》，第27页。
④ 王延林：《常用古文字字典》，第7页。
⑤ 王延林：《常用古文字字典》，第26页。

下结论：皇、帝、王都是由"辛"演变而来的帝王符号。这种论述虽然可能存在这样那样的模糊之处，但它毕竟为我们提供了思考皇王文化的依据。燧人文化对中国古代皇权政治具有极为深远的影响。不仅如此，随着社会秩序的建立，那些拥有极高地位的氏族，形成了特定的、与自身地位相当的氏族文化标志，其中凤、龙就是燧人、伏羲两大氏族的图腾。就这点而言，燧人氏在中国远古文化甚至是华夏文化中，占有重要的地位，古代文化中或将其列为三皇之一或三皇之首是可无疑义的。燧人氏在中国古代文化发展史、华夏民族认同与政治影响上具有不亚于伏羲氏的地位。

第三章　发明改变了世界——火崇拜 与鸟统秩序的建立

在我们现今的常识性认知中，"凤""凰"是鸟中之王，雄的叫凤，雌的叫凰。但在封建时代，皇帝称为"真龙"，是"真龙"的化身，凤成了宫廷后妃的代称，凤演变为"雌性"的神物。我们今天所说的"凤""凰"，在远古时代并非全如我们今天的认识。我国古代文化把动物分为羽虫、毛虫、甲虫、鳞虫、倮虫（也作赢虫，倮通裸）五类，合称为"五虫"。① "凤"为五虫中的"羽虫"之"长"。因其为"长"之故，我们俗称凤为"鸟王"，古书也称其为"凤皇"。湖南高庙文化遗址即出土了7400多年前印有凤图案的陶器，凤崇拜产生的时间已经相当久远了。远古神话中的"凤"体现着和氏族体制相对应的"鸟统秩序"的构建。

一、远古羽虫之长的"凤"的实质

我们现在能够通过甲骨文中的"凤"字，解读我们民族文化中最早的"凤"，了解"凤"的初义。甲骨文中的"凤"写作"𩾌""𩿎"② ，由一"辛"与一"鸟"构成。"辛"是记载燧人氏发明火的阳文化符号，其后演变

---

① （汉）戴德编，方向东撰：《大戴礼记汇校集解》卷五《曾子天圆第五十八》，第587页。
② 王延林：《常用古文字字典》，第243页。

出"愆阳"之义。在太阳崇拜盛行的历史时期，"辛"又演变出"人界"的皇、帝、王符号。但人类秩序的文化观"移植"到"鸟界"，"辛"与特定的鸟形相结合，衍生出一只具有"愆阳""阳尊"之性的"鸟"——鸟中的"皇""帝"或"王"。据此，甲骨文凤字就是一个会意性的文字，"辛"就会此鸟的"长"义，或鸟中的"皇""帝""王"了。

凤为"羽虫之长""鸟皇""鸟王"，历代文献多载此义。如宋代陆佃《埤雅》："凤，神鸟，俗呼鸟王。"① 《任子》："凤为羽族之美，麟为盟沧之俊，龟龙为介虫之长，梗楠为众材之最——是物之贵也。"② 李彤《四部》："弔鸟山，俗传曰凤死于上。每至七月九日晦望，群鸟常来集其上鸣呼也。"③ 此山即是群鸟祭凤之山，因凤为鸟皇，故群鸟来此。《山海经》是可见的最早记载"凤"的文献，凤在其中出现多达12处，如《山海经·海内西经》："凤皇、鸾鸟皆戴瞂。"④《大荒西经》："沃之野，凤鸟之卵是食，甘露是饮。"⑤ 凤在《山海经》中的大量记载，说明它在上古"神物"中占有重要的地位。

但在早期的凤文化中，只有"凤"而没有"凰"。凤或称为"凤皇"："凤皇、鸾鸟皆戴瞂。"所谓的"凤皇"，即是凤为羽虫之长的雅称。从"阳尊"的唯一性看，它应产生在只知其母不知其父的母系氏族时代。但《大戴礼记·易本命》："有羽之虫三百六十，而凤凰为之长。"⑥ "凤凰"可能是由"凤皇"误写演变而来。"凤""凰"成"对"出现应是后世婚姻形态变迁的产物。有"凤"无"凰"也在一定程度上表明，在中国早期的氏族社会阶段，男、女并没有突出的地位尊卑之别，它可能也是原始社会乱婚形态的反映。

---

① （宋）陆佃：《埤雅》卷八《释鸟·凤》，《丛书集成新编》（第1124册），台北新文丰出版公司1985年版。

② （唐）徐坚等：《初学记》卷三〇《凤第一》引《任子》，第724页。

③ （宋）李昉等：《太平御览》卷二五《时序部十·秋下》引李彤《四部》，第117页。

④ 袁珂校注：《山海经校注·海经新释》卷六《海内西经》，第262页。

⑤ 袁珂校注：《山海经校注·海经新释》卷一一《大荒西经》，第335页。

⑥ （汉）戴德撰，（清）孔广森补注，王丰先点校：《大戴礼记补注》卷一三《易本命》，中华书局2013年版，第251页。

但凤同龙一样是人们在图腾崇拜的基础上虚构出来的神物。

二、凤是燧炎族系的图腾

燧人氏与鸟的关系非常密切，《太平御览》卷八六九《火部二·火下》引《西京杂记》："遂明国不识四时昼夜，有火树名遂木，屈盘万顷。后世有圣人，游日月之外，至于其国，息此树下。有鸟若鸮，啄树则灿然火出。圣人感焉，因用小枝钻火，号燧人。"[1] 在远古人群对事物"神秘化""联系化"的思维中，"若鸮""啄树则灿然火出"的鸟就是具有"生火"能力，或指引人发现如何"生火"的"神鸟"。记载此鸟啄树火出的"图画性文字"，就是在鸟的头部加一"标示性"的"辛"符号，甲骨文"凤"字其实就从此鸟的"图画性文字"演变而来。燧人氏时代不一定产生了这个"图画性文字"，但它可能是创制这个文字的"故事"之本，也是后人认同的燧人氏的"先祖标志"。

据此，凤就是与燧人氏关系密切的神鸟，是基于燧人氏钻燧取火故事产生的燧人族文化标志之一。炎帝与燧人氏为一族，亦应以凤鸟为文化标志。高辛氏（帝喾）也是燧人一族、炎帝后裔，他就以凤鸟为图腾，《山海经·大荒南经》："羲和者，帝俊之妻，生十日。"[2]《大荒东经》："汤谷上有扶木，一日方至，一日方出，皆载于乌。"[3] "载日之乌"即甲骨文"凤"的形象，"乌""凤"是具有密切联系的二鸟。这一文化标志又在特定的形式下，演变为氏族的图腾符号。我们确知的燧人、炎帝族后裔中的商族就以凤为图腾："殷契，母简狄，有娀氏之女，为帝喾次妃，三人行浴，见玄鸟堕其卵，简狄取而吞之，因孕生契。"[4] 天的颜色为"玄"，"玄鸟"即为天鸟、火鸟、凤。

---

① （宋）李昉等：《太平御览》卷八六九《火部二·火下》引《西京杂记》，第3851页。
② 袁珂校注：《山海经校注·海经新释》卷一〇《大荒南经》，第381页。
③ 袁珂校注：《山海经校注·海经新释》卷九《大荒东经》，第354页。
④ （汉）司马迁：《史记》卷三《殷本纪》，第91页。

就"凤"的文献记载的时间分布看，原始群时期是中国远古"凤"文化产生的基础性阶段，氏族公社时期的炎、高辛时期则是"凤"文化的发展期，商代"凤"在政治文化中已经具有了"天命"色彩，成为帝王"感生"神话的重要"神物"之一，具有不亚于"龙"的帝王"神圣"性。但在封建时代"凤"文化达成又一次嬗变。

三、凤的形象的历史变迁

《山海经》中的"凤"是一种有三类名称的五采鸟，《大荒西经》："有五采鸟三名：一曰皇鸟，一曰鸾鸟，一曰凤鸟。"[①] 所谓的"皇鸟"就是我们今天俗称的"鸟王"，凤与皇、鸾仅是这种五采鸟的异称。但凤又是道德的化身与天下安宁的祥瑞，《山海经·南次三经》："丹穴之山，其上多金、玉。丹水出焉，而南流注于渤海。有鸟焉，其状如鸡，五采而文，名曰凤皇，首文曰德，翼文曰义，背文曰礼，膺文曰仁，腹文曰信。是鸟也，饮食自然，自歌自舞，见则天下安宁。"[②] 凤有五彩尚可属于正常存在的鸟类，但作为道德的化身就是虚幻的神物了。"神"在这个世界上向来就不存在，这种道德性的"凤"同样属于远古先人虚构之物。

在早期的阳崇拜中，奇数代着"阳"，凤不乏奇数结构，如《尔雅义疏》："鶠，凤。其雌皇。"晋代郭璞注："（凤）瑞应鸟，鸡头、蛇颈、燕颌、龟背、鱼尾，五彩色，其高六尺许。"[③] 郭璞所载之凤即由鸡、蛇、燕、龟、鱼五件构成。这应与其色五彩一样，属于原初凤文化的本色。但随着皇权一统文化的发展，帝王称龙，其后称凤，龙凤相配，故凤的构件成偶，以示其为"阴"之属，并逐渐成为凤的定性，如《韩诗外传》所载之凤象为八，鸿、麟、蛇、

---

① 袁珂校注：《山海经校注·海经新释》卷一一《大荒西经》，第 334 页。
② 袁珂校注：《山海经校注·山经柬释》卷一《南次三经》，第 15 页。
③ （清）郝懿行著，吴庆峰等点校：《尔雅义疏》下之五《释鸟弟十七》，中华书局 2010 年版，第 3698 页。

鱼、龙、龟:"夫凤象,鸿前麟后,蛇颈鱼尾,龙文而龟身,燕颔而鸡喙。"①

《初学记·鸟部·凤》引《论语摘衰圣》载凤有"六像九苞","六像九苞"在数理上则蕴"阴阳合一"之意:"凤有六像九苞。六像者,一曰头像天,二曰目像日,三曰背像月,四曰翼像凤,五曰足像地,六曰尾像纬。九苞者,一曰口包命,二曰心合度,三曰耳听达,四曰舌诎伸,五曰彩色光,六曰冠矩州,七曰距锐钩,八曰音激扬,九曰腹文户。行鸣曰归嬉,止鸣曰提扶,夜鸣曰善哉,晨鸣曰贺世,飞鸣曰郎都。知我唯黄。持竹实来。故子欲居九夷。从凤嬉。"② 与凤的构件数理变化一致,龙在特定时期也由"阳尊"性的独体神鸟演化为双体、后又演化为"阴阳合一"的独体神物。

东汉许慎《说文解字》载凤由八部分组成,其形象已经定性为中国阴阳文化中具有"阴性鸟王"地位的特点。这也是在汉代或更早男权制社会下,最高统治者为男性、排挤凤的政治地位的结果。因为其为"鸟王",故"凤飞,群鸟从以万数",场面威仪宏大:"凤,神鸟也。天老曰:凤之像也,麐前鹿后,蛇颈鱼尾,龙文龟背,燕颔鸡喙,五色备举。出于东方君子之国,翱翔四海之外,过昆仑,饮砥柱,濯羽弱水,莫宿风穴。见则天下大安宁。从鸟凡声。𦐧,古文凤,象形。凤飞,群鸟从以万数,故以为朋党字。𪅜,亦古文凤。"③ 但古文凤字并无"辛"文化符号,并非严格意义上的能够表述"羽虫之长"意蕴的凤字。

晋代郭璞注《山海经》中的凤则由八部构成,五彩其文,同样具有阴阳合一的特点,段玉裁引道:"郭氏《山海经图赞》:八象其体,五德其文。云八象则益为十者非矣,今皆更正。五德其文者,首文德,翼文顺,背文义,腹文信,膺文仁也,见《山海经》。出于东方君子之国。"又注:"《荀卿书》

① (汉)韩婴撰,屈守元笺疏:《韩诗外传笺疏》卷八,巴蜀书社2011年版,第357页。
② (唐)徐坚:《初学记》卷三〇《鸟部·凤第一》引《论语摘衰圣》,第724页。
③ (汉)许慎撰,(清)段玉裁注:《说文解字注》卷七《鸟部·凤》,第148页。

引《诗》：'有凤有皇，乐帝之心。'当作有皇有凤。"① "凰"由"皇""凤皇"演变而来的痕迹，在《诗经》中相当明显。所谓"凤""凰"则又是封建大一统政治中，皇帝为龙、皇后为凤的政治婚姻形态改造凤文化的产物。

《帝王世纪》载黄帝时洛上有"大鸟"："黄帝服斋于中宫，坐于玄扈。洛上乃有大鸟，鸡头、燕喙、龟颈、龙形、麟翼、鱼尾，其状如鹤，体备五色，三文成字：首文曰顺德，背文曰信义，膺文曰仁智。不食生虫，不履生草，或止帝之东园，或集阿阁。其饮食也，必自歌舞，音如箫笙。"② 人们认为这"大鸟"就是"凤"。这里的凤的形态又与《山海经》中的原始之凤存在较大的差异。这次凤的出现，则是黄帝时期天下大治，上天所遣的褒奖性的祥瑞。这只鸟除去其所具备的基本诸图腾意蕴外，更是饮食讲究、高贵的音乐天使。此鸟所备的"鸡"与"龙"形则是伏羲、燧人两族长期通婚、彼此融合的产物。据此，早期的凤不仅与龙结合，而且也是多种动物结合的对象。

我们现在从艺术品上常见的凤，实际是清代以后的凤的形象。它集雉尾、鸡身、鸡冠、鹰目、鹰爪、鹰颈、孔雀翎、鸳鸯羽等于一身。凤的形态的变化较龙更为突出，它的基调也不似龙那么恒久、稳定。这也在很大程度上说明，从宏观的历史发展视野上看，中国古代上层政治对凤崇拜的限定较龙弱得多，凤从最初对应最高政治地位的形象，蜕化成道德层面的"杰出代表"。但无论如何变化，它都是前人根据政治对应的原则，塑造的一个虚拟的却在现实中被认为真实存在的"神物"。

四、凤鸟的主要文化意蕴

凤属于燧人族系的"神物"，但随着氏族的融合发展，最终成为具有广泛影响的民族文化标志，并长期保留了羽虫之长的地位。首先，凤是"火"的

---

① （汉）许慎撰，（清）段玉裁注：《说文解字注》卷七《鸟部·凤》，第148页。
② （晋）皇甫谧等撰：《帝王世纪》第一《自开辟至三皇》，第8页。

精灵，如《春秋孔演图》："凤，火精。"①《鹖冠子》："凤，火鸟，鹑火之禽，阳之精也。德能致之，其精毕至。"②《春秋玄命苞》："火离为凤。"③ 凤的这一形象应是由启迪燧人氏发明钻燧取火术之鸟发展而来，也许是从早期凤字头部之"辛"的曲解而来。

其次，凤是少暤氏的"历正"，即掌管少暤氏的历法，其所属诸鸟各有分工，掌管春分秋分、夏至冬至等。"玄鸟"（常认为是燕子）春分来、秋分去。"伯赵"（常认为是伯劳）夏至鸣、冬至止。少暤氏应是根据鸟类与季候变迁的这种关系命名掌管历法的"职官"，远古先民已经对鸟类与季候关系形成了深刻的认识，并对相关的鸟赋予神化的身份地位。这也是远古行民特定的思维方式产生的必然结果。

凤为少暤氏的"历正"，见于《春秋》昭十七年，郯子言："凤鸟氏，历正也；玄鸟氏，司分也；伯赵氏，司至者也；青鸟氏，司启者也；丹鸟氏，司闭者也。祝鸠氏，司徒也；鴡鸠氏，司马也；鸤鸠氏，司空也；爽鸠氏，司寇也；鹘鸠氏，司事也。五鸠，鸠民者也；五雉，为五工正，利器用，正度量，夷民者也。九扈，为九农正，扈民无淫者也。"④ 不仅鸟类分出了"历正"，而且根据鸟名或习性，分出司徒、司马、司空、司寇、司事等以鸟命名的诸"正"。这应是远古"以鸟纪官"的形式。

第三，凤为四灵之一，为群鸟所敬，行止合乐，《礼运》："凤以为畜，故鸟不獝。"又："四灵为畜。何谓四灵？麟、凤、龟、龙谓之四灵。"⑤ 这里的凤并不具有优越于其他"三灵"的地位，而龙也并未具有独享政治尊贵之权。中国古代神话传说文化，在不同的场景之中具有不同的意蕴。这也是中国古代神话传说缺乏体系、地位确然化的必然结果。凤又通乐理，《吕氏春秋》：

---

① （宋）李昉等：《太平御览》卷九一五《羽族部二·凤》引《春秋孔演图》，第4054页。
② （宋）李昉等：《太平御览》卷九一五《羽族部二·凤》引《春秋孔演图》，第4057页。
③ （宋）李昉等：《太平御览》卷九一五《羽族部二·凤》引《春秋玄命苞》，第4054页。
④ （清）洪亮吉撰，李解民点校：《春秋左传诂》卷一七《传·昭公三》，第727页。
⑤ （清）孙希旦撰；沈啸寰、王星贤点校：《礼记集解》卷二二《礼运第九之二》，第614页。

"帝喾有圣德，作乐六英，乃令人奏之，凤皇鼓翼而舞。"① 而其鸣也合于乐理："黄帝听凤皇之鸣，以别十二律。"②

第四，凤的饮食居止专一不俗，栖于梧桐而以竹实为食，《诗·大雅·卷阿》："凤皇于飞，翙翙其羽，亦傅于天。凤皇鸣矣，于彼高岗。梧桐生矣，于彼朝阳。"朱熹注："凤凰之性，非梧桐不栖，非竹实不吃。"③《乐计图》："不啄生虫。"④《太玄经》："鸾凤不迁，甘于竹实，驺虞不移于生物；丑妇以明镜为害，无所逃其陋。"⑤

《括地图》："孟亏人首鸟身，其先为虞氏，驯百禽。夏后之末世，民始食卵，孟亏去之，凤皇随焉。止于此山，多竹，长千仞，凤皇食竹实，孟亏食木实，去九疑万八千里。"⑥

不同种类的竹子，开花结果周期不同，有 10 年、50 年、60 年甚至 120 年。并且在中国古代属于气节的象征，魏晋时期的"竹林七贤"就以竹为友。苏轼更将竹定性为士节的"标配"，《于潜僧绿筠轩》："可使食无肉，不可使居无竹。无肉令人瘦，无竹令人俗。人瘦尚可肥，士俗不可医。"⑦ 凤所食竹实更是竹子气节的浓缩。

《韩诗外传》："凤乃止帝东园，集帝桐树，食帝竹实，没身不去。"⑧《闻见录》："梧桐，百鸟不敢栖止，避凤凰也。古语云尔，验之果然。"⑨ 作为百

---

① （宋）吴淑撰注，冀勤等点校：《事类赋注》卷一八《禽部一·凤》引《吕氏春秋》，中华书局 1989 年版，第 368 页；（清）孙希旦撰，沈啸寰等点校：《礼记集解》卷一六《月令第六之二》引《吕氏春秋·古乐篇》，第 462 页。

② （清）孙希旦撰，沈啸寰等点校：《礼记集解》卷一六《月令第六之二》引《吕氏春秋·古乐篇》，第 462 页。

③ （宋）朱熹注，王华宝整理：《诗集传》第一七《大雅三·卷阿》，第 232—233 页。

④ （唐）欧阳询撰，汪绍楹校：《艺文类聚》卷九九《祥瑞部下·凤凰》引《乐叶图》，第 1707—1708 页。

⑤ （宋）李昉等：《太平御览》卷九一五《羽族部二·凤》引《太玄经》，第 4057 页。

⑥ （宋）李昉等：《太平御览》卷九一五《羽族部二·凤》引《括地图》，第 4058 页。

⑦ （宋）苏轼撰，（清）王文诰辑注，孔凡礼点校：《苏轼诗集》卷九《古今体诗六十一首·于潜僧绿筠轩》，中华书局 1982 年版，第 448 页。

⑧ 屈守元：《韩诗外传笺疏》卷八，第 357 页。

⑨ （宋）邵博撰，李剑雄等点校：《邵氏闻见录后录》卷二九，中华书局 1983 年版，第 229 页。

鸟之王的凤身怀宇宙，非梧桐不栖，《庄子·秋水篇》中有："夫鹓雏，发于南海而飞于北海，非梧桐不止。"①

第五，凤是高尚的道德的化身。凤是家庭和睦的象征，焦赣《易林》："凤有十子，同巢共母，懂以相保。"② 凤的出现则是天下太平的表现，《山海经》："是鸟也，饮食自然，自歌自舞，见则天下安宁。"③ 《礼运》："无水旱昆虫之灾，民无凶饥妖孽之疾。故天不爱其道，地不爱其实，人不爱其情。故天降膏露，地出醴泉，山出器车，河出马图，凤凰、麒麟皆在郊椒，龟、龙在宫沼，其余鸟兽之卵胎，皆可俯而窥也。"④

《尚书中候》："黄帝时，天气休通，五行期化。凤皇巢阿阁，欢于树。"后人注："阿，荣名，宫中之御门阁。凤皇于荣屋徙而出，欢鸣于朝廷之树。"⑤ 《困学记》载老子言："凤鸟之文，戴圣婴仁，左贤右智。"⑥ 《韩诗外传》所载更为全面：

> （凤）首戴德，颈揭义，背负仁，心入信，翼挟义，足履正，尾系武；小音金，大音鼓；延颈奋翼。五光备举；食有质，饮有仪；往即文，来则喜，游必择所，饥不妄下。其鸣也，雄"节节"，雌"足足"；昏鸣固常，晨鸣发明，昼鸣保章，举鸣上翔，集鸣归昌。夫惟凤为能究万物，通天地，像百物，达乎道，律五音，成九德，览九州，观八极，则有福，备文武，正王国，严照四方，人圣皆服。⑦

《论语·微子》："楚狂接舆歌而过孔子曰：'凤兮凤兮！何德之衰？往者不可谏，来者犹可追。已而已而！今之从政者殆而！'孔子下，欲与之言。趋

① （清）王夫之著，王孝鱼点校：《庄子解·外篇·秋水》，中华书局 2009 年版，第 222 页。
② （宋）李昉等：《太平御览》卷九一五《羽族部二·凤》引《易林》，第 4058 页。
③ 袁珂校注：《山海经校注·山经柬释》卷一《南山经》，第 15 页。
④ （清）孙希旦撰，沈啸寰、王星贤点校：《礼记集解》卷二二《礼运第九之二》，第 622 页。
⑤ （宋）李昉等：《太平御览》卷九一五《羽族部二·凤》引《尚书中候》，第 4055 页。
⑥ （宋）王应麟著，翁元圻集注：《困学记》卷一〇《诸子》，中华书局 2016 年版，第 1357 页。
⑦ （宋）李昉等：《太平御览》卷九一五《羽族部二·凤》引《韩诗外传》，第 4054 页。

而辟之，不得与之言。"① 晋代葛洪《抱朴子》载凤合五行五德："夫木行为仁，为青，凤头上青，故曰戴仁也。金行为义，为白，凤颈白，故曰缨义也。火行为礼，为赤，凤背赤，故曰负礼也。水行为智，为黑，凤胸黑，故曰向智也。土行为信，为黄，凤足下黄，故曰蹈信也。夫麟、凤以形状为别，圣人以心神为异。古者太平之世，凤皇常居其国，而生乳焉。至夏后始食卵，而凤去之。此则凤有种明矣。"②

天下治理有序，则有凤出现，《韩诗外传》引《天老》曰："得凤像之一，则凤过之。得凤像之二，则凤翔之。得凤像之三，则凤集之。得凤像之四，则凤春秋下之。得凤像之五，则凤没身居之。黄帝：'于戏允哉！朕何敢与焉！'于是黄帝乃服黄衣，带黄绅，戴黄冠，齐于中宫，凤乃蔽日而至。黄帝降于东阶，西面再拜稽首：皇天降祉，不敢不承命。凤乃止帝东园，集梧桐，食竹实，没身不去。"③

"凤"这个从原始社会发展而来的"神鸟"，为什么能够成为封建时代道德典范的"化身"，而不是龙或其他"三灵"或神物呢？《淮南子·天文训》："日为德，月为刑。月归而万物死，日至而万物生。"④ 如果凤属于"日之精""火精"、属于早期的载日之"鸟"，那么凤当然就是体现"万物生"的至高道德的"化身"了。凤成为封建时代道德典范的化身，并不是后世儒家思想改造凤文化的产物，而是传承悠久的凤文化的结果。凤文化现象有其自身特定的存在的逻辑合理性与文化发生的土壤。

五、弔鸟山"群鸟祭凤"的传说

凤除作为祥瑞出现在正史中之外，在民间也存在不少凤文化的遗存，其

---

① 高华平校释：《论语集解校释·微子》，辽海出版社 2007 年版，第 362 页。
② 杨明照：《抱朴子外篇校笺·附录》，第 756 页。
③ （汉）韩婴撰，许维遹校释：《韩诗外传集释》卷八《第八章》，第 278 页。
④ （汉）刘安撰，何宁整理：《淮南子集释》卷三《天文训》，第 233 页。

中不乏历史悠久的凤（凰）传说。这些传说中古代最为著名的，莫如北魏郦道元《水经注》记载的"弔鸟山"。这一传说载凤凰"死"在一座山上，群鸟每七、八月到此吊唁凤凰，扑火自焚，场面剧烈，过十七八天才散去，令人感叹，故此山叫"弔鸟山"——"益州叶榆河，出其县北界，屈从县东北流，过不韦县"：

> 县，故滇池叶榆之国也。汉武帝元封二年，使唐蒙开之，以为益州郡。郡有叶榆县。县西北八十里，有弔鸟山，众鸟千百为群，其会，鸣呼啁哳，每岁七八月至，十六七日则止。一岁六至，雉雀来弔，夜燃火伺取之。其无嗉不食，似特悲者，以为义鸟，则不取也。俗言凤凰死于此山，故众鸟来弔，因名弔鸟。县之东有叶榆泽，叶榆水所钟而为此川薮也。①

这里的"凤"尚没达到"涅槃"的境界，"凤凰涅槃"应是后世传统的凤文化与佛教文化融合的产物。如果凤能死而复生，那么就无这些的鸟如此悲伤离世了。明代著名旅行家徐霞客再到此山考察也留下记载说："凤羽，一名鸟弔山。每岁九月，鸟千百为群来集坪间，皆此地无有者；土人举火，鸟辄投之。"②《水经注》中的叶榆县，属于今天的大理市，此山今称凤凰山。凤凰山应由古"凤羽"演化而来。这种飞鸟祭凤的现象一直持续到现在。当地"农历七月十五是中元节，也是人们俗话说的七月半，或鬼节。此时进入秋季，漆黑的夜里，茫茫大雾从山脚向山岭弥漫。让人百思不得其解的是，每年七月半，南涧凤凰山当地的农民在点燃火把祭祀祖先时，总有一只接一只的飞鸟会扑腾着一头扎进燃烧的火堆"。

大理南涧凤凰山又名"百鸟朝凤"，当地有个盛传的神话：很久很久以

---

① （北魏）郦道元注，陈桥驿校证：《水经注校证》卷三七《叶榆河》，中华书局 2007 年版，第858 页。

② （明）徐弘祖：《徐霞客游记》卷八上《游滇日记八》，上海古籍出版社 2016 年版，第 464 页注文。

前，迁徙的凤凰飞临南涧时发现了一株奇异的仙草。凤凰于是想长久栖息在这个长有仙草的山麓。只可惜百兽之王老虎知道这个消息后，为争夺地盘和凤凰展开决斗……凤凰终于赢了，它为万千鸟儿争得风水宝地。于是，每年秋天，成千上万的鸟儿便会不远千里飞到凤凰山朝拜。

自1958年以来，许多研究鸟类的工作者，曾相继前往大理"鸟弔山"和南涧"凤凰山"等地方进行考察。云南大学王紫江教授说，尤其在1995年，分别在多个地点连续开展鸟类环志工作以后，鸟类工作者积累了大量资料，才逐步揭开"鸟弔山"的神秘面纱，认清了"鸟弔山"现象的本质。

研究发现，飞鸟撞击的不仅仅是火堆，有些时候，发光的车灯，手电筒，以及电灯，都会引诱飞鸟相撞。南涧无量山鸟类环志站工作人员曾做过实验：若将池鹭关在一个密闭的房间，在窗外点亮一盏灯，池鹭便会反复撞击有亮光的窗户。一旦关闭窗外的灯，用电筒将光线透过窗户打在墙上，池鹭反复撞击的，又将是明亮的墙体。

鸟类学家王紫江教授认为，"这足以证明飞鸟扑火的本意，原本和'自焚'一点关系都没有。它们奋力找寻的，仅仅是一个简单的、有光亮的地方。"随后，王紫江教授调查发现，在云南，除大理洱源鸟弔山和南涧凤凰山以外，云南的巍山、新平等地方，竟然也经常出现飞鸟"扑火自焚"现象。而这些山，也已经被命名为"鸟道雄关"或"打雀山"等。

还有一项重要的调查发现，每年秋天在云南扑火、扑灯、扑向亮光的鸟类，不仅仅有本地经常出现的品种，一些从来不在云南安家的鸟类，竟然也会受亮光吸引，一次次闯入人们的视线。这逐渐让研究鸟类的专家联想到，"飞鸟自焚"或许与鸟类迁徙的现象有关。

学者们按照鸟类迁徙的特征，将鸟类分为留鸟和候鸟两类。不迁徙的鸟是留鸟，反之为候鸟。而候鸟又分为冬候鸟、夏候鸟、旅鸟和迷鸟4类。冬候鸟是冬季在一个地区生活，春季飞到较远而且较冷的地区（一般是纬度靠北的地方）繁殖，秋季又飞回原地区的鸟，如红嘴鸥。夏候鸟是春季或夏季在某个地区繁殖、秋季飞到较暖的地区（一般是纬度靠南的地方）去过冬，如杜鹃、黄莺等。

秋天过后，大批飞鸟往南迁徙。"为了避开老鹰等大型鸟类的威胁，中小型鸟类早已习惯于夜间迁徙。它们凭借月亮、星辰，或者是高大的建筑来指引方向。"王紫江教授调查发现，凤凰山两侧分别环绕着澜沧江和公郎河，秋季受季风气候影响，含水充足的气流随风在凤凰山垭口形成大雾。此时往南迁徙的中小型候鸟在夜幕中迷失方向，便以为发光的火把、车灯以及电灯等发光的地方，就是一个可以平安迁徙的通道。①

总之，中国远古时期的"凤"，由燧人氏的文化标志演变成中国文化中的神物，从羽虫之长又演变为封建时代的后妃的象征。凤在古代虽然属于鸟界之"皇"，但封建时期龙的最高政治权力的代表性与唯一性，使其降格成为至高的道德品格的化身，也是褒奖封建帝王治功的无上的祥瑞。但在那些驳杂的凤等神话中，仍保留着不低于龙的地位的痕迹。凤是虚构的神物，也是早期华夏民族共同的文化标杆之一。崇尚凤即是崇尚高贵的道德品格。马王堆汉墓出土的飞衣中，有凤与龙的形象，引导逝者灵魂升天。这也在很大程度上表明，它同时也是我们的先祖之一，在秦汉时期的丧葬文化中占有重要地位，是引导人类灵魂升天的"使者"或先祖，深刻地影响过华夏民族的文化发展。

---

① 《"飞鸟自焚"凭吊凤凰山？揭开大理世代相传谜题》，https：//www.kunming.cn/news/c/2010-09-16/2287986.shtml。

第四章 伏羲氏的龙文化——文明 进步与神格动物的发展

如果凤是出现时间较早的燧人族系的神物，那么龙则是晚于凤而形成的伏羲族的文化标志，《左传·昭公十七年》记郯子语："太暤氏以龙纪，故为龙师而龙名。"杜预注："太暤伏羲氏，风姓之祖也，有龙瑞，故以龙为官。"[①]《汉书·百官公卿表上》记载："宓羲，龙师名官。"唐代颜师古注引汉代应劭语："师者长也，以龙纪其官长，故为龙师。春官为青龙，夏官为赤龙，秋官为白龙，冬官为黑龙，中官为黄龙。"1995年，考古学家在辽宁阜新兴隆洼文化查海遗址发现了一条长19.7米的红石堆塑龙。查海遗址是8000年前的新石器时代文化遗址，证明中国龙文化事实上至少已经有了8000年的历史。[②]

一、伏羲氏的感生神话

谈龙我们需要先从伏羲氏谈起。伏羲氏约生于燧人氏文化发达的旧石器

---

① （晋）杜预注：《春秋左传正义》卷四八《昭公十七年》，（清）阮元校刻：《十三经注疏》，中华书局2009年版，第4523页。

② 关于龙的起源问题，目前有综合说、蛇说、鱼说、恐龙说、鳄鱼说、闪电说、云说、星象说等。闻一多先生在《神话与诗·伏羲考》一文说"龙的形象是在蛇的基础上，接受了兽类的四脚，马的头，牛的尾，鹿的角，狗的爪，鱼的鳞和须"综合形成的。闻一多先生认为龙是一种图腾，而且是由多种图腾柔和成的综合体，只存在于图腾中而不存在于生物界中。龙是原始先民对鱼、鳄、蛇、猪、马、牛等动物和云雾、雷电、虹霓、龙卷风等自然天象的模糊集合。无论是哪一种说法人们脑中所想的龙都具有一种超脱自然界的能力，这也就使得人们更加地崇拜。参见闻一多《神话与诗》，上海人民出版社2005年版，第19—24页。

时代，距今约 10 万—7000 年。① 《河图》："燧人之世，大迹出雷泽，华胥履之，生伏羲。"② 《诗含神雾》："大迹出雷泽，华胥履之，生伏牺。"宋均注："雷泽，地名；华胥，伏羲母。"③ 其出生则是典型的知母不知父的母系氏族社会特点。这反映出伏羲氏时代，较不知父母的燧人氏，婚姻文化已经有了较大的进步。但所谓的"燧人之世"，约略是以燧人文化为时代标志，并非是对燧人氏"王天下"的表述。

《绎史》载《三坟》以"伏羲为燧人氏之子"④。这条材料应是后人据伏羲等"圣人"出现早晚，以序定父子关系、确立正统秩序，或部落联盟中主部落与子部落关系的反映。雷泽中的"大迹"应是雷龙之迹，华胥氏"履大迹"生伏羲，伏羲则是雷龙之子。燧人氏与雷龙并非同一人或氏族。伏羲氏在燧人氏时代至多是与燧人氏具有通婚关系，在部落联盟中居于稍次地位的氏族部落。但这一氏族在华胥氏时代就已经达到了较高的发展程度。

《帝王世纪》对燧人与伏羲关系的记载更为客观，言燧人氏衰落之后，伏羲氏获得较大的发展，《帝王世纪》："太昊帝庖牺氏，风姓也，蛇身人首，有圣德，都陈。作瑟三十六弦。燧人氏没，庖牺氏代之，继天而生，首德于木，为百王先。帝出于震，未有所因，故位在东方，主春。象日之明，是称太昊。制嫁娶之礼，取牺牲以充庖厨，故号庖牺皇。"⑤ 伏羲氏仅是燧人氏衰落后，继燧人氏而起的强大的氏族部落，并在远古社会发展产生过重大影响，为后世华夏文化打上伏羲文化的烙印。

关于伏羲氏的起源地，《拾遗记》《帝王世纪》有所记载。《拾遗记》：

---

① 中国社会科学院历史研究所：《中国历史年表》，第 2 页。
② （宋）李昉等：《太平御览》卷一三五《皇亲部一·包牺母》引《河图》，第 655 页。
③ （宋）李昉等：《太平御览》卷七八引《皇王部三·太昊庖牺氏》引《诗含神雾》，第 364 页。
④ （清）马骕撰，王利器点校：《绎史》卷三《太皞纪女娲附》，第 20 页。
⑤ （宋）李昉等：《太平御览》卷七八《皇王部三·太昊庖牺氏》引《帝王世纪》，第 364 页。

"仇夷山四绝孤立，太昊之治，伏牺生处。"①《帝王世纪》："帝庖牺氏生于成纪。"②"仇夷山""成纪"约在今甘肃东部、东南部地区的天水市及西和、礼县等地，伏羲氏族似是起源于中国西北地区的氏族。当然，随着伏羲氏族的发展，其分布地域、文化影响会有较大程度变化。中国远古时期的西北气候环境要比现在优越得多，这一地区孕育华胥、伏羲文明并非不可能。

但伏羲相貌有异常人，《孝经援神契》："伏羲山准，禹虎鼻。"伏羲鼻头如山，应属于高贵之相："伏牺氏，角、衡、连珠。"东汉宋均注："伏羲，木精人也。日角者，骨表，取象日所出房所立有星，衡中有骨表而连珠象玉衡有星也。"③ 这同样说伏羲具有帝王骨相，具有高贵不可遇的命运。每个人都有每个人的相貌特色，后人言伏羲相对"怪异"的相貌，更多的是重点"发挥"了其中能够反映其高贵之相的特点。

二、伏羲氏的文化贡献

伏羲氏时代的文化较燧人氏时期有了长足的进步，打制石器的技术提高，石器种类增多，出现了专门狩猎的工具。④ 传说伏羲氏制作弓矢，《太白阴经》："工欲善其事，必先利其器。器之于事，如影之随形，响之应声，其相须如左右手。故：'器械不精不可言兵，五兵不利不可举事。'上古庖牺氏之时，弦木为弓，剡木为矢。神农氏之时，以石为兵。"⑤ 弓延长了人类之力，促进了军事与狩猎事业的发展，伏羲氏的军事技术开始超越其他氏族。当然，这也仅是神话传说反映的伏羲时代的发明创造。

又传伏羲氏发明室宅，改善民生，发展经济，创制八卦，二十四气，促

---

① （明）董斯张：《广博物志》卷九《斧戾上》，《拾遗记》注引《开山图》，景印文渊阁《四库全书》子部·类书类（第980册）。

② （晋）皇甫谧等撰：《帝王世纪》第一《自开辟至三皇》，第3页。

③ （宋）李昉等：《太平御览》卷三六七《人事部八·太昊庖牺氏》引《孝经援神契》，第1689页。

④ 中国社会科学院历史研究所：《中国历史年表》，第2页。

⑤ （唐）李筌：《太白阴经》卷四《战攻具篇·器械篇》，清初虞山毛氏汲古阁钞本。

进农业的发展，《春秋内事》："伏牺氏以木德王天下。天下之人未有室宅，未有水火之和，于是乃仰观天文，俯察地理，始画八卦，定天地之位，分阴阳之数，推列三光，建分八节，以文应气，凡二十四气，消息祸福，以制吉凶。"① 这也为伏羲氏实力的壮大奠定了基础。这些发明创造与燧人氏存在较大的相同之处，即燧人氏也是观天文（"大火"）的"观象家"。

传说伏羲氏"钻木作火"，《河图》："伏牺禅于伯牛，钻木作火。"② 这句话可有多种理解方式：一是伏羲氏促进钻木取火术的传播，被后世认为是"钻木作火"的始发明者；二是"钻木作火"本来就存在多种与燧人氏同时的发明创造，燧人氏钻木取火术的发明并不具有唯一性；三是伯牛发明了"钻木作火"术。炎帝族以牛为图腾，"伯牛"可能是炎帝族的他称。也许燧人氏最初所钻之物为"燧石"，伏羲、炎帝用木代之，扩大了取火术的材料来源。

伏羲又制作网罟，推动了狩猎工具的发展，《易下·系辞》："古者庖牺氏之王天下……结绳而为网罟，以佃以渔，盖取诸离。"③《礼含文嘉》："伏者，别也。牺者，献也，法也。伏牺德洽上下，天应之以鸟兽文章，地应之以龟书，伏牺乃则象作《易》卦。"④

后世对伏羲作八卦的记载着墨尤重，《韦曜洞纪》："自天地剖判，君世宰人可得而言者，惟庖牺画卦、神农作稼、黄帝舆服，最为昭显，其余非书记所述，难可纪焉。"⑤《易纬通卦验》载虑戏（伏羲）："方牙苍精作《易》，无书以画序（事）。"郑玄注："虑戏时质朴，作《易》以为政令而不书，但以画其事之形象而已。"⑥《易下·系辞》："古者庖牺氏之王天下，仰则观象于天，俯则观法于地，中观鸟兽之文，与天地之宜。近取诸身，远取诸物，于

① （宋）李昉等：《太平御览》卷七八《皇王部三·太昊庖牺氏》引《春秋内事》，第364页。
② （宋）李昉等：《太平御览》卷七八《皇王部三·太昊庖牺氏》引《河图》，第364页。
③ （唐）李鼎祚撰，王丰先点校：《周易集解》卷一五《系辞下传》，第450—452页。
④ （宋）李昉等：《太平御览》卷七八《皇王部三·燧人氏》引《礼含文嘉》，第364页。
⑤ （宋）李昉等：《太平御览》卷七六《皇王部一·叙皇王上》引《韦曜洞纪》，第356页。
⑥ （汉）郑玄：《易纬通卦验》卷上。

是始作八卦，以通神明之德，以类万物之情。结绳而为网罟，以佃以渔，盖取诸离。"①

《世本·作篇》又言伏羲教民结绳，以作网罟，捕鱼猎兽，嫁娶以俪皮为礼，又创制琴瑟。② 传说神农氏尝百草，制九针，《帝王世纪》："伏羲尝味百药而制九针，以极夭枉焉。"③ 我国医界千余年来尊奉伏羲为医药学、针灸学的始祖。中国远古医药文化的发展可能同样具有多元并行的特点，或是医药的发展是不同氏族共同推动的结果：不仅伏羲氏在医药发展方面具有卓越的贡献，而且神农氏同样促进了我国医药事业的大发展。

神话传说中的伏羲氏又是发明文字、取代结绳记事的人物，《帝王世纪》："伏羲氏仰观象于天，俯观法于地，观鸟兽之文，与地之宜，近取诸身，远取诸物，于是造书契以代结绳之政。"④ 我们一般熟知仓颉是文字的发明者。但事实上，越来越多的迹象表明，文字的发展是个漫长的过程。在仓颉之前，伏羲氏发明文字应是极可能的事情，文字的发展成熟应出自多代多人之手。伏羲氏"造书契以代结绳之政"，说明远古时期诸多氏族可能比较普遍地采用结绳记事法。伏羲氏在记事方法上做出了重要的贡献。

伏羲氏又是琴的发明者，嫁娶之礼的制定者，也是重要的食文化改进者，《帝王世纪》载太昊庖牺氏，"作瑟三十六弦"，"制嫁娶之礼，取牺牲以充庖厨，故号庖牺皇"。⑤ 伏羲中的"羲"字，仍有"戈""羊"字素，似是养羊、宰杀羊类之状，这也许就是"取牺牲以充庖厨"的原始含义。伏羲氏饮食文化相对发达，崔实《政论》："太昊之世，设九庖之官。"⑥ 伏羲氏对饮食文化的促进，可能促进了家禽家畜养殖业的发展。

---

① （唐）李鼎祚撰，王丰先点校：《周易集解》卷一五《系辞下传》，第450—452页。

② （汉）宋衷注，（清）秦嘉谟辑补：《世本》卷九《作篇》，《世本八种》，中华书局2008年版，第355页。

③ （晋）皇甫谧等撰：《帝王世纪》第一《自开辟至三皇》，第3页。

④ （晋）皇甫谧等撰：《帝王世纪》第一《自开辟至三皇》，第3页。

⑤ （宋）李昉等：《太平御览》卷七八《皇王部三·太昊庖牺氏》引《帝王世纪》，第364页。

⑥ （汉）崔寔撰，孙启治校注：《政论校注·佚文》，中华书局2012年版，第192页。

考古发现，中国在距今一万年前就已经有家禽家畜。河南小南海遗址（距今 13000 年以上）出土有狗、水牛、羚羊、野猪等动物化石。河北南庄头遗址（距今 10500—9700 年）出土有鸡、狗、猪等动物骨骼。河南贾湖遗址（距今 9000—7500 年）出土的动物遗骸有猪、狗、羊、黄牛、水牛等。河北磁山遗址（距今 8000—7600 年）出土的动物骨骼有狗、猪和鸡。家禽家畜的养殖应是生产进步的重要表现，这些进步可能就发生在传说中的伏羲氏时代。

在生产发展的基础上，伏羲氏制定嫁娶之礼，并且"始定人道"，促进了原始人群社会文化的发展，《白虎通·号》："古之时，未有三纲六纪，民人但知其母，不知其父。能覆前而不能覆后。卧之詓詓，行之吁吁，饥即求食，饱即弃余，茹毛饮血，而衣皮革。于是伏羲仰观象于天，俯察法于地，因夫妇，正五行，始定人道。画八卦以治下，下伏而化之，故谓之伏羲也。"① 这也是我们能够仅见的对"伏羲"称谓的解释。

王充《论衡·齐世篇》也有大致相同的记载："宓牺之前，人民至质朴，卧者居居，坐者于于，群居聚处，知其母不识其父。至宓牺时，人民颇文，知欲诈愚，勇欲恐怯，强欲凌弱，众欲暴寡，故宓牺作八卦以治之。"② 似乎伏羲时代已经进入了知父知母的对偶婚阶段。伏羲制嫁娶之礼，定人伦之道，促进了人类社会文明的发展，确立了华夏人文始祖的地位。这是对人类社会发展的重要贡献。传说中的伏羲氏的这些贡献，突出地展现了这一氏族实力的发展壮大。

传说伏羲氏文化传承十五世，《周易兼义》卷八《周易系辞下第八》："包牺氏没，女娲氏代立为女皇，亦风姓也。女娲氏没，次有大庭氏、柏黄氏、中央氏、栗陆氏、骊连氏、赫胥氏、尊卢氏、混沌氏、皞英氏、有巢氏、朱襄氏、葛天氏、阴康氏、无怀氏，凡十五世，皆习包牺之号也。"③ 伏羲氏

---

① （清）陈立撰，吴则虞点校：《白虎通疏证》卷二《号》，中华书局 1997 年版，第 50—51 页。
② （汉）王充撰，黄晖校释：《论衡校释》卷一八《齐世篇》，第 806 页。
③ （清）阮元校刻：《十三经注疏·周易正义》卷八《系辞下》，中华书局 2009 年版，第 180 页。

时代的生产、生活、文化都获得了较大的发展，大庭氏、伯皇氏、中央氏、栗陆氏、骊连氏、赫胥氏、尊卢氏，被后世称为食甘、服美、乐俗、安居，家养鸡狗，社会安定，被道家称为"至治"时代。① 也正是伏羲氏族的这些历史贡献，奠定了伏羲氏在中国古代政治文化中的至高地位。

三、龙的本体与演变探源

龙是伏羲氏族的文化标志，在一定程度上也是伏羲族的图腾，但古往今来人们对龙的认知相当纷繁复杂，莫衷一是。形成这种认知的原因，主要在于缺乏权威性的对"龙"的记载文献，后人多据身处时代的文化观念，对"龙"作出时代性极强的解读，这当然难以形成相对客观的对龙的本体的认知。但甲骨文、金文等古文字及其"文献"功能的不断发现，为我们较为理性地认知"龙"之"物相"的本来面目。

（一）古今对龙之为"物"的认知

龙在中国文化中是一个谜一样的神物，《说文解字》对"龙"做如是之解："鳞虫之长。能幽能明，能细能巨，能短能长。春分而登天，秋分而潜渊。"② 这样的解读虽然指出了龙的地位、体态变化、节令习俗，但还是令人困惑。《山海经》中带有"龙"名的"神物"就存在多种，典型的就是帮助黄帝打败蚩尤、帮助禹治水的"应龙"，后世出现的"龙"的"九子"同样也是诸"龙"之一。红山文化中还发现了"玉猪龙"，这"玉猪龙"也当属于诸"龙"之列，尊贵的"物件"。这些"龙"都属于伏羲氏族的文化标志吗？这显然与标志的唯一性是不相符合的。

直至今天，我们仍对"龙"之为物进行探讨，但这种探讨就相对接近"龙"的本质了。这种"龙"皆以帝王标志的"龙"为探讨对象，具有较强

---

① （宋）吕惠卿撰，汤君集校：《庄子义集校》卷七《胠箧》，中华书局 2009 年版，第 195 页。
② （汉）许慎撰，（清）段玉裁注：《说文解字注》卷二三《龙部·龙》，第 582 页。

的排他性。闻一多认为，龙是以蛇为主干和基调，由不同图腾糅合而成的虚拟生物。部落联盟的图腾为"混合"图腾，部落融合后的图腾为"化合"图腾。在图腾未合并以前，龙只是一种大蛇；蛇与龙从来纠缠不清，也不必将蛇与龙分清。但其又认为混合图腾中的各子图腾，在部落"融化"过程完成之后，各自的原始意蕴最终消失，彼此融合、质变为"一个新的大单位"，它必然和蛇有着本质的区别。[1] 这是较为典型的"龙"的构成论。

甲骨文、金文中的古龙字，是由特定的符号构成。[2] 徐中舒认为，"甲骨文龙字乃综合数种动物之形，并以想象增饰而成"[3]。甲骨文"龙"字中的数种动物，其实就是几种图腾之物的象形。闻一多也指出金文"龙"字中某些图腾符号的表征。不论这些说法是否可以商榷，二者都指出了龙字的图腾符号组合的特点，也指出了龙字的象形特点。象形字是汉字发展的基础，较其他形态的文字更能揭示文字的本义。甲骨文、金文中的龙字，象形意蕴颇浓。这无疑是我们展开龙研究的第一手资料。

我们今天所能见到的古龙字，大体包括商代甲骨文"𠫔""𠫔"，周代金文"𠫔"及汉代楷体"龙"四种形态。[4] 这些龙字中不同字符的混合、"化合"意蕴，反映了龙是一个从类型到性质都有所演变的文化现象，蛇与龙既有区别又有共性、区别大于共性的不同之"物"。"龙"作为神话性的"动物"符号，本质是对种族繁衍观念的认识，是人的观念对现实社会的扭曲的反映。但作为一种至高无上的"神物"，龙又具有特殊的规定性，并非每种龙都是伏羲氏的文化标志，也不能成为华夏民族的祖先图腾。

（二）古文字中"龙"的发展演变

文字的发展过程也是一个由简到繁、由具体到抽象的过程。中国古代社

---

① 闻一多：《神话与诗·伏羲考》，第 20 页。
② 王延林：《常用古文字字典》，第 612 页。
③ 王徐中舒：《甲骨文字典》，四川辞书出版社 1989 年版，第 427 页。
④ 王延林：《常用古文字字典》，第 612 页。

会发展经历过原始社会、奴隶社会及封建社会时期三
大阶段，原始社会又包括母系氏族公社、父系氏族公
社两个阶段，祖先观念也经历过只知其母、不知其父
的"独祖"阶段，父系以后对偶婚夫妻"双祖"阶
段，及封建时代男尊女卑、大一统政治下以"男性一
人"作为崇高祖宗的阶段。龙是伏羲氏及不同社会发
展阶段不断发展演变的产物。

图1

1. 早期婚姻观念、社会形态与蛇形之"龙"

传说伏羲"有龙瑞，以龙纪官，号龙师"①，龙是伏羲氏族的专有文化标
志。甲骨文"🐛"形龙字②，就更像一条"虫"形。中国古代传说伏羲氏
"蛇身人首"③，甲骨文"ℓ"字就似一蛇的形象。"蛇"本身就是"虫"，现
代仍有人将蛇称为"长虫"的现象。这也在本质上否定了其他龙源的假设。
金文中又有一图画性较强的"龚"字④，如图1，其中"ℓ"部的蛇形表征更
为明显。闻一多认为这一形态的龙的本质，即为一条大蛇不无道理。

许多部落经历过非部落联盟的发展阶段，这一阶段的氏族图腾应是独体
形态的图腾，即闻一多所言的未与其他图腾合并以前的图腾。"ℓ"字的字形
相对原始，当像原始的伏羲氏族的图腾之形。图腾是氏族的标志，氏族图腾
与氏族互为表里。那么，"ℓ"的本义是指伏羲氏的图腾，并代表伏羲氏族之
义。伏羲"人首蛇身"的形象，也是建立在这种图腾形象之上的。或者说，
伏羲的形象就是蛇形龙图腾的人格化。商代甲骨文"ℓ"形龙字的存在，应
是原始的伏羲文化在商代的历史延续。

除伏羲氏族之外，远古传说中的北山诸神、轩辕国之人、钟山之神及相

---

① （南朝梁）萧绎撰，许逸民校笺：《金楼子校笺》卷一《兴王篇》引司马贞《补三皇本纪》，
中华书局2011年版，第40页。
② 王延林：《常用古文字字典》，第612页。
③ （晋）皇甫谧等撰：《帝王世纪》第一《自开辟至三皇》，第2页。
④ 王延林：《常用古文字字典》，第152页。

柳等也都是"人首蛇身"的形象。这些氏族可能认为，自己的祖先也是人蛇结合的产物。但各氏族的"蛇"的属性可能并不相同。就此而论，这一发展阶段的伏羲氏的"⺈"形龙图腾，尚未获得广泛的氏族认同并拥有共祖图腾的地位，伏羲氏仅是各"蛇生部落"中的一个普通部落，其文明的发展程度和其他氏族相差不大。但以相似之蛇为图腾的众多部族，为后世以伏羲氏为主体的氏族融合奠定了基础。

2. 伏羲氏蛇形之龙的阳尊化

随着在部落联盟中的地位的提高，伏羲氏的图腾符号必然日趋复杂。"龙"形龙字结构复杂，其出现时间应晚于"⺈"形龙字，它首先应是氏族发展进入新阶段的反映。伏羲氏最终代燧人氏而王，伏羲氏族繁荣发展起来，"凡十五代"不下数百年。[1]"遂人以火纪。火，太阳也，阳尊，故讬燧皇于天。"[2] 伏羲氏取代燧人氏地位，具有了"象日之明"的形象，"是称太昊"。[3] 伏羲氏也完成由普通氏族到"皇"族的蜕变，其图腾的地位同样得以提高。

"龙"的意蕴体现在"￦"和"⺈"的关系之中。在"龙"字之中，"￦"是"⺈"的指示性符号，此"⺈"为一"象日"之蛇。在崇拜太阳的远古时代，即"￦"与"皇""帝""王"的关系，此"龙"即可称作"鳞虫之长"。后人普遍认为龙的本体是一条蛇，它代表的是一个具有特殊地位的实有性图腾。但随着时间的推移，"⺈"这个实有性的图腾，演变为一个虚拟的神物。古史有伏羲氏生于燧人氏时代，并最终取代燧人氏而"王"的传说。[4] 随着伏羲氏地位的提高，其图腾成为同类生物之"长"。

这种龙就由原蛇形之龙，质变为一种至阳之性的、神化的、虚幻的、观念上的神物，从而将伏羲氏之龙与其他形态的蛇形之龙区别开来。据史学家

---

[1]（宋）李昉等编：《太平御览》卷七八《皇王部三·女娲氏》引《遁甲开山图》，第365页。
[2]（清）皮锡瑞撰，吴仰湘编：《尚书大传疏证》卷七《略说》，第303页。
[3]（宋）李昉等：《太平御览》卷七八《皇王部三·太昊庖牺氏》引《帝王世纪》，第364页。
[4]（晋）皇甫谧等撰：《帝王世纪》第一《自开辟至三皇》，第2页。

吕思勉先生考证，伏羲是北方地区的帝王。[①] 那么新伏羲氏的出现，就是北方地区部族融合大发展的产物，以新伏羲氏为共祖、以火龙为图腾的先祖认同在北方地区开始形成。伏羲氏代燧人氏而王，应是远古时期一次大规模的氏族融合事件，其对华夏文化发展的影响是相当深远的。

燧人氏发明的取火术，引起了食物加工形式及食物来源的变化。社会对畜肉需求增加，伏羲氏驯养了牲畜，促进了畜牧业的发展，故被称为庖牺氏、伏羲氏："取牺牲以供庖厨，食天下，故号庖牺氏。"[②] "养牺牲以充庖厨，故曰庖牺氏；服牛乘马，亦曰伏羲。"[③] 整个社会的物质文明、精神文明也在进步，八卦、历法、书契开始出现。伏羲氏取代燧人氏王天下，应是伏羲氏在燧人氏的基础上，势力发展壮大的结果。随着伏羲氏的发展壮大，"龙"被相应地加以"等级化"改造，获得了与伏羲氏地位相当的"长"的地位。

3. 周代阴阳双构之龙的出现

"龙"作为伏羲氏族的图腾，反映着氏族的祖先认知观。传说伏羲、女娲蛇身人首，二者本身就是图腾的形象。据研究，神话传说中的伏羲崇拜，战国时期已变为伏羲、女娲双祖崇拜了。[④] 这是可见的最早的伏羲、女娲双祖崇拜，但伏羲、女娲双祖观实际出现的时间要大大早于战国，约略在父系氏族公社时期就存在产生的可能性了。伏羲、女娲双祖、双图腾崇拜的出现，必然要使龙字的构成产生相应的变化。

图2

① 吕思勉：《吕思勉读史札记》，上海古籍出版社 1982 年版，第 31 页。
② （晋）皇甫谧等撰：《帝王世纪》第一《自开辟至三皇》，第 2 页。
③ （明）陈耀文：《天中记》卷一一《帝王·三皇》引《通历》，景印文津阁《四库全书》子部类书类（第 965 册），上海商务印书馆 2005 年版。
④ 陈斯鹏：《楚帛书甲篇的神话构成、性质及其神话学意义》，《文史哲》2006 年第 6 期，第 5—14 页。

在西周时期的金文中，"🐍"演变为左右结构的"龍"①，如图2。"龍"字左侧仍保留着伏羲氏的火蛇形象。神话传说中女娲蛇身人首，在山西吉县发现的女娲岩画，女娲头梳双髻，双乳下垂，充满乳汁。②汉代同样存在头梳双髻的女娲塑像。③那么，"龍"字中的"🐍"应是头梳双髻、胸有巨乳、身形如蛇的女娲。这就在一定程度上表明，至迟在西周而非战国时期，伏羲、女娲就演化为夫妻的形象了，其出现的时间当然要早于西周时期。

古龙字发展到"龍"的阶段，前代火龙的单体形态，已演化为阴阳双构之龙。汉代伏羲、女娲各自头顶日月的画像④，马王堆汉墓帛画中头顶日月的双龙，与西周龙字的意蕴也是一致的。这是华夏文化发展史上龙的形义的又一质变。这一双体龙字同时表明伏羲、女娲即是龙，龙即是伏羲、女娲。

伏羲象阳，女娲象阴，金文"龍"又有阴阳结合、生化后代之意。这与伏羲、女娲为夫妻的意蕴也是一致的。

4. 兼日月之明的龙的出现

西周金文"龍"在汉代演变为由立（辛）、月及蛇形物构成的龙字，如汉印中的"龍"、汉金的"龍"、楷体"龍"等。⑤如果可以认为"立"代表日，并将蛇形物视作伏羲氏的生物图腾符号，那么，伏羲氏就具有了象"日月之明"的形象，龙又从西周阴阳合体的双龙演变为兼具阴阳之性的独体形态的龙。这是龙的特质的第三次变迁。西汉实行大一统政治，儒家学说确立了其在文化上的独尊地位，三纲五常成为社会名教，具有无上的道德审美导向。汉代具有象日月之明的"龙"字的出现，应是龙字适应大一统政治的需要，华夏双龙先祖归于独享至尊的结果。

---

① 王延林：《常用古文字字典》，第612页。
② 孟繁仁：《黄土高原的"女娲崇拜"》，《中国文化研究》1999年第24期，第105—109页。
③ 刘文锁：《伏羲女娲图考》，《艺术史研究》2006年第8辑，第117—161页。
④ 刘文锁：《伏羲女娲图考》，《艺术史研究》2006年第8辑，第117—161页。
⑤ 王延林：《常用古文字字典》，第612页。

就此而言，特定的文字符号具有较高的政治功能，也体现着特殊的政治意蕴。唐代一度盛行的"谶字"文化就是文字这种功能的极致性发挥。如唐代武则天天授中"好改新字，又多忌讳。有幽州人寻如意上封云：國字中'或'，或乱天象，请口中安'武'以镇之。则天大喜，下制即依。月余有上封者云：'武'退在口中，与囚字无异，不祥之甚。则天愕然，遽追制，改令中为'八方'字。后孝和即位，果幽则天于上阳宫"①。武则天所改的"曌"字，更具有特定的符命政治文化意蕴。②"龙"字的演变与武则天造字虽然形式不一，但文字的政治诉求功能则是相同的。

（三）龙的本体演变的历史特点

就上述龙字的演变过程而言，龙文化具有突出的时代性。随着氏族地位、部族融合、祖先观念及政治形势的发展，甲骨文、金文、楷体龙字形成了蛇形之龙、火蛇形态之龙、阴阳双构之龙及兼具日月之明的独体之龙四种类型。③带有"龙"称的神物的种类很多，但具有广泛认同基础的祖龙，仅仅出现在伏羲氏取代燧人氏之后。即使是具有华夏共祖性质的祖龙，也有"火蛇"形态之龙、阴阳双构之龙及兼具日月之明的独体龙之别——华夏先祖之"龙"是一个不断演变的文化符号。

具有至阳之性或阴阳之性是作为华夏民族"祖龙"的本质特征，也是祖龙区别于其他"龙"的内在标志。中国封建社会自汉代以来虽然实行大一统政治，却长期实行相对自由宽松的文化政策，加以中国古代区域文化的多样性、不同时代的神话传说的长期共存性，多种类型的龙在古代典籍中混杂出现。这些都是使龙象混杂、龙物成谜的重要原因，所见各种字构的"龙"字

① （唐）张鷟撰，赵守俨点校：《朝野佥载》，中华书局1979年版，第19页。
② 顾乃武：《从以"曌"为名看武则天称帝与传统文化》，《湖北社会科学》2021年第1期，第121—125页。
③ 甲骨文"龙"字中的"龷"与"凤"头之首同，说明以鸟为原始图腾的部落，可能也在燧人文化的影响下，其图腾经历了由"鸟"到"火鸟"的质变历程。

则为解开"龙"谜奠定了基础。

四、远古崇拜蛇龙的原因

蛇崇拜在早期人类社会中普遍存在。这在很大程度上表明，在远古时代，蛇属于"高贵"且受人尊重的"物种"。作为鳞虫之长的"龙"脱胎于蛇类动物，但属于哪种蛇估计已经殊难考证了。《诗含神雾》记载华胥氏因履雷神足迹，感而有孕，是生伏羲。[①]《淮南子·地形训》记载："雷泽有神，龙身人头。"[②] 伏羲氏为雷泽雷神之子，其"蛇身人首"即传雷神的基因。伏羲所谓的"蛇身"应是"雷神之身"，《山海经·海内东经》："雷泽中有雷神，龙身人头，鼓其腹而熙。"[③] 如果雷神本身也具有蛇形的话，那么这条"蛇"就是一条可腹腔发声，且能形成直立状态（"ㄋ"）的蛇。

英国功能派人类文化大师马林诺夫斯基认为，营养与传种是人类极其关心的两件大事。[④] 营养与传种在中国古代叫作"食、色"，且"食、色，性也"，"色"即种的繁衍。传说龙有九子："蒲牢好鸣，囚牛好音，蚩吻好吞，嘲风好险，睚眦好杀，负屃好文，狴犴好讼，狻猊好坐，霸下好负重。"[⑤]"龙"具有超强的生殖能力："性淫而善怒"[⑥]，"龙性淫，无所不交，故种独多耳"[⑦]。远古之所以崇拜蛇或蛇之所以"尊贵"的原因可能很多，但生殖能力强是其中的重要原因之一。蛇或龙本身就是生育大神，"ㄨ"就是伏羲、女娲交尾的形象，远古人崇拜龙又反映着求得生殖之祐的文化因素。

---

① （宋）李昉等：《太平御览》卷七八引《皇王部三·太昊庖牺氏》引《诗含神雾》，第 364 页。

② （汉）刘安撰，何宁整理：《淮南子集释》卷四《坠形训》，第 363 页。

③ 袁珂校注：《山海经校注·海经新释》卷八《海内东经》，第 284 页。

④ ［英］马林诺夫斯基著：《巫术、科学、宗教与神话》，李安宅译，中国民间文艺出版社 1986 年版，第 24 页。

⑤ （明）谢肇淛：《五杂组》卷九，明万历四十四年（1616）潘膺祉如韦馆刻本，引"爱如生数据库·中国基本古籍库"。

⑥ （明）王世贞：《弇州续稿》卷六二《文部·蜕龙亭记》，景印文渊阁《四库全书》集部别集类（第 1279 册），上海古籍出版社 1995 年版。

⑦ （明）谢肇淛：《五杂组》卷九，引"爱如生数据库·中国基本古籍库"。

但华胥氏与雷龙交合而生伏羲，雷龙本是雷神亦即闪电之神，闪电的形象与蛇形确然存在相似之处。远古时期可能存在对闪电的崇拜，如黄帝"母曰附宝，之祁野，见大电绕北斗枢星，感而怀孕，二十四月而生黄帝于寿丘"①。这里的"大电"应当就是大的"闪电"之形。闪电就是龙的化身，如刘邦"沛丰邑中阳里人，姓刘氏，字季。父太公，母刘媪。其先刘媪尝息大泽之陂，梦与神遇。是时雷电晦冥，太公往视，则见蛟龙于其上。已而有身，遂产高祖"②。古人对雷电的崇拜，闪电形态与蛇的相似性，可能是古人崇拜蛇的又一根源。

五、龙系文化的影响范围

图腾文化是产生于原始社会的一种奇特的文化现象，是在人类族团、该族团聚居区、该区域内，有代表性的或与该地人民生活发生密切关系的，某类物或族团的重大社会发明、社会分工等的一体化表征③，是对本氏族生育、文化具有影响，保佑本氏族发展的重要的"文化物"。具有龙"部件"的图腾在某种程度上可属于龙文化的影响范围。④《山海经》所载具有龙"部件"的图腾及分布区大体如下：

1. 人面蛇身图腾与地域分布

单狐山到隄山是《山海经·北山经》的第一个山系，"凡二十五山，五千四百九十里"，它们的山神神状皆是"人面蛇身"。⑤文中记载有"流沙""其兽多橐驼"，橐驼有肉鞍，善于在流沙中行走，知道有泉水的地方，它就是今天的骆驼，暗示了这一带当时气候干燥。"又北三百二十里，敦薨之山……敦

---

① （汉）司马迁：《史记》卷一《五帝本纪》，第 2 页。
② （汉）司马迁：《史记》卷八《高祖本纪》，第 341 页。
③ 王大有、王双有：《图说中国图腾》，第 25—26 页。
④ 本部分由华东师范大学武小力博士撰稿。
⑤ 袁珂校注：《山海经校注·山经柬释》卷三《北山经》，第 71 页。

麓之水出焉，而西流注于渤泽。出于昆仑之东北隅……"① 从发音的相似性看，"敦薨"类似于今天的"敦煌"，今天的敦煌在甘肃的西北部。

《山海经·海内经》载："有人苗民。有神焉，人首蛇身，长如辕，左右有首，衣紫衣，冠旃冠，名曰延维，人主得而飨食之，伯天下。"晋代的郭璞认为，"延维"即"委蛇"。② 闻一多在《伏羲考》中认为延维、委蛇即为汉画像中交尾的伏羲、女娲，并将他们当作南方苗族的祖神。"近代奉伏羲女娲为傩公傩母。"③ 据此，苗民之神也是"人首蛇身"的形象，其中"人首蛇身"的延维可能即是交尾状的伏羲、女娲。

苗民亦称三苗、有苗。如今贵州为苗族的主要分布地区，但贵州并不是苗民最初所在的地方。贵州苗族流传下来的《跋山涉水歌》记载了苗族迁徙的历史，歌中唱道："从前五支奶，居住在东方；从前六支祖，居住在东方；挨近海边边，天水紧相连，波浪滚滚翻，眼望不到边……迁徙来西方，寻找好生活。"④ "奶"就是祖先、远祖的意思。据这首古歌，苗民的祖先可能在贵州以东的地区。

但是，《山海经·大荒北经》载："西北海外，黑水之北，有人有翼，名曰苗民。"⑤《山海经·西次三经》载："又西二百二十里，三危之山，三青鸟居之。"⑥《孟子·万章》："杀三苗于三危。"⑦《禹贡》："三危既宅，三苗丕叙。"⑧《地道记》："陇西首郡首阳有三危，三苗所处。"⑨ 历史文献上的这些

① 袁珂校注：《山海经校注·山经柬释》卷三《北山经》，第68页。
② 袁珂校注：《山海经校注·海经新释》卷一三《海内经》，第383页。
③ 闻一多：《神话与诗·伏羲考》，第20页。
④ 贵州省民间文学组整理，田兵编选：《苗族古歌》，贵州人民出版社1979年版，第281—292页。
⑤ 袁珂校注：《山海经校注·海经新释》卷一二《大荒北经》，第368页。
⑥ 袁珂校注：《山海经校注·山经柬释》卷二《西次三经》，第48页。
⑦ （清）焦循撰，沈文倬点校：《孟子正义》卷一八《万章章句上》，中华书局1987年版，第628页。
⑧ （清）孙星衍撰，陈抗、盛冬铃点校：《尚书今古文注疏》卷三《虞夏书·禹贡》，第180、182页。
⑨ （清）孙星衍撰，陈抗、盛冬铃点校：《尚书今古文注疏》卷三《虞夏书·禹贡》注引《地道记》，第180页。

记载认为苗民分布在三危，即陇西一带。

由上可见，关于苗民的分布有不同的观点：苗族古歌谣认为是贵州西部，而文献古籍尤其是《山海经》的相关章节认为是陇西。鉴于《山海经》内部章节观点的一致性，《山海经·海内经》的苗民应该在陇西分布。历史上苗民也历经了几次大的迁徙，至于贵州西部的说法，也许是苗民后来因躲避战争或追求更好生活的需求而迁居的地方。

就这些记载看，"人首蛇身"的氏族主要分布在以今陕甘为核心的地区。

2. 蛇身人面图腾与地域分布

《山海经·海外北经》载烛阴为"人面蛇身"："钟山之神，名烛阴。……其为物，人面，蛇身，赤色，居钟山下。"① 烛龙也是这一形象，《山海经·大荒北经》记载："西北海之外，赤水之北，有章尾山。有神，人面蛇身而赤，直目正乘，其瞑乃晦，其视乃明……是谓烛龙。"② 《淮南子·坠形训》记载了烛龙的形象及其分布地区，即"在雁门北，蔽于委羽之山，不见日；其神人面龙身而无足。"③ 由此，"蛇身人面"的氏族约分布在今山西大同一线以北地带。

《山海经·海外西经》载："轩辕之国，在此穷山之际。"轩辕国的国民，"人面蛇身，尾交首上"④。书中又记穷山在轩辕国之北，这里的人"不敢西射，畏轩辕之丘。在轩辕国北。其丘方，四蛇相绕。"郭璞指出："其国（轩辕之国）在山南边也"，即《大荒经》所载位于"岷山之南"。⑤ 他认为轩辕国在岷山南部，并且黄帝居于此处。岷山是由甘肃省南部延伸至四川省西北部的一褶皱山脉，大致呈南北走向，大概位于秦岭和大巴山西部，横断山东部。轩辕国的神状是人面蛇身，轩辕之丘在轩辕国北部，有四条蛇环绕着。

---

① 袁珂校注：《山海经校注·海经新释》卷三《海外北经》，第209页。
② 袁珂校注：《山海经校注·海经新释》卷一二《大荒北经》，第369页。
③ （汉）刘安撰，何宁集释：《淮南子集释》卷四《坠形训》，第362页。
④ 袁珂校注：《山海经校注·山经新释》卷二《海外西经》，第201页。
⑤ 袁珂校注：《山海经校注·山经新释》卷二《海外西经》，第202页。

灵丘在轩辕国北部，也就是岷山北部的今甘肃地域。

《山海经·北次二经》："凡《北次二经》之首，自管涔之山至于敦题之山，凡十七山，五千六百九十里。其神皆蛇身人面。"① 自管涔之山至敦题之山的神状是"蛇身人面"。且《北次二经》5 次提到了汾水：

"在河之东，其首枕汾。"②

"汾水出焉，而西流注于河。"③

"酸水出焉，而东流注于汾水。"④

"晋水出焉，而东南流注于汾水。"⑤

"胜水出焉，而东北流注于汾水。"⑥

由上可推测，汾水、酸水、晋水、胜水皆在同一流域。它们为我们分析蛇身人面图腾的分布提供了线索。据《北次二经》所载，"《北次二经》之首，在河之东，其首枕汾，其名管涔之山。……汾水出焉，而西流注于河"⑦。"河"在古语中的解释是"黄河"，《北次二经》的首山管涔在黄河的东部，汾水发源于此，向西流注于黄河。汾水是黄河的第二大支流，流经当今山西省的忻州市、太原市、吕梁市、晋中市、临汾市、运城市。

《北次二经》记载，少阳山发源的水系名为"酸水"。顾名思义，该名称可能与当地居民酿醋的生产活动有关。少阳山位于今日山西汾水上游，而山西具有源远流长的食醋文化，至今山西人仍然以食醋文明于世。⑧ "晋水"为汾水的支流，是"县雍之山"的发源地，郦道元曾记载："晋水出晋阳县西悬

---

① 袁珂校注：《山海经校注·山经柬释》卷三《北次二经》，第 76 页。
② 袁珂校注：《山海经校注·山经柬释》卷三《北次二经》，第 71 页。
③ 袁珂校注：《山海经校注·山经柬释》卷三《北次二经》，第 71 页。
④ 袁珂校注：《山海经校注·山经柬释》卷三《北次二经》，第 72 页。
⑤ 袁珂校注：《山海经校注·山经柬释》卷三《北次二经》，第 72 页。
⑥ 袁珂校注：《山海经校注·山经柬释》卷三《北次二经》，第 73 页。
⑦ 袁珂校注：《山海经校注·山经柬释》卷三《北次二经》，第 71 页。
⑧ 王红旗、孙晓琴：《全本绘图山海经：五藏山经》，武汉大学出版社 2011 年版。

瓮山"①，"县雍"即为"悬瓮"，晋阳在如今的山西。"又北水行五百里，流沙三百里，至于洹山，其上多金玉。"② 洹山在山西一带，"洹水出于山西上党泫氏县。水出洹山，山在长子县也"③。《北次二经》的神状皆是蛇身人面，《北次二经》"其首枕汾"，以此向北一共有十七座山，其中第十六座山是洹山，汾水及其支流、洹山大部分分布在山西，山西应是伏羲势力范围。

3. 龙身人面图腾与地域分布

《山海经·中次十经》指出："凡首阳山之首，自首山至于丙山，凡九山，二百六十七里。其神状皆龙身而人面。"④ 自首山至丙山的九山皆属首阳山系，神状为"龙身人面"。《淮南子·坠形训》谓"九山"为"会稽、泰山、王屋、首山、太华、岐山、太行、羊肠、孟门"⑤，可知首山为古人所指的九山之一。清代郝懿行认为"首山即首阳山"。⑥ "《中次十经》之首，曰首阳之山，其上多金、玉，无草木。"⑦

历史上的首阳山一在山西永济南，《庄子·盗跖》："伯夷、叔齐辞孤竹之君，而饿死于首阳之山，骨肉不葬。"⑧ 这里的首阳之山在山西永济县。一在陕西，《史记·伯夷列传》"正义"引《庄子》："伯夷叔齐至岐阳，见周武王伐殷"，"遂北至于首阳山，饥饿而死。""今清源县首阳山，在岐阳西北，明即夷、齐饿死处也。"⑨ 一在河南，《水经注》："河水南对首阳山。"⑩ "龙身人面"氏族可能主要分布在以河南为中心的陕西、山西地域。

---

① （北魏）郦道元撰，陈桥驿校证：《水经注校证》卷六《汾水等》，第174页。
② 袁珂校注：《山海经校注·山经柬释》卷三《北次二经》，第76页。
③ （北魏）郦道元撰，陈桥驿校证：《水经注校证》卷九《洹水》，第244页。
④ 袁珂校注：《山海经校注·山经柬释》卷五《中次十经》，第152页。
⑤ （汉）刘安撰，何宁整理：《淮南子集释》卷四《坠形训》，第313页。
⑥ 袁珂校注：《山海经校注·山经柬释》卷五《中次十经》，第152页。
⑦ 袁珂校注：《山海经校注·山经柬释》卷五《中次十经》，第150页。
⑧ （宋）吕惠卿撰，汤君集校：《庄子义集校》卷九《盗跖》，第541页。
⑨ （汉）司马迁：《史记》卷六一《伯夷列传》"正义"引《庄子》，第2124页。
⑩ （北魏）郦道元撰，陈桥驿校证：《水经注校证》卷五《河水》，第128页。

在《海外东经》中，也有以龙为图腾的记载："雷泽中有雷神，龙身而人头。"① 长着人头龙身的雷神，应该就是龙图腾的象征。至于雷神所在的雷泽，据《史记》"正义"引《括地志》："雷夏泽在濮州雷泽县郭外西北。"② 即今河南濮阳和山东鄄城地区，它们也位于黄河中下游地区，在位置上与首阳山相邻，在伏羲氏族的势力范围之内。

4. 人身龙首图腾及地域分布

《山海经·东山经》："凡东山经之首，自樕螽之山以至于竹山，凡十二山，三千六百里。其神状皆人身龙首。"③ 这里所描述的山脉，如今能大概确定的是"泰山"，"又南三百里，泰山，其上多玉，其下多金。"郭璞："即东岳岱宗也。今在泰山奉高县西北，从山下至顶四十八里三百步也。"袁珂解释为："泰山在今山东省泰安县北。"④ 由此，以今山东泰山为核心的地带，也属于伏羲氏族的势力范围。

5. 马身龙首图腾与地域分布

《山海经·中次九经》："凡岷山之首，自女几山至于贾超之山，凡十六山，三千五百里。其神状皆马身而龙首。"⑤ "《中次九经》岷山之首，曰女几之山……洛水出焉，东注于江，其中多雄黄，其兽多虎、豹。"⑥

《中次九经》的首山是岷山，《尚书·禹贡》记载大禹治水"岷山导江"⑦。《荀子》也记载"江出于岷山"⑧。岷山是中国西部大山，位于甘肃省西南、四川省北部，呈西北—东南走向，北起甘肃东南岷县南部，南至四川

---

① 袁珂校注：《山海经校注·海经新释》卷八《海内东经》，第284页。
② （汉）司马迁：《史记》卷一《五帝本纪》·正义引《括地志》，第33页。
③ 袁珂校注：《山海经校注·山经柬释》卷四《东山经》，第95—96页。
④ 袁珂校注：《山海经校注·山经柬释》卷四《东山经》，第95页。
⑤ 袁珂校注：《山海经校注·山经柬释》卷五《中次九经》，第150页。
⑥ 袁珂校注：《山海经校注·山经柬释》卷五《中次九经》，第145页。
⑦ （清）孙星衍撰，陈抗、盛冬铃点校：《尚书今古文注疏》卷三《虞夏书·禹贡》，第195页。
⑧ （战国）荀况著，梁启雄释：《荀子简释·第二十九篇·子道》，中华书局1983年版，第359页。

盆地峨眉山。"又东一百五十里，曰崌山，江水出焉，东流注于大江……其中多怪蛇，多鳖鱼，其木多楢杻，多梅梓，其兽多夔牛、麢、臭、犀、兕。"①

晋代郭璞释"怪蛇"："今永昌郡有钩蛇，长数丈，尾歧，在水中钩取岸上人、牛、马啖之，又呼马绊蛇，谓此类也。"②《水经注·若水注》："永昌郡有兰仓水，出西南博南县，汉明帝永平十二年置。博南，山名也，县以氏之其水东北流迳博南山。"③ 兰仓水可能是西南横断山区的澜沧江。汉明帝永平十二年在云南置永昌郡，云南省在横断山脉南部，"东注于江"说明了山脉大概是南北走向，我国南北走向的山脉集中于横断山区。青藏高原东部二、三阶梯交接处是伏羲文化能够影响到的地带。

6. 鸟身龙首图腾与地域分布

《山海经·中次十二经》："凡洞庭山之首，自篇遇之山至于荣余之山，凡十五山，二千八百里。其神状皆鸟身而龙首。"④ 夫夫之山，"神于儿居之，其状人身而身操两蛇，常游于江渊，出入有光"⑤。"又东南一百二十里，曰洞庭之山，其上多黄金，其下多银、铁，其木多柤、梨橘、櫾，其草多葌、蘪芜、芍药、芎藭。"⑥

洞庭山在太湖的东南部，太湖位于长江三角洲的南缘。《中次十二经》的山脉走向大多是西北—东南走向，长度为二千八百米，一共十五座山，崇拜的神状皆是"鸟身龙首"。"洞庭之山"位列《中次十二经》山脉中的第十四座山，其西北部的山脉大概位于长江下游的浙、皖一带。伏羲势力能够影响到或与其异族融合的部落可能分布于浙、皖一带。

华夏中部有龙图腾崇拜易于理解，华夏南方有龙图腾崇拜，原因较为复

---

① 袁珂校注：《山海经校注·山经柬释》卷五《中次九经》，第146页。
② 袁珂校注：《山海经校注·山经柬释》卷五《中次九经》，第146页。
③ （北魏）郦道元著，陈桥驿校证：《水经注校证》卷三六《若水》，第826页。
④ 袁珂校注：《山海经校注·山经柬释》卷五《中次十二经》，第168页。
⑤ 袁珂校注：《山海经校注·山经柬释》卷五《中次十二经》，第165页。
⑥ 袁珂校注：《山海经校注·山经柬释》卷五《中次十二经》，第166页。

杂。东夷族与华夏的伏羲炎黄族属关系密切，而少昊族是东夷族的一个重要支系，他们以鸟为图腾，大多分布于华夏的南部。随着伏羲氏族的势力深入到东夷地区，形成龙鸟结合的图腾形式。

总之，从这些融合有"龙"部件的组合图腾的分布看，伏羲氏族的文化势力范围，以今河南、山西、山东为核心，包括陇西至渭河流域的陕甘一带及云、贵、川、浙、皖、湘一带。伏羲氏族文化自黄河上游向东沿着黄河中下游呈南北方向扩散。这说明伏羲氏文化影响力强大，文化的融合展现出中华文化强大的包容性。

当然，伏羲氏传承十五世，《周易正义》卷八《周易系辞下第八》："包牺氏没，女娲氏代立为女皇，亦风姓也。女娲氏没，次有大庭氏、柏黄氏、中央氏、栗陆氏、骊连氏、赫胥氏、尊卢氏、混沌氏、皞英氏、有巢氏、朱襄氏、葛天氏、阴康氏、无怀氏，凡十五世，皆习包牺之号也。"[1]《汉书·古今圣人表》更列伏羲有十九世之多。[2] 伏羲氏的文化应是各阶段伏羲族共同发展的结果，世系的差异则是由后世对伏羲氏族系发展的不同认知造成的。

六、龙的至尊地位的确立

在远古"万邦"时代，崇拜龙或崇拜凤，或崇拜其他图腾，属于氏族文化平等发展的现象。但进入父系时代，随着部族间交流、交融与战争的发展，不同氏族不同地位的确立，特别是伏羲族势力的发展，黄帝战胜炎帝成为部落的共主，夏建立王权世袭制，周又取代商开启大分封，汉取代秦一统天下，刘邦又以龙种的身份出现："高祖，沛丰邑中阳里人，姓刘氏，字季。父太公，母刘媪。其先刘媪尝息大泽之陂，梦与神遇。是时雷电晦冥，太公往视，

---

① （清）阮元校刻：《十三经注疏·周易正义》卷八《系辞下》，中华书局 2009 年版，第180 页。

② （汉）班固撰，（唐）颜师古注：《汉书》卷二〇《古今圣人表第八》，第863—865 页。

则见蛟龙于其上。已而有身，遂产高祖。"① 最终确立了龙在中国古代政治中至高无上的地位。

图3　龙

经过历史的打磨，特别是五帝时期，伏羲族对燧人族战争的胜利，龙崇拜的势力对凤崇拜势力占有政治优势，汉代已经确立了伏羲氏"上上圣人"的至高地位，龙崇拜最终确立了高于凤的政治上的至尊地位。龙在上层与民间较其他图腾都具有压倒性的影响，但凤更多地成为天降祥瑞的标志，或保留着后妃的基本地位。

图4　龙

① （汉）司马迁：《史记》卷八《高祖本纪》，第341页。

　　龙随着封建大一统政权的建立，成为中国封建时代至为尊贵的徽号。"龙生九子"，九子皆为龙，但至为尊贵的龙，只能是那条作为"鳞虫之长"的龙，"龖""龘"是这条至尊之龙的文字表述形式。我们现代社会中常见的"龙"的文物或龙之为物的形态，多是"龖""龘"的反映，如"图3龙"是"龖"的图描，其意更多地指向"伏羲氏"；"图4龙"则是"龘"的图画式描绘，其意更多地指向"伏羲""女娲"这对双龙。龙不仅在人世间极为尊贵，其在汉代的"故人"世界，同样拥有较高的地位。在典型的祠堂文化如汉代武梁祠中，壁画就绘有伏羲、女娲，以伏羲、女娲为祖，表达出人在彼岸世界与祖先相聚的情景，及对死亡无所畏惧甚至是"视死如归"的生命文化观。马王堆汉墓中有龙凤引导女子升天的飞衣。不仅飞衣中的龙具有祖先的意蕴，凤同样具有保佑子孙平安升天的作用。它体现出在汉代以龙凤为祖的民间文化观，凤于其时还拥有较高的社会地位。

　　最后，从龙文化的意蕴而言，民间"舞龙"中所舞的"单龙"，则是祭祀伏羲氏的文化形态，所舞"双龙"则是祭祀伏羲、女娲的文化形态。但所舞不论是哪种形态的龙，"龙珠"则是必不可少的"物件"，它是此龙为"长"的"身份地位"的标志。如果从女娲为龙、"雨不霁，祭女娲"①，及女娲治水的角度看，司雨的"龙王"可能更似由女娲演变而来。但汉代伏羲身兼日月之明、阴阳一体，它可能同样衍生出"龙王"的功能。佳节舞龙，更是节日以伏羲或伏羲、女娲复出，与子孙同庆美好年景的远古习俗之痕。

---

　　① （汉）董仲舒著，（清）苏舆撰，钟哲点校：《春秋繁露义证》卷三《精华》注引《顺鼓篇》，中华书局1992年版，第88页。

第五章　远古两系文明大整合——炎黄蚩尤联合与战争神话

约略从炎帝、黄帝时期起，中国原始社会进入了"英雄时代"，神话传说中的"五帝"多是这一时期的部落首领。中国古代多以黄帝、颛顼、帝喾、唐尧、虞舜为五帝；或以伏羲、神农、黄帝为三皇，少昊、颛顼、高辛、唐、虞为五帝。[①] 但"五帝"又指"五方之天帝"：东方太皞、南方炎帝、西方少昊、北方颛顼、中央黄帝，或东方青帝、南方赤帝、中央黄帝、西方白帝、北方黑帝。[②] 从"五方天帝"看，五帝是并列出现的五个氏族部落首领，这五个首领同时称"帝"，原始社会时期虽有帝号，但"帝"并不是某个氏族专有的称谓。五帝时期随着社会经济的发展与进步，部族之间出现激烈的战争与争夺。炎黄之战、炎黄与蚩尤之战是这一时期出现的两场大战。

一、炎帝、黄帝与蚩尤的传说

炎帝、黄帝与蚩尤的传说较为零碎。整理炎帝、黄帝、蚩尤的传说，对我们全面了解三者的"历史"极为重要。在炎帝、黄帝、蚩尤三者之中，炎帝经济、文化、社会发展较早，成为早期强大的氏族部落，拥有广泛的社会政治影响。黄帝继炎帝而兴，成为后起的新生势力。蚩尤则在军事力量上更

---

① （汉）司马迁：《史记》卷一《五帝本纪》"正义"，第1页。
② 袁珂：《中国神话传说辞典》，第60页。

为突出。三者的发展形势、氏族关系虽然有别，但都对远古中国文化的发展作出了突出的贡献。

（一）传说中的炎帝

大约公元前 7000 年左右，中国远古社会进入炎帝时期。这一时期属于新石器时代。[①] 炎帝族是从燧人族发展而来或传承着燧人族文化的一支古老的氏族，在悠久的文化传承的基础上发展出相对发达的生产力，形成了诸多的发明创造并促进了氏族物质文化的发展。

1. 炎帝的概况

炎帝之母女登感神龙首而生炎帝。龙是伏羲氏族的图腾。传说伏羲为燧人之子或伏羲生活在燧人时代，燧人与伏羲族可能长期通婚，是关系相当密切的两大氏族。炎帝感神龙首而生，说明燧人族到炎帝时期，仍与伏羲族裔保持着通婚的传统。这在很大程度上说明，两族在出现之时已经是相当发达的氏族群体了，燧人氏发明"钻燧取火"则是燧人氏发展的历史转折点。但"炎"可能是当时的部落名号，故"炎帝"即炎族首领共有八世之说，《帝王世纪·自开辟至三皇》：

> 神农氏，姜姓也。母任姒，有乔氏之女，名女登，为少典妃。游于华阳，有神龙首感女登于常，生炎帝，人身牛首，长于姜水，有圣德。以火承木，位在南方，主夏，故谓之炎帝，都于陈，作五弦之琴。凡八世，帝承、帝临、帝明、帝直、帝来、帝哀、帝榆罔。
>
> 神农氏本起于烈山，或时称之。一号魁隗氏，是为农皇，或帝炎。时诸侯夙沙氏叛不用命，炎帝退而修德，夙沙之民自攻其君而归炎帝，营都于鲁。重八卦之数，究八八之体为六十四卦，在位百二十年而崩，葬长沙。[②]

---

① 中国社会科学院历史研究所：《中国历史年表》，第 3 页。
② （晋）皇甫谧等撰：《帝王世纪》第一《自开辟至三皇》，第 4、5 页。

从炎帝的出生神话看，炎帝之母为少典妃，炎帝时期已进入父系氏族时代。神农也称为帝魁，《孝经钩命决》："任巳感龙，生帝魁。"后人注："任巳，帝魁之母也。魁，神农名巳，或作姒也。"① 炎帝相貌异于常人，《帝系谱》："神农牛首，伏羲人头蛇身。"② 生于厉乡，《荆州图记》："永阳县西北二百三十里，厉乡山东有石穴。昔神农生于厉乡，《礼》所谓烈山氏也。后春秋时为厉国。穴高三十丈，长二百丈，谓之'神农穴'。"③《史记》正义引《括地志》："厉山在随州随县北百里，山东有石穴。（日）［昔］神农生于厉乡，所谓列山氏也。春秋时为厉国。"④ 所谓烈山氏，应是指其纵火烧山，发展农业的原始状态。

2. 炎帝族的"置官"形式

《尸子》载神农氏存在了七十世，与其他记载的八世大为不同："神农氏七十世有天下，岂每世贤哉？牧民易也。"⑤ "火"文化是炎帝族的标志，《古史考》："炎帝有火应，故置官司皆以火为名。"⑥《左传》载郯子言："炎帝以火纪，故为火师，而火名。"杜预注："神农，姜姓之祖也。有火瑞，以火纪事名官也。"⑦ 所谓"以火为名""以火纪"，是说炎帝族的氏族事务管理者，都以不同种类的"火"文化命名。如"祝融"之"祝"为巫师类的"执事者"，"融"则是以火化物所命之名。其他以"龙纪"、以"凤纪"，应当是以特定种类的龙、凤名官的形式。

3. 炎帝族的贡献

经过燧人氏、伏羲氏时代的长期发展，炎帝族最大的社会贡献在于农业

---

① （宋）李昉等：《太平御览》卷七八《皇王部三·炎帝神农氏》引《孝经钩命决》，第365页。

② （宋）李昉等：《太平御览》卷三六四《人事部五·头下》引《帝系谱》，第1676页。

③ （宋）李昉等：《太平御览》卷七八《皇王部三·炎帝神农氏》引《荆州图记》，第366页。

④ （汉）司马迁：《史记》卷一《五帝本纪》正义引《括地志》，第4页。

⑤ （战国）尸佼著，黄曙辉点校：《尸子》卷下，第44页。

⑥ （唐）徐坚等：《初学记》卷九《帝王部·总序帝王》引《古史考》，第196页。

⑦ 杨伯峻：《春秋左传注·昭公十七年》，第1386页。

创造。

第一，炎帝族首先发明了耒、耜这两种农业工具并发现五谷。《周易集解·系辞下传》："斲木为耜，揉木为耒，耒耨之利，以教天下，盖取诸益。"[1]《白虎通·号》："谓之神农何？古之人民，皆食禽兽肉。至于神农，人民众多，禽兽不足。于是神农因天之时，分地之利，制耒耜，教民农作。神而化之，使民宜之，故谓之神农也。"[2]

《汉书·人表》张晏注"炎帝神农氏"："以火德王，故号炎帝；作耒耜，故神农。"[3]《淮南子》："古者，民茹草饮水，采树木之实，食蠃蚌之肉，时多疾病毒伤之害。于是神农乃始教民播种五谷，相土地之宜，燥湿肥硗高下，尝百草之滋味、泉水之甘苦，令民知所避就。当此之时，一日而遇七十毒。"[4]在发展农业的同时，炎帝又促进了医药知识的大发展。

其实，谷物的种植时间比炎帝时代要早。如河南贾湖遗址（距今 9000—7500 年）出土碳化的植物果核，主要有人工栽培稻、野生稻、栎果、野胡桃、野菱、野大豆等；出土的生产工具有舌形石铲、齿刃石镰、石斧、石刀、石凿、石磨盘、石磨棒、石杵、石矛等。河北磁山遗址（距今 8000—7600 年）出土了一批植物碳化物，其中有粟、榛子、胡桃、小叶松等；出土了石铲、石斧、石磨盘、石棒、陶盂、支架等劳动工具；还发现 468 个储存粮食的"窖穴"，窖口直径大都为 1—2 米，深浅不一，最浅的只有 0.85 米，而最深的则达到了 5 米；还发现其中 88 个"窖穴"里面竟堆积着大量的粟灰。

马家浜文化罗家角遗址出土稻谷 156 粒（其中粳谷 55 粒，籼谷 101 粒），年代在公元前 5000 年左右，是目前中国发现的最早的粳稻遗存。浙江余姚河姆渡遗址（公元前 5000 年至公元前 3300 年），出土 170 件骨耜（其中 2 件骨

---

[1] （唐）李鼎祚撰，王丰先点校：《周易集解》卷一五《系辞下传》，第 453 页。

[2] （清）陈立撰，吴则虞点校：《白虎通疏证》卷二《号》，第 51—52 页。

[3] （汉）班固撰，（唐）颜师古注：《汉书》卷二〇《古今圣人表第八》，第 866 页。

[4] （汉）刘安撰，何宁整理：《淮南子集释》卷一九《修务训》，第 1311 页。

耜柄部还留着残木柄和捆绑的藤条）、1件木器耜；还发现大面积的稻谷、稻秆、稻叶和木屑、苇编构成的稻谷堆积层，平均堆积厚度20—50厘米，最厚处超过100厘米。炎帝发明农业，客观上也是各氏族文化长期积淀的结果，并非一朝一夕的事情。

炎帝为发展农业生产、了解山川形势，可能展开过早期地理勘测，《春秋命历序》："神农始立地形，甄度四海，东西九十万里，南北八十一万里。"后人注："所为如此，其教如神，农殖树木，使民粒食，故天下号皇神农也。甄纪地形远近，山川林泽所至。"① 考察天文地理，《太平御览·皇王部三·炎帝神农氏》引《淮南子》："神农皇帝袭九空，重九望。"后人注："九空，九天也。九望，九地也。"② 当时的测量技术已经相当发达。传说禹、益作《山海经》。《山海经》应既有最新的实地测量数据，也当有着长期的测量数据积累。

这种大规模、高难度的地理勘测，在我们今天来看虽然不现实，但从帝尧时期的日影勘测看，它又具有特定的真实性与可实现性；后人杜撰这样翔实的记载，也是无功无利也就无动机的事，如果凭空杜撰反倒特别令人难以理解。炎帝"始立地形，甄度四海"，说法虽然可能比较夸张，但也说明炎帝势力一度相当强大，能够打破氏族之间的界线，以"大地之主"或氏族"权威"的姿态展开大地测量。

由于炎帝取得了巨大的农业成就，后世又称炎帝为"农皇""地皇"，东汉应劭《风俗通》："《大传》说燧人为燧皇，伏戏为戏皇，神农为农皇也。燧人以火纪。火，阳也。阳尊，故托燧皇于天。伏戏以人事纪，故托戏皇以人，盖天非人不固，人非天不成也。神农悉地力植谷，故托农皇于地。天地人之道备，而三皇之运兴矣。"③ 炎帝与燧皇、伏羲这样的创世性帝王并列，这是后人对炎帝功绩的最大肯定。伏羲促进了畜牧业的发展，炎帝促进了农业的

---

① （宋）李昉等：《太平御览》卷七八《皇王部三·炎帝神农氏》引《春秋命历序》，第365页。
② （宋）李昉等：《太平御览》卷七八《皇王部三·炎帝神农氏》引《淮南子》，第366页。
③ （汉）应劭撰，王利器校注：《风俗通义校注》卷一《皇霸·三皇》，第3页。

发展，炎帝至少具有不低于伏羲氏的物质生产功绩。

第二，炎帝族促进了医药业的发展，《淮南子·修务训》："神农尝百草之滋味，水泉之甘苦，令民知所辟就。当此之时，一日而遇七十毒。"① 《搜神记·神农》："神农以赭鞭鞭百草，尽知其平毒寒温之性，臭味所主，以播百谷，故天下号曰神农皇帝也。"② 神农氏之所以能够发明医药，传说是因为其有尝药之鼎、识药之鞭，《述异记》："太原神釜冈，有神农尝药之鼎存焉；成阳山中，有神农鞭药处。"③ 伏羲氏可能也对医药的发展有所贡献，炎帝在伏羲氏的基础上发展医药业，但炎帝对医药贡献可能远超伏羲氏。

第三，随着炎帝族农业生产的发展，炎帝时期商业发展起来，《周易集解·系辞下传》："（炎帝）日中为市，致天下之民，聚天下之货，交易而退，各得其所，盖取诸噬嗑。"④ 《文献通考·钱币考》："神农列廛于国，以聚货帛，日中为市，以交有无。"⑤ 但这种商业发展应当是以物易物的形式。

货币交易在汤、禹时才有所发展，《管子》载汤、禹铸币以赈灾民："《管子》曰：'汤七年旱，禹五年水，人之无粜，有卖子者。汤以庄山之金铸币，而赎人之无粜卖子者；禹以历山之金铸币，以救人之困。'"禹铸币于"历山"，此"历山"当为炎帝所生之"历山"，炎帝时期可能已经存在了用于交易的"铸币"。

第四，炎帝族又是以治水文化见长的氏族。炎帝族发达的物质文化，使这一氏族具备多种文化知识、形成多种"技能"，"治水"就是炎帝族的一项重要能力，炎帝族的共工氏就是一位治水的"大神"，并且多次与其他氏族发生冲突。

---

① （汉）刘安撰，何宁整理：《淮南子集释》卷一九《修务训》，第1312页。
② （晋）干宝撰，李剑国辑校：《新辑搜神记》卷二四《神农》，中华书局2007年版，第403页。
③ （宋）李昉等：《太平御览》卷九八四《药部一·药》引《述异记》，第4395页。
④ （唐）李鼎祚撰，王丰先点校：《周易集解》卷一五《系辞下传》，第453页。
⑤ （元）马端临：《文献通考》卷八《钱币考一·历代钱币之制》，第189页。

第五，在物质文化发展的基础上，炎帝族群不断创新当时的精神文化。传炎帝也重八卦之数，究八卦为六十四卦，且燧皇也是八卦的发展者，《三国志·魏志》："《易》博士淳于俊对：'庖牺因燧皇之图而制八卦，神农演之为六十四，黄帝、尧、舜通其变，三代随时，质文各由其事。故《易》者，变易也；名《连山》，似山出纳云气连天地也；《归藏》者，万事莫不归藏于其中也。'帝又曰：'若使庖牺因燧皇而作《易》，孔子何以不云：燧人氏没，庖牺氏作乎?'俊不能答。"①

燧人、炎帝与伏羲皆创八卦，说明这两族在文化上是相互交融、彼此促进的。文化上的密切联系也是促成两族保持长久的通婚关系的重要基础。燧人族文化标志之"辛"就简单地融合着阳爻文化。我们不应该把《易》的发展仅归结为一个圣人或一时之作，而应是《易》文化长期积淀、厚积薄发的结果。三国时期的淳于俊不能回答魏帝之问，是因为淳于俊不能理解氏族文化多元、兼容并蓄、推陈出新的特点与历史脉络。

（二）传说中的黄帝

约公元前3000年左右，中国远古社会进入黄帝时代，公元前2697年是黄帝纪元的元年。② 如果"炎帝"之"炎"为族号的话，"黄帝"之"黄"也应是一族的族称。但"黄帝"之黄也有其他解释，如东汉王充《论衡》言"黄帝"之"黄"属于"古谥"："静民则法曰黄，[德象天地曰帝]。黄帝者，安民之谥，非得道之称也。"③"静民则法"我们可理解，但为什么"静民则法"称"黄"，就实在没有解读的头绪了，《白虎通·号》则曰："黄者，中和之色，自然之性，万世不易。黄帝始作制度，得其中和，万世常存。故称黄

---

① （晋）陈寿撰，陈乃乾校点：《三国志·魏书》卷四《三少帝纪第四》，第136页。
② 中国社会科学院历史研究所：《中国历史年表》，第4页。
③ （汉）王充撰，黄晖校释：《论衡校释》卷七《道虚篇》，中华书局1990年版，第314、315页。

帝也。"①

1. 黄帝的出生

《史记·五帝本纪》载黄帝姓公孙，名轩辕："生而神灵，弱而能言，幼而徇齐，长而敦敏，成而聪明。"② 后人案："黄帝有熊国君，乃少典国君之次子，号有熊氏，又缙云氏，又帝鸿氏，亦帝轩氏。母曰附宝，之祁野，见大电绕北斗枢星，感而怀孕，二十四月而生黄帝于寿丘。""生日角龙颜，有景云之瑞，以土德王，故黄帝。封泰山，禅亭亭。亭亭在牟阴。"③ 唐代司马贞"索隐"："（黄帝）本姓公孙，长居姬水，因改姓姬。"④ 从黄帝时期开始，文献记载展现帝王"天生个人魅力"。这应是在这一氏族社会的发展阶段，个人权威在氏族社会中提高的表现。它预示着一个新旧交替的大时代的到来。

2. 黄帝的族属

《诗含神雾》："大电绕枢照郊野，感附宝，生黄帝。"⑤《古史考》："（黄帝）有熊氏，已姓，或姓公孙。"⑥ "云"是黄帝族的文化标志，《左传》："黄帝氏以云纪，故为云师而云名。"⑦ "以云纪"是指"官名皆以云命，为云师。"《史记》南朝宋裴骃"集解"："应劭曰：'黄帝受命有云瑞，故以云纪事也：春官为青云，夏官为缙云，秋官为白云，冬官为黑云，中官为黄云。'张晏曰：'黄帝有景云之应，因以名师与官。'"⑧ 就黄帝的感生神话而言，神话中的黄帝具有雨文化的特点，其以"云纪"约略因其具有发达的雨文化之故。

《帝王世纪》："黄帝，有熊氏少典之子，姬姓也。母曰附宝，其先即炎帝

---

① （清）陈立撰，吴则虞点校：《白虎通疏证》卷二《号》，第53页。
② （汉）司马迁：《史记》卷一《五帝本纪》，第1页。
③ （汉）司马迁：《史记》卷一《五帝本纪》，第1页。
④ （汉）司马迁：《史记》卷一《五帝本纪》，第2页。
⑤ （宋）李昉等：《太平御览》卷七九《皇王部四·黄帝轩辕氏》引《诗含神雾》，第368页。
⑥ （宋）李昉等：《太平御览》卷七九《皇王部四·黄帝轩辕氏》引《古史考》，第367页。
⑦ （清）洪亮吉撰，李解民点校：《春秋左传诂》卷一七《传·昭公三年》，第726页。
⑧ （汉）司马迁：《史记》卷一《五帝本纪》，第7页。

母家有蟜氏之女，世与少典氏婚，故《国语》兼称焉。及神农氏之末，少典氏又取附宝，见大电光绕北斗枢星照郊野，感附宝，孕二十五月，生黄帝于寿丘，长于姬水。龙颜，有圣德，受国于有熊，居轩辕之丘，故因以为名，又以为号。"①"龙颜"表明黄帝有"龙"的"基因"在内，黄帝属于尊贵的"龙种"即龙的后代。

"有蟜氏"又作"有乔氏""有蜗氏""女憍氏"，《帝王世纪》载炎帝："神农氏，姜姓也。母曰任姒，有乔氏之女，名女登，为少典妃。游于华阳，有神龙首感女登于尚羊，生炎帝。"② 唐代司马贞《史记·三皇本纪》则作"炎帝神农氏，姜姓，母女登。有娲氏之女，为少典妃，感神龙而生炎帝"。唐代司马贞自注："按《国语》，炎帝、黄帝皆少典之子，其母又皆有娲氏之女。"《大戴礼记·帝系篇》载："禹娶于塗山氏之子，谓之女憍氏，产启。"③"有蟜氏"的称谓多有变化，这些变化可能是同字异写的结果。

女蟜还写作"女娇"，《吴越春秋·越王无余外传》说："禹因娶塗山，谓之女娇。"④ 这位"女娇"又称"女娲"，《史记·夏本纪》"正义"引《帝系》："禹娶塗山氏之子，谓之女娲，是生启。"⑤ 同书"索隐"："《世本》：'塗山氏女，名女娲。'是禹娶塗山氏号女娲也。"⑥ 附宝"其先即炎帝母家有蟜氏之女，世与少典氏婚"⑦。有蟜氏、少典氏本身应为被后世人格化的氏族，所以二族能够世代通婚。

《列子》言黄帝即位30年，"忧天下之不治，竭聪明，尽智力，营百姓，

---

①（晋）皇甫谧等撰：《帝王世纪》第一《自开辟至三皇》，第5页。

②（晋）皇甫谧等撰：《帝王世纪》第一《自开辟至三皇》，第4页。

③（清）王聘珍撰，王文锦点校：《大戴礼记解诂》卷七《帝系》，中华书局1983年版，第130页。

④（汉）赵晔撰，（元）徐天祐注：《吴越春秋·越王无余外传》，景印文渊阁《四库全书》史部载记类（第463册），上海古籍出版社1995年版。

⑤（汉）司马迁：《史记》卷二《夏本纪》"正义"引《帝系》，第81页。

⑥（汉）司马迁：《史记》卷二《夏本纪》"索引"引《帝系》，第81页。

⑦（晋）皇甫谧等撰：《帝王世纪》第一《自开辟至三皇》，第5页。

焦然肌色奸黵，昏然五情爽惑"。"又二十有八年，天下大治，几若华胥氏之国，而帝登假。"① 列子将黄帝之治同华胥氏之国相比较，认为黄帝之治几乎和华胥氏之国不相上下，在一定程度上是说黄帝恢复了"祖业"的荣光。就这点而言，黄帝族就是华胥族之后，抑或是伏羲氏族之后。少典氏同样属于与伏羲氏族保持通婚关系的氏族。

3. 黄帝的贡献

伏羲、炎帝是医药的发明者，黄帝也是医药的发明者，且创新发展了文字，《帝王世纪》："（黄帝）使岐伯尝味百草，典医疗疾，今《经方》《本草》之书咸出焉。其史仓颉，又取像鸟迹，始作文字。史官之作，盖自此始。记其言行，策而藏之，名书契。黄帝一号帝鸿氏，或归藏氏，或帝轩。吹律定姓，有四妃，生二十五子，在位百年而崩，年百一十岁。"② 《尚书中候》："黄帝东巡至洛，河龙图出，洛出龟书曰威，赤文像字，以授轩辕。"③ 这也在一定程度上说明，不同氏族有不同的信仰，并且认为一些重大的发明源自本氏族。远古文明虽是并列的，但也存在彼此相融之处。共同的文化是不同氏族最终融合的重要基础。

黄帝发明文字，多出仓颉之功。但汉字的诞生非一人一手之功，而是先民长期累积发展的结果。考古发现证明，中国先民早在七八千年前就在龟甲上刻划符号了。在五六千年前的仰韶文化、大汶口文化中发现了在陶器上刻划的符号有数十种之多，其中有些与甲骨上所见的字类似，因而有人认为它们就是早期文字。至于在龙山文化早期的陶罐上发现的朱书可以肯定是文字，充分表明中国的汉字至少已有四千余年的历史。仓颉很可能是总结整理文字，为汉字的发展作出重大贡献的代表人物。

仓颉在后世被尊称为"造字圣人"。但这位史前传说人物，战国以前的典

---

① 杨伯峻：《列子集释》卷二《黄帝篇》，第40、43页。
② （晋）皇甫谧等撰：《帝王世纪》第一《自开辟至三皇》，第5—6页。
③ （清）皮锡瑞撰，吴仰湘编：《尚书中候》，《皮锡瑞全集》，第597页。

籍从未提及。最早提及仓颉的，是战国时期的荀卿，《荀子·解蔽》："好书者众矣，而仓颉独传者，壹也。"① 在荀子看来，古代造字好书的人物不止一人，但只有仓颉所造之字留传后世。约略是仓颉创制的文字，更适合社会传播需求，所以具有"独传"的效果。《吕氏春秋》对仓颉造字也有提及："奚仲作车，仓颉作书。"②

西汉淮南王刘安《淮南子·本经训》："昔者苍颉作书而天雨粟，鬼夜哭。"汉代高诱注："苍颉始视鸟迹之文，造书契则诈伪萌生，诈伪萌生则去本趋末，弃耕作之业而务锥刀之利，天知其将饿，故为雨粟；鬼恐为书文所劾，故夜哭也。'鬼'或作'兔'。兔恐见取豪（毫）作笔，害及其躯，故夜哭。"③ 在高诱眼中，仓颉造字并不是人类文明的进步而是人类文明的退化。《说文解字》："仓颉之初作书，盖依类象形，故谓之文；其后形声相益，即谓之字。""黄帝之史仓颉，见鸟兽蹄爪之迹，知今之可相别异也，构造书契。"④

《龙鱼河图》："黄龙附图，鳞甲成字，从河中出，付黄帝，令侍臣自写以示天下。"⑤ 如果这个侍臣是仓颉的话，那么仓颉造字又有源自"黄龙之图""鳞甲之形"一说。在东汉王充的《论衡》中，仓颉具有"四目"的骨相。⑥ 正常的人类是不可能四目的，仓颉四目不外说仓颉善于观察，且其观察力优异于常人，所以成为文字的发明者。汉代的纬书又渲染仓颉的天赋能力："生而能书，又受河图绿字，于是穷天地之变，仰视奎星圆曲之势，俯察鱼文鸟羽山川指掌而刱文字。"⑦ 在这里，仓颉造字确然有所谓的"神助"之功。

不仅如此，黄帝甚至是屋宇、取火技术的传播者，《春秋内事》："轩辕氏

---

① （战国）荀况著，梁启雄释：《荀子简释》卷二一《解蔽》，第299页。
② （战国）尸佼著，黄曙辉点校：《尸子》卷下引《吕氏春秋·君守篇》，第66页。
③ （汉）刘安撰，何宁整理：《淮南子集释》卷八《本经训》，第572页。
④ （汉）许慎撰，（清）段玉裁注：《说文解字》卷一五上《叙》，第753页。
⑤ （宋）李昉等：《太平御览》卷七九《皇王部四·黄帝轩辕氏》引《龙鱼河图》，第368页。
⑥ （汉）王充撰，黄晖校释：《论衡校释》卷三《骨相篇》，中华书局1990年版，第112页。
⑦ （明）沈朝阳：《通鉴纪事本末前编》卷一《十纪之分》引《春秋元命苞》，明万历四十五年唐世纪刻本，引自"爱如生数据库·中国基本古籍库"。

以土德王天下，始有堂室，高栋深宇，以避风雨。"① 《管子》："黄帝作，钻燧生火，以熟荤臊，民食之，无兹腈之病，而天下化之。"② 《列子·黄帝篇》载黄帝即位30年："竭聪明，尽智力，营百姓，焦然肌色皯黣"；二十有八年之后，"天下大治，几若华胥氏之国，而帝登假"③。黄帝族最初可能也是落后的氏族，在黄帝时期掌握了钻燧生火的技术，促进了黄帝族的进步，黄帝族则视黄帝为钻燧取火术的发明者。

传说黄帝时期确立了乡党制，这在中国历史上具有深远的影响，《文献通考·职役考一》："昔黄帝始经土设井，以塞争端，立步制亩，以防不足。使八家为井，井开四道，而分八宅，凿井于中。一则不泄地气，二则无费一家，三则同风俗，四则齐巧拙，五则通财货，六则存亡更守，七则出入相司，八则嫁娶相媒，九则无有相贷，十则疾病相救。是以情性可得而亲，生产可得而均，均则欺凌之路塞，亲则斗讼之心弭。既牧之于邑，故井一为邻，邻三为朋，朋三为里，里五为邑，邑十为都，都十为师，师十为州。夫始分于井则地着，计之于州则数详，迄乎夏、殷，不易其制。"④

《史记》："黄帝披山通道"，"而邑于涿鹿之阿"。"迁徙往来无常处，以师兵为营卫。"⑤ 这一时期的黄帝，约处于游耕的时代，炎帝族可能也是如此。

（三）传说中的蚩尤

蚩尤约是与炎帝、黄帝同时代的部族，其无帝号则地位要低于炎、黄。蚩尤在中国古代文献中的形象正反不一，这应是不同区域文化、不同氏族意识形态、不同氏族互不统属、氏族立场不同造成的文献记载差异的结果。

---

① （宋）李昉等：《太平御览》卷七九《皇王部四·黄帝轩辕氏》引《春秋内事》，第367页。
② 黎翔凤校注，梁运华整理：《管子校注》卷二四《轻重》，第1507页。
③ 杨伯峻：《列子集释》卷二《黄帝篇》，第40、43页。
④ （元）马端临：《文献通考》卷一二《职役考一·历代乡党版籍职役》，第325页。
⑤ （汉）司马迁：《史记》卷一《五帝本纪》，第3、6页。

1. 蚩尤的身份

古人认为蚩尤为天子，或为诸侯，或为庶人，《史记》"正义"引东汉应劭《风俗通》："蚩尤，古天子。"又引会瓒："《孔子三朝纪》：蚩尤，庶人之贪者。"张守节"索隐"："此《纪》云'诸侯相侵伐，蚩尤最为暴'，则蚩尤非为天子也。又《管子》：'蚩尤受卢山之金而作五兵'，明非庶人，盖诸侯号也。'孔安国'九黎君号蚩尤'是也。"① 也有传说蚩尤为"炎帝之后"②，或"神农臣也"③，与炎帝族有着密切的政治经济文化联系。

2. 蚩尤的势力

蚩尤势力强大，部族众多，长于作兵。特别是其兵器制作与使用，可能超越了黄帝、炎帝的兵器形态，进入青铜兵器时代。兵器制造上的突破，为蚩尤带来战争上的胜利。《世本》："蚩尤作兵。"④《史记》张守节"正义"引《龙鱼河图》："黄帝摄政，有蚩尤兄弟八十一人，并兽身人语，铜头铁额，食沙石子，造立兵仗刀戟大弩，威振天下，诛杀无道，不慈仁。"⑤ 这里的蚩尤不仅装备精良，且威振天下，果于征伐，是个相当伟岸的人物。但其战争则属于"无道"的非正义战争。

对蚩尤制作兵器，《管子》记载道："葛卢之山发而出水，金从之，蚩尤受而制之，以为剑铠矛戟。是岁相兼者诸侯九。雍狐之山发而出水，金从之，蚩尤受而制之，以为雍狐之戟芮戈，是岁相兼者诸侯十二。故天下之君顿戟壹怒，伏尸满野，此见戈之本也。"⑥《太白阴经》："黄帝之时，以玉为兵；蚩尤之时，烁金为兵，割革为甲，始制五兵，建旗帜，树鼙鼓。"⑦ 后世将某

---

① （汉）司马迁：《史记》卷一《五帝本纪》，第4页。
② 徐元诰撰，王树民、沈长云点校：《国语集解·晋语四第十》徐元诰引《路史禅通纪注》，中华书局2002年版，第337页。
③ （汉）宋衷注，（清）王谟辑：《世本作篇》，《世本八种》，中华书局2008年版，第37页。
④ （汉）宋衷注，（清）王谟辑：《世本·氏姓篇》，《世本八种》，第37页。
⑤ （汉）司马迁：《史记》卷一《五帝本纪》，第4页。
⑥ 黎翔凤校注，梁运华整理：《管子校注》卷二三《地数》，第1355页。
⑦ （宋）李昉等：《太平御览》卷三三九《兵部七〇·叙兵器·牙》引《太白阴经》，第1556页。

些兵器以蚩尤命名，《东观汉记》："诏令赐邓遵金蚩尤辟兵钩一。"①

后世甚至将蚩尤与黄帝并列为"五兵之灵"，晋代王衍《祭牙文》："维年月日，录尚书事豫章公裕，敢告黄帝蚩尤五兵之灵。两仪有正，四海有王。晋命在天，世德重光。烈烈高牙，阗阗伐鼓。白气经天，阐扬神武。"② 陶弘景《刀剑录》："梁武帝萧衍天监元年即位，至普通中，岁在庚申，命弘景造神剑十三口，用金、银、铜、铁、锡五色合为此剑。长短各依剑洞术法。""四曰九天，出军行师，君执授将，长五尺，金镂作蚩尤神形。"③

但对蚩尤"作兵"也有不同的理解，如《吕氏春秋》："人曰'蚩尤作兵'，蚩尤非作兵也，利其械。未有蚩尤之时，民固剥林木以战矣，胜者为长。长犹不足以治之，故立君。君又不足以治之，故立天子。天子之立也出于君，君之立也出于长，长之立也出于争。"④

古史又有"蚩尤旗"。"蚩尤旗"为星名，其形类彗星而后曲像旗，其现则成为帝王征伐之谶，《太平御览》引《史记》："蚩尤旗类彗而后曲象旗，见则王者征伐四方。"⑤ 或言蚩尤旗是蚩尤冢之气，如匹绛，《皇览·冢墓记》："蚩尤冢在东郡寿张县阚城中，人常以十月朔，望见有气如匹绛，自上属下，号蚩尤旗。"⑥ 不论蚩尤旗形态如何物，它因蚩尤的历史形象而成为惑乱的象征，《河图稽耀钩》："荧惑散为蚩尤旗，主惑乱。"⑦

但至少在汉代黄帝与蚩尤并非非此即彼的存在，汉代行军作战前往往祠祭黄帝、蚩尤，《史记·高祖本纪》："乃立季为沛公。祠黄帝，祭蚩尤于沛

---

① （汉）刘珍等撰，吴树平校注：《东观汉记》卷九《邓遵传》，中华书局2008年版，第311页。

② 《全晋文》卷《王衍〈祭牙文〉》卷一三五《画赞·王衍〈祭牙文〉》，（清）严可均：《全上古三代秦汉三国六朝文》，中华书局1958年版，第2236—2237页。

③ （宋）李昉等：《太平御览》卷三四三《兵部七十四·剑中》引陶弘景《刀剑录》，第1579页。

④ 许维遹：《吕氏春秋集释》卷七《荡兵》，第158页。

⑤ （明）《虎钤经》卷一四《妖星第一百四十七》，明刻本，引自"爱如生数据库·中国基本古籍库"。

⑥ （宋）李昉等：《太平御览》卷二七《时序部十二·冬下》引《皇览·冢墓记》，第128页。

⑦ （宋）李昉等：《太平御览》卷七《天部七·祆星》引《河图稽耀钩》，第36页。

庭，而衅鼓旗，帜皆赤。"① 《后汉书·马援附兄子马严列传》："马严拜将军长史，将北军五校士、羽林禁兵三千人，屯西河美稷，卫护南单于，听置司马、从事。牧守谒敬，同之将军。敕严过武库，祭蚩尤，帝亲御阿阁，观其士众，时人荣之。"② 张衡《西京赋》："于是蚩尤秉钺，奋鬣被般，禁御不若，以知神奸。"③ 这可能是汉代传承自前代的行军作战前的仪式，这一仪式在汉代之前应当已经长期存在了，而且蚩尤在这里并不是惑乱的象征，而是所向披靡的战争之神。

应龙属于黄帝族的雨神，其在杀蚩尤、夸父后，处南极而北方旱，《山海经》："东荒东北隅中，有山名凶犁土丘。应龙处南极，杀蚩尤与夸父，不得复上，故下数旱，旱而为应龙之状，乃得大雨。"④ 但不同氏族也将蚩尤与共工视为水神。董仲舒《春秋繁露·求雨篇》记载了汉代民间求雨的习俗：

> 春旱求雨，令县邑以水日令民祷社稷山川，家人祀户。无伐名木，无斩山林。曝巫，聚厄。八日。于邑东门外为四通之坛，方八尺，植苍缯八。其神共工，祭之以生鱼八，玄酒，具清酒、脯脯，择巫之洁清辩利者以为祝。祝斋三日，服苍衣，先再拜，乃跪陈，陈已，复再拜，乃起。

> 夏求雨，令夏邑以水日，家人祀灶。无举土功，更火浚井。曝釜于坛，臼杵于术，七日。为四通之坛于邑南门之外，方七尺，植赤缯七。其神蚩尤，祭之以赤雄鸡七，玄酒，具清酒、脯脯。⑤

据此，蚩尤在民间更少政治色彩而多施惠之功。蚩尤与黄帝之战，是中国古代神话传说中一场大战争。但不同的版本对这场战争的性质的界定并不

---

① （汉）司马迁：《史记》卷八《高祖本纪》，第350页。

② （南朝宋）范晔撰，（唐）李贤等注：《后汉书》卷二四《马援附兄子马严列传》，第859页。

③ 高步瀛著，曹道衡等点校：《文选李注义疏》卷二《赋甲·京都上·张衡〈西京赋〉》，中华书局1985年版，第400—403页。

④ 袁珂校注：《山海经校注·海经新释》卷九《大荒东经》，第306页。

⑤ （汉）董仲舒著，（清）苏舆撰，钟哲点校：《春秋繁露义证》卷一六《求雨篇》，第426、428、430、432页。

相同。《山海经·大荒北经》载"蚩尤作兵伐黄帝"①。"伐"在古代的语境中，多指正义的一方对非正义一方的战争行为。据此，《山海经·大荒北经》中的蚩尤并非为乱一方。但《尚书·吕刑》始称"蚩尤惟始作乱"②，蚩尤已经成为作乱的一方。蚩尤身份地位的变化，显然是站在黄帝正统的立场之上的。这也说明，黄帝在远古时期，并非是各氏族公认的权威人物。

3. 蚩尤"食沙石子"

蚩尤所在的氏族有"食沙石子"的习俗。地球上的碳基生命是无法消化沙子石头的。蚩尤"食沙石子"显然属于后人对蚩尤族的误解。这一现象可能反映着远古九黎族特殊人群的"含球"习俗。考古发现具有含球行为的有山东兖州王因、山东邹县野店和江苏邳县大墩子遗址中的远古氏族。这三处遗址中不仅发现了口颊含球的颅骨，同时还发现了随葬的石质或陶质小球。但含球个体在整个墓地所占比例很小。含球个体葬式上基本没有受到二次葬和迁葬等习俗的影响。含球个体墓葬分布相对集中，且比较集中分布在整个墓葬区的东部。

含球个体的随葬品在人均占有量和时代变化上均体现出优越性。含球个体墓在墓地中的规模相对较大。而针对含球群体，在21例成年中，女性占90.5%，即含球现象大多出现于女性。含球个体与整个墓地性别比完全相反的结果说明，口颊含球可能只是存在于女性中的一种特殊行为。

目前来看，墓葬遗存中发现含球现象的个体，其牙齿冠颊侧有磨蚀痕迹和上下颌齿槽弓的变形。如果死后口内随葬小球应当不会在牙齿以及齿槽上留下明显痕迹，从而推定是死者生前含球。另外，从含球个体的情况来看，这种行为本身比较痛苦且影响日常生活，但是人们依然愿意忍受不适，显然思想意识起了非常重要的作用。因此，口颊含球应当是一种有意识的在生前

---

① 袁珂校注：《山海经校注·海经新释》卷一二《大荒北经》，第362页。
② （清）孙星衍撰，陈抗、盛冬另点校：《尚书今古文注疏》卷二七《周书十八·吕刑》，第519页。

口内含球来体现某些心理、思想和动机的特殊行为。

这些为数不多的女性含球个体，她们生前占有比一般族群成员更丰富的财富，死后拥有集体公有墓地中神圣的方位。在一个组织严密、信仰背景深厚的族群中，口颊含球应该不是一般的行为，而应是体现身份、地位的特殊标志，有一定的象征意义。生前含球就是后来广泛流行的口含葬俗起源。[①] 这一现象说明，蚩尤族所在的九黎族可能仍处于母系氏族的阶段，女性在部落中占有特殊或重要的地位。蚩尤"食沙石子"应当反映的就是蚩尤族上层人物生前含球的现象。这是蚩尤"食沙石子"的考古内涵。

二、炎帝、蚩尤与黄帝战争概况

五帝时代前期，西部以炎帝和黄帝为代表的华夏集团，中部以蚩尤为代表的黎苗集团，东部以少昊为代表的东夷集团，是黄河流域的三大势力集团。这三大集团中，最初应以炎帝和蚩尤族系最为兴盛。炎帝自西而东、蚩尤自东而西分别扩张，终于在涿鹿附近相遇而发生激烈冲突，蚩尤暂时居于优势。但后来继炎帝而兴起的黄帝族系势力大长，与蚩尤在涿鹿一带再次交锋，终于取得决定性的胜利。失败的黎苗集团被迫离开故园，渡河越岭向南迁徙。而与黎苗集团若即若离的东夷集团也只好暂时服从于华夏集团。黄河、长江流域的社会进入一个相对和平稳定的时期。[②]

蚩尤先与炎帝发生战争，后又与黄帝发生战争。炎帝则与蚩尤、黄帝都发生过战争，炎帝所受打击其实较为严重。在黄帝与蚩尤的战争中，黄帝又联合炎帝等氏族共同与蚩尤作战，蚩尤氏族最终战败。但蚩尤族也有其他氏族的支持，黄帝与蚩尤的战争具有范围相对较广、规模较大的特点。

对炎帝、蚩尤、黄帝之间的战争，《逸周书·明堂解》如此记载："昔天之初，作二后，乃设建典。命赤帝分正二卿，命蚩尤于宇少昊，以临四方，

---

① 原海兵：《大汶口文化人群口颊含球行为研究》，《考古学报》2020 年第 1 期，第 43—66 页。
② 韩建业：《涿鹿之战探索》，《中原文物》2002 年第 4 期，第 21 页。

司□□上天末成之庆。蚩尤乃逐帝，争于涿鹿之河，九隅无遗。赤帝大慑，乃说于黄帝，执蚩尤，杀之于中冀。以甲兵释怒，用大正顺天思序，纪于大帝，用名之曰绝辔之野。乃命少昊清司马鸟师，以正五帝之官，故名曰质。天用大成，至于今不乱。"①

在《逸周书》中，赤（炎）帝、蚩尤、黄帝是同时存在，并且具有同等"帝"位的氏族首领。这说明在五帝时期的"政治体制"，与后世的封建大一统并不相同："帝"并非某一氏族的专有称号，不同的强大氏族的首领都可称"帝"。这也说明五帝时期不同氏族间"帝"类文化应用的普遍性，它本身也是氏族林立、存在无所统属的历史现象。五帝时期的战争与这种氏族势力的发展形势不无关系。

历史学家李学勤先生认为，这里所谓赤帝即炎帝，"二后"当指炎帝和蚩尤。炎帝、黄帝、蚩尤、少昊至少有一段时间共存；先是炎帝和蚩尤发生冲突，炎帝处于劣势；其后黄帝和蚩尤争战，蚩尤遭到擒杀；炎帝和黄帝关系密切，曾先后对付共同的敌人蚩尤；蚩尤居于少昊之地，似乎二者亲近，但此后蚩尤被杀而少昊安好，又说明他们之间有重要区别。②

与涿鹿之战相联系的还有所谓的炎黄"阪泉之战"。据《左传·僖公二十五年》："遇黄帝战于阪泉之兆"，此战的一方为黄帝。③ 据《逸周书·史记解》："昔阪泉氏，用兵无已，诛战不休，并兼无亲，文无所立，智士寒心。徙居至于独鹿，诸侯畔之，阪泉以亡。"④ 炎帝居于阪泉，故又称为阪泉氏。阪泉氏亡于独鹿，独鹿应即涿鹿，阪泉与涿鹿实为一地。阪泉之战当即涿鹿之战。《史记·五帝本纪》以阪泉之战的双方为黄帝和炎帝，与黄帝和蚩尤之

---

① 佚名撰，袁宏点校：《逸周书》卷六《明堂解》，齐鲁书社 2010 年版，第 74 页。此段文字又见于李学勤先生《逸周书·尝麦解》，见李学勤《〈尝麦〉篇研究》，《古文献丛论》，上海远东出版社1996 年版，第 91 页。

② 李学勤：《〈尝麦〉篇研究》，《古文献丛论》，第 91 页。

③ （清）洪亮吉撰，李解民点校：《春秋左传诂》卷八《传·熹公二》，第 312 页。

④ 佚名撰，袁宏点校：《逸周书》卷八《史记解》，第 90、91 页。

间的涿鹿之战相区别。

《国语·晋语》："昔少典娶于有蟜氏，生黄帝、炎帝。黄帝以姬水成，炎帝以姜水成。成而异德，故黄帝为姬，炎帝为姜。"① 这是关于炎帝和黄帝本源的最重要的记载。由此可知二者由同一源头分化而来。姜水的地望是判断炎帝故地的关键。徐旭生先生据《水经注·渭水》条"岐水又东，经姜氏城南，为姜水"等说法，结合实地考察，论证炎帝发祥地在以宝鸡为中心的渭河上游一带。

另据《水经注·渭水》条引《帝王世纪》："炎帝神农氏，姜姓，母女登，游华阳，感神龙而生炎帝，长于姜水"，炎帝的中心地域或许还当包括华阳，即秦岭以南的汉水上游汉中附近。姬水的地望虽不清楚，但从其他方面来看，姬姓的本源地大约在汾河下游的晋西南附近。据此，炎黄二族系本源一致，故地相邻，共同构成早期华夏集团的主体。但需要注意的是，炎帝和黄帝可能并非完全同时，至少兴盛期是炎帝在前而黄帝居后。②

《尚书·吕刑》："蚩尤惟始作乱。""苗民弗用灵，制以刑，惟作五虐之刑曰法，杀戮无辜。""黄帝哀矜庶戮之不辜，报虐以威，遏绝苗民，无世在下。"③ 这里的蚩尤和"苗民"实际上是同一对象。又据《国语·楚语下》"三苗复九黎之德"一句④，知苗民（三苗）源于九黎。《国语·周语下》更有"黎、苗之王"的提法。⑤ 因此，东汉郑玄以为"苗民即九黎之后"，东汉高诱等人认为蚩尤是九黎的君长，应当是可信的。

据徐旭生先生考证，作为古地名的"黎"，从晋东南一直延伸到河北、河

---

① （春秋）左丘明撰，徐元诰集解，王树民、沈长云点校：《国语集解·晋语四》，第336、337页。

② 徐旭生：《中国古史的传说时代》第二章《我国古代部族三集团考》，广西师范大学出版社2003年版，第47—52页。

③ （清）孙星衍撰，陈抗、盛冬铃点校：《尚书今古文注疏》卷二七《周书十八·吕刑》，第519、520、523页。

④ （春秋）左丘明撰，徐元诰集解，王树民、沈长云点校：《国语集解·楚语下》，第515页。

⑤ （春秋）左丘明撰，徐元诰集解，王树民、沈长云点校：《国语·周语下》，第100页。

南、山东三省交界之处，当年的九黎之地或蚩尤故地大概就主要在此范围。又《帝王世纪》说杀蚩尤于"凶黎之丘（或谷）"①。《逸周书·史记解》中的"阪泉氏"指蚩尤，显然认为阪泉（涿鹿）为蚩尤之地。黄帝打败蚩尤之后，蚩尤族南迁，在江汉地区发展起来，成为苗民的先祖。

三、炎帝族与黄帝族的战争

黄帝兴起之时，炎帝已经衰落，《史记·五帝本纪》："轩辕之时，神农氏世衰。"②"索隐"载此时的"炎帝"，是班固所谓"参卢"，皇甫谧所云"帝榆罔"。③诸侯背离炎帝，天下动乱，蚩尤为最，炎帝力不能逮，黄帝趁势而起，修德振兵，打败炎帝：

> 诸侯相侵伐，暴虐百姓，而神农氏弗能征。于是轩辕乃习用干戈，以征不享，诸侯咸来宾从。而蚩尤最为暴，莫能伐。炎帝欲侵陵诸侯，诸侯咸归轩辕。轩辕乃修德振兵，治五气，蓻五种，抚万民，度四方，教熊罴貔貅貙虎，以与炎帝战于阪泉之野。④

就这条材料看，神话传说中的远古时代，炎帝曾处于天下共主的地位，这样的天下共主始能称"帝"。"帝"具有维护诸侯或天下秩序的地位。炎帝时期诸侯相乱，则是炎帝氏族衰落的表现。蚩尤之乱也是在这种背景下出现的。《淮南子》载"炎帝为火灾，故黄帝禽之"⑤。黄帝攻击炎帝也当因炎帝衰落之故。战争虽然破坏弱势氏族的发展，但起因也是因为氏族联系的加强，是原有氏族关系破坏的结果。在当时的地理条件、经济环境、政治实力等因素的制约下，"天下共主"或"帝"的势力范围，也具有特定的地域孟限定性，故有"诸帝"并存的现象。新旧势力之间也具有争"帝"的现象，如共

---

① （晋）皇甫谧等撰：《帝王世纪》第一《自开辟至三皇》，第6页。
② （汉）司马迁：《史记》卷一《五帝本纪》，第3页。
③ （汉）司马迁：《史记》卷一《五帝本纪》"索隐"，第4页。
④ （汉）司马迁：《史记》卷一《五帝本纪》，第3页。
⑤ （汉）刘安撰，何宁整理：《淮南子集释》卷一五《兵略训》，第1045页。

工与颛顼争为帝，喾族与尧族之间的战争等。

《山海经》载有通天的十巫，巫咸即是其中之一。① 黄帝时期也有巫咸，巫咸可能仅是巫类之一，而不是一个特定的人物。《太平御览》卷七九《皇王部四》引《归藏》："昔黄帝与炎神争（斗于）涿鹿之野，将战，筮于巫咸。巫咸曰：'果哉，而有咎！'"② 巫在战争中有着重要的影响，黄帝与炎帝发生大战之前，黄帝同样做筮，巫在其中发挥着预测的作用。但这样的占卜结果，说明占事将不利于黄帝。

《帝王世纪》："与神农氏战于阪泉之野，三战而克之。力牧、常先、大鸿、神农、皇直、封巨人镇大山，稽鬼、奥区、封胡、孔甲等，或以为师，或以为将，分掌四方，各如己视，故号黄帝四目。"③《史记·五帝本纪》"集解"："服虔：'阪泉，地名。'皇甫谧：'在上谷。'""正义"引《括地志》："阪泉，今名黄帝泉，在妫州怀戎县东五十六里。出五里至涿鹿东北，与涿水合。又有涿鹿故城，在妫州东南五十里，本黄帝所都也。《晋太康地里志》云'涿鹿城东一里有阪泉，上有黄帝祠'。案：阪泉之野则平野之地也。"④

炎黄之战已经相当惨烈，贾谊《益壤》："黄帝者，炎帝之兄也。炎帝无道，黄帝伐之涿鹿之野，血流漂杵，诛炎帝而兼其地，天下乃治。"⑤ 这也说明炎帝族势力虽然衰落，但仍然保持着相对强大的势力，"血流漂杵"表明战争的惨烈程度。当时的炎帝族也有着广泛的氏族部落影响，所以黄帝首先打败了炎帝族，然后顺利地兼并了其他氏族"诛炎帝而兼其地"，甚至最终形成了"三百年"大治的新形势。

什么是黄帝"三百年大治"呢？《大戴礼》以孔子学生宰我问孔子的形式

---

① 袁珂校注：《山海经校注·海经新释》卷一一《大荒西经》，第334页。

② （宋）李昉等：《太平御览》卷七九《皇王部四·黄帝轩辕氏》引《归藏》，第367页。

③ （宋）李昉等：《太平御览》卷七九《皇王部四·黄帝轩辕氏》引《帝王世纪》，第367页。

④ （汉）司马迁：《史记》卷一《五帝本纪》，第5页。

⑤ （汉）贾谊撰，吴云等点校：《贾子新书·益壤》，《贾谊集校注》，天津古籍出版社2010年版，第54页。

给予了解答，所谓"三百年"指"生而民得其利百年，死而民畏其神百年，亡而民用其教百年"。《大戴礼》：

> 宰我问于孔子曰："昔者予闻诸荣伊令，黄帝三百年。请问黄帝者人邪？抑非人邪？何以至于三百年乎？"孔子曰："黄帝，少典之子也，曰轩辕。生而神灵，弱而能言，幼而慧齐，长而敦敏，成而聪明。治五气，设五量，抚万民，度四方，教熊罴貔豹虎，以与赤帝战于版泉之野。三战，然后得行其志。黄帝黼黻衣，大带，黼裳，乘龙扆云，以顺天地之纪，幽明之故，死生之说，存亡之难。时播百谷草木，故教化淳鸟兽昆虫，历离日月星辰，极畋土石金玉，劳心力耳目，节用水火材物。生而民得其利百年，死而民畏其神百年，亡而民用其教百年，故曰三百年。"①

就此而言，炎黄战争中黄帝族的胜利，不仅仅是黄帝族势力强大的结果，更是优势文化对衰落文化胜利的结果，功在当世、泽被后代。燧人氏、伏羲氏、炎帝等部族的初兴阶段，对地域相关的其他氏族也当具有这样的文化优势。由于这两个部落有血缘亲属关系，以及炎帝部族的势力强大，黄帝部落与炎帝部落最终结成联盟，黄帝便成了炎黄部落联盟的首领。炎黄部落联盟经过长期的发展，为日后华夏族的形成奠定了文化基础。

传说伏羲氏为燧人氏之子，或伏羲生活在燧人氏时代，反映的可能是燧人族与伏羲族通婚的历史。以炎帝族和黄帝族为主体的氏族，仍然传承着通婚的文化传统。中国著名的牛郎织女这一民间故事，可能记载着数千年前黄帝与炎帝交战时期，炎帝族男子与黄帝族女子曾经有过的相恋。牛郎织女的故事显见于《诗·小雅·大东》。

《诗·小雅·大东》："维天有汉，监亦有光。跂彼织女，终日七襄。虽则

---

① （清）王聘珍撰，王文锦点校：《大戴礼记解诂》卷七《五帝德》，第115—119页。

七襄,不成报章。睆彼牵牛,不以服箱。"① 牵牛星又称牛郎星,《诗·小雅·大东》中牵牛与织女相对,说的就是牛郎织女的故事。据此,牛郎织女的故事最早显见于《诗·小雅·大东》。这说明牛郎织女的故事既在社会上广为流传。牛郎可以代表牛,织女长于纺织,牛郎与织女之间,以天河为障。牛郎可能是农耕部落的代表性人物,织女所在部落可能以纺织见长。

但《山海经·海内经》中就有牛郎织女故事的影子。《山海经·海内经》记载,炎帝族的伯陵与吴权部落的阿女缘妇发生了不合法的婚姻关系,缘妇所生的子女,即有一人名"鼓":"炎帝之孙伯陵,伯陵同吴权之妻阿女缘妇,缘妇孕三年,是生鼓、延、殳。始为侯,鼓、延是始为锺,为乐风。"② 炎帝时期的夫妻关系可能尚不固定,所以有伯陵"同"(通)吴权之妻的现象。"缘"指衣服的镶边,"缘妇"可能即是纺织技术发达部落中的女性。古史传说中黄帝妻子嫘祖,是养蚕纺织的发明人,织女应属黄帝族中纺织部落成员。

传说中的炎帝族以牛为图腾,农业是其主要的生存手段。牛郎应属于炎帝部落的成员,牵牛星一名即"河鼓"。鼓是居住在黄河岸边的部落。《山海经·西次三经》:"(锺山)其子曰鼓,其状人面而龙身,是与钦䲹杀葆江于昆仑之阳,帝乃戮之锺山之东曰崤崖,钦䲹化为大鹗,其状如雕而黑文白首,赤喙而虎爪,其音如晨鹄,见则有大兵;鼓亦化为鵔鸟,其状如鸱,赤足而直喙,黄文而白首,其音如鹄,见则其邑大旱。"③

这里的"鵔鸟"即似三足乌之类,约略就是凤类之鸟、炎帝族系的图腾。鼓虽"人面龙身"而有龙的文化因素,但其本质则是凤类一族而属炎帝族系。这种复杂的文化关系,是炎帝族与龙族通婚,文化交融共生的结果。黄帝打败"鼓"大概即是炎黄战争的组成部分。"吴权之妻"可能是与黄帝族吴权通

---

① (清)郝懿行著,安作璋主编:《诗问》卷四《小雅下·大东》,齐鲁书社 2010 年版,第774 页。
② 袁珂校注:《山海经校注·海经新释》卷一三《海内经》,第 389 页。
③ 袁珂校注:《山海经校注·山经柬释》卷二《西次三经》,第 38 页。

婚的氏族，或吴权本身就属于黄帝族，这个氏族与炎帝族的鼓部落通婚，影响到黄帝族的利益而发生战争。

四、黄帝族与蚩尤族的战争

黄帝与蚩尤族的战争是影响远古历史走向的一场大战，它确立了炎黄文化在黄河流域的主导与主体地位。这场大战成为中国历史上相当著名但又具有扑朔迷离色彩的战争神话。

（一）黄帝与蚩尤之战

《帝王世纪》记载了黄帝与蚩尤之战："神农氏衰，黄帝修德化民，诸侯归之。黄帝于是乃扰驯猛兽，与神农氏战于阪泉之野，三战而克之。又征诸侯，使力牧、神农、皇直讨蚩尤氏，擒之于涿鹿之野，使应龙杀之于凶黎之丘。凡五十五战，而天下大服。或传以为仙，或言寿三百岁，葬于上郡阳周之乔山。"[1] 这里的蚩尤似是炎帝族的诸侯或炎帝之臣。黄帝打败炎帝之后又打败了炎帝的传统势力。炎黄三战，黄帝与蚩尤五十五战。三战、五十五战或是虚指，但反映出黄帝与蚩尤之战的规模更大，炎帝晚期不能控制蚩尤势力也是在所难免。

据《龙鱼河图》描述，黄帝在取得天下共主地位之前，蚩尤族势力强大到超越炎帝族的程度，"威振天下，诛杀无道，不仁不慈"，并最终与黄帝发生了冲突。但黄帝多有其他氏族力量的支持，最终打败了蚩尤，然而蚩尤的威名依然震天下：

> 黄帝摄政前，有蚩尤，兄弟八十一人，并兽身人语，铜头铁额，食沙石子，造立兵仗刀戟大弩，威振天下，诛杀无道，不仁不慈。万民欲令黄帝行天子事，黄帝仁义，不能禁止。蚩尤遂不敌，乃仰

---

① （晋）皇甫谧等撰：《帝王世纪》第一《自开辟至三皇》，第6页。

天而叹。天遣玄女下授黄帝兵信神符，制伏蚩尤，以制八方。蚩尤没后，天下复扰乱不宁，黄帝遂画蚩尤形象，以威天下，天下咸谓蚩尤不死，八方万邦皆为殄伏。[①]

"蚩尤没后，天下复扰乱不宁"，应当是蚩尤残余势力对黄帝的后续反抗。这可能反映出如下事实：蚩尤与黄帝治理文化有别，属于文化差异较大但又势力强大的两个部落联盟。蚩尤氏族虽然在战争中失败，但其势力影响曾不次于黄帝，具有"八方万邦殄伏"、声振天下的威势。黄帝与蚩尤两大强势氏族之战同样相当惨烈，《庄子·盗跖》载跖言："黄帝不能致德，与蚩尤战于涿鹿之野，流血百里。""世之所高，莫若黄帝，黄帝尚不能全德，而战涿鹿之野，流血百里。"[②]

蚩尤虽然战败，但蚩尤文化具有深刻的影响，《史记·五帝本纪》"正义"引《鱼龙河图》："万民欲令黄帝行天子事，黄帝以仁义不能禁止蚩尤，乃仰天而叹。天遣玄女下授黄帝兵信神符，制伏蚩尤，帝因使之主兵，以制八方。蚩尤没后，天下复扰乱，黄帝遂画蚩尤形像以威天下，天下咸谓蚩尤不死，八方万邦皆为弭服。"[③] "黄帝以仁义不能禁止蚩尤"，与跖所言表述形式不同而其实质所指为一。

（二）黄帝战蚩尤中的巫术成分

《山海经·大荒北经》对战争发展的具体形势有所记载，其中黄帝一方有旱神女魃、畜水之神应龙，蚩尤一方则有风伯、雨师。女魃、风伯、雨师都是具有巫术特点的战争元素：

> 有系昆之山者，有共工之台，射者不敢北乡。有人衣青衣，名曰黄帝女魃。蚩尤作兵伐黄帝，黄帝乃令应龙攻之冀州之野。应龙

① （宋）李昉等：《太平御览》卷七九《皇王部四·黄帝轩辕氏》引《龙鱼河图》，第368页。
② （宋）吕惠卿撰，汤君集校：《庄子义集校》卷九《盗跖》，第541页。
③ （汉）司马迁：《史记》卷一《五帝本纪》，第4页。

畜水，蚩尤请风伯雨师，纵大风雨。黄帝乃下天女曰魃，雨止，遂杀蚩尤。魃不得复上，所居不雨。叔均言之帝，后置之赤水之北。叔均乃为田祖。魃时亡之。所欲逐之者，令曰："神北行!"先除水道，决通沟渎。①

黄帝、蚩尤本身即为大巫或以巫为助，如《太平御览》卷九《天部九·风》引《史记》："蚩尤氏能征风召雨，黄帝争强，灭之中冀。"②《太平御览》卷一五《天部十五·雾》引《志林》："黄帝与蚩尤战于涿鹿之野，蚩尤作大雾，弥三日，军人皆惑。黄帝乃令风后法斗机，作指南车以别四方，遂擒蚩尤。"又引《黄帝玄女战法》："黄帝与蚩尤九战九不胜。黄帝归于太山，三日三夜雾冥。有一妇人，人首鸟形，黄帝稽首再拜，伏不敢起。妇人：'吾玄女也，子欲何问?'黄帝：'小子欲万战万胜。'遂得战法焉。"③"人首鸟形"的玄女即"玄鸟之女"，可能就是炎帝所差助黄帝的使者，玄鸟即凤在此时已经具有了女性的特点。

这一神话还反映了上古时期的祈雨禳灾巫术仪式。如黄帝势力中的女魃可以止风雨，在与蚩尤所派的风伯雨师进行巫术对决的过程中，因耗尽精力而无法返回天上，不得不游走于人间，所到之处必有旱灾。人们为了"驱魃"，产生了以禳除干旱为目的的祈雨巫术。举行祈雨禳灾巫术仪式前需要清理水道、疏通水渠，巫术仪式实施过程中还需施行咒语："神北行!"命令旱神向北去。这种利用语言或符号来支配神灵，以达到某种目的的巫术，便是语言符号巫术。④

《韩非子·十过》说："昔者黄帝合鬼神于西泰山上，驾象车而六蛟龙，

---

① 袁珂校注：《山海经校注·海经新释》卷一二《大荒北经》，第362页。
② （宋）李昉等：《太平御览》卷九《天部九·风》引《史记》，第44页。
③ （宋）李昉等：《太平御览》卷一五《天部十五·雾》引《志林》，第78页。
④ 王曼：《中国上古神话与巫术仪式》，《平顶山学院学报》2021年第4期，第61页。

毕方并辖。蚩尤居前，风伯进扫，雨师洒道。"[①] 这里的风伯、雨师应当多是具有巫文化色彩的、以风雨命名或以风雨"纪"的氏族首领。黄帝能够"合鬼神于西泰山"，本身就有巫的地位与巫的能力。

（三）南方苗族的蚩尤传说

在南方苗族流传的蚩尤传说中，蚩尤被视为为了防卫而参战的民族英雄，没有一丝一毫的"作乱"言辞：蚩尤生活在阿吾十八寨，阿吾十八寨的苗民几乎被垂耳妖婆吃光了。蚩尤学艺回来，见到这般情景，便设法杀死了垂耳妖婆。没想到这垂耳妖婆是黄龙公的幺妹，赤龙公的老婆。蚩尤与黄龙公、赤龙公多次交战，蚩尤最后被败，苗族渡过黄河（苗语称浑水河）南迁。[②]

在《蚩尤的传说》中，主要人物为蚩尤、黄龙公和赤龙公。次要人物还有黄龙公的妹妹垂耳妖婆，协助黄、赤二人的雷公之子雷老五以及蚩尤的师父等人，与汉文古籍关于涿鹿之战的记载基本一致。在《山海经》中，应龙是主雨的神，而雷公在各民族中也都是主管降雨的。因此，在《蚩尤神话》中，应龙演化为雷公，是极易理解的。

20世纪70年代长沙马王堆汉墓出土帛书《十大经·正乱》中，记载了后世作为中国"人文始祖"的黄帝的残暴。说黄帝亲自和蚩尤作战并生擒了蚩尤后："（剥）其□革以为干侯，使人射之，多中者赏。（剪）其发而建之天，命之曰（蚩）尤之（旌），充其胃以为鞠（鞠），使人执之，多中者赏。腐其骨肉，投之苦（醢），使天下（啜）之。"[③]

关于涿鹿之战，《山海经》中没有提起其起因，直接说"蚩尤作兵伐黄帝"。到了《史记》，司马迁站在炎黄的立场，说战争是"蚩尤作乱，不用帝

---

① （战国）韩非著，（清）王先慎集解，钟哲点校：《韩非子集解》卷三《十过》，中华书局1998年版，第65页。

② 参见贵州省安顺地区民族事务委员会古籍整理办公室编，潘定衡主编《蚩尤的传说》，贵州民族出版社1989年版。

③ 魏启鹏：《马王堆汉墓帛书〈黄帝书〉笺证》，中华书局2004年版，第136页。

命"所致，"于是黄帝仍征师诸侯，与蚩尤战于涿鹿之野，遂禽杀蚩尤"。蚩尤成了一位作乱的罪人。"不用帝命"，帝是指谁？黄帝在诛杀蚩尤之后，各路诸侯"咸尊轩辕为天子，代神农氏，是为黄帝"。[①]

（四）黄帝与蚩尤的中冀战场

黄帝与蚩尤的战争，似发生在特定时期有大风雨、多雾之地。传说中的今河北省张家口涿鹿矾山镇西南黄帝、蚩尤作战的古战场，在季节变化之际就是这样的大风雨、同时多雾之地。就黄帝、蚩尤战场的天气描写看，主战场在涿鹿应是可信的。[②]但黄帝和蚩尤的势力范围较广，双方的战场应当并不是唯一的，传说战场之一即为汉宋时期的解州（今山西省运城市）。沈括在《梦溪笔谈》写道："解州盐泽方百二十里，久雨，四山之水悉注其中未尝溢，大旱未尝涸。卤色正赤，在版泉之下，俚俗谓之'蚩尤血'。"[③]《河东盐法备览》载："轩辕氏诛蚩尤于涿鹿之野，血入池化卤，使万世之人食其血焉。今池南有蚩尤城，相传是其葬处。"[④]

当然，解州为黄帝与蚩尤的战场之一，也可能是后人根据盐池之色附会黄帝、蚩尤之战的结果。但解州作为二者的战争之一并非没有可能。中国古代北方池盐的生产曾在社会经济与政治生活中占据重要地位。如在北宋时期，池盐的财利，甚至达到了天下赋税收入的一半，成为国家经济收入的重要来源。河东盐池，亦称解池，长约 30 公里，宽 3—5 公里，面积 130 平方公里，色白味正，杂质少，是全国有名的产盐地之一，以致"西出秦陇，南过樊邓，北极燕代，东逾周宋，家获作盐之利，人被六气之用，和钧兵食，以征以

---

① （汉）司马迁：《史记》卷一《五帝本纪》，第 3 页。
② 《〈探索·发现〉20120902 中华三祖堂》，http://m.cctv.com/dc/v/index.shtml？vsid=C39135。
③ （宋）沈括撰，金良年点校：《梦溪笔谈》卷三《辩证一》，中华书局 2015 年版，第 20 页。
④ （清）蒋兆奎：《河东盐法备览》卷一《盐池·胜迹》，乾隆五十五年刻本。

贡"①，成为国家赋税的重要来源。

　　谷物、水和食盐为人类生存必需之物。黄帝、蚩尤发生战争之前，河东盐池应是在黄帝控制之下，这里自然成为蚩尤的九黎族攻击的重点地区。除去食盐之外，炎、黄、蚩尤之间发生争战的原因，还有可能是为了争夺河东这片土地。在远古时代，地处中原黄河流域的河东地区，一方面具有发展农业生产的优越自然条件，气候温暖湿润，土壤疏松肥沃，水利灌溉方便，对谷物生长来说，可谓"天时""地利"兼备。丰富的谷物和食盐资源，是人类赖以生存发展和繁衍生息的最根本的物质前提。

　　在漫长的旧石器时代，河东一直是中国原始人类聚居的集中地带。到了炎黄时代，各个部落王国互相征战侵伐，展开兼并，在这种形势下，谁占据了河东这块根据地，控制了谷物和食盐这两大自然资源，谁就掌握了征服其他部落、统治天下万国、登上中央大帝宝座的主动权。② 这也是黄帝、蚩尤在此争战的重要原因之一。

　　在炎帝、黄帝、蚩尤之战中，炎、黄社会、政治、经济、文化获得综合性大发展，蚩尤则以兵器发明见长。随着各自势力的发展、壮大，三者难免产生军事冲突，但蚩尤综合势力实则最弱，最终成为战败退出历史舞台的一方，但其文化则当融入炎黄文化之中，为炎黄文化发展作出了新的贡献。炎、黄则在政治势力的重构中结成新的联盟，成为五帝时代两支重要的政治力量，他们在战争中不断塑造着新的历史篇章。

五、炎帝后裔与黄帝之间的战争

　　炎帝族应与多个羽翼氏族结成部落联盟。在炎、黄之战后，黄帝又与炎

---

　　① （唐）柳宗元撰，尹占华等校注：《柳宗元集校注》卷一五《问答·晋问》，中华书局 2013 年版，第 1038 页。

　　② 华盖：《寻找炎黄时代的远古战场——黄帝败炎帝、蚩尤的阪泉、涿鹿在何处?》，《沧桑》1993 年第 3 期，第 44—46 页；卢亚：《黄帝"河东"大战蚩尤战场盐湖经历千年华丽转身》，《山西青年报》2023 年 10 月 13 日第 16 版。

帝部落联盟的夸父、刑天发生过战争。《山海经·大荒北经》："大荒之中，有山名曰成都载天。有人珥两黄蛇，把两黄蛇，名曰夸父。后土生信，信生夸父。夸父不量力，欲追日景，逮之于禺谷。将饮河而不足也，将走大泽，未至，死于此。应龙已杀蚩尤，又杀夸父，乃去南方处之，故南方多雨。"①

应龙是黄帝族的重要羽翼势力，神话传说中以用水制敌见长。从"应龙杀蚩尤，又杀夸父"判断，夸父在蚩尤之后或与蚩尤同时，也与黄帝发生过战争并被应龙打败。但夸父又为炎帝之后裔，夸父与黄帝之战是黄帝与蚩尤之战的组成部分，《山海经·海内经》："炎帝之妻、赤水之子听訞生炎居，炎居生节并，节并生戏器，戏器生祝融，祝融降处于江水，生共工，共工生术器，术器首方颠，是复土穰，以处江水。共工生后土，后土生噎鸣，噎鸣生岁十有二。"②

后土生信，信生夸父。共工为炎帝族系，共工生后土。据此，夸父本是炎帝远系分支部落。在黄帝与蚩尤之战时，夸父参加蚩尤一方作战，与炎黄势力相抗，夸父是炎帝族中势力强大、独立性较强的羽翼势力。《山海经·海外北经》则这这样记载夸父之事："夸父与日逐走，入日。渴欲得饮，饮于河渭；河渭不足，北饮大泽。未至，道渴而死。□其杖，化为邓林。"③

夸父为共工之后，或是共工部落联盟中的子部落，有治水之能。夸父逐日之时，"河渭不足"说明河水、渭水流域出现大旱，"夸父逐日"可能与"羿射十日"相似，都属于远古时期的抗旱祈雨的巫术形式。但在大旱之时夸父对黄帝族展开过战争，最终因黄帝的应龙族蓄水更加干旱而被打败。这可能是因为治水问题而引发的早期战争。战争发生时可能处于蚩尤战败、炎黄联盟初建，夸父虽死而应龙也被罚南迁。

蚩尤与夸父丧亡后，又有刑天"与帝争神"，《山海经·海外西经》："形

---

① 袁珂校注：《山海经校注·海经新释》卷一二《大荒北经》，第360页。
② 袁珂校注：《山海经校注·海经新释》卷一三《海内经》，第394页。
③ 袁珂校注：《山海经校注·海经新释》卷三《海外北经》，第215—216页。

天与帝至此争神，帝断其首，葬之常羊之山，乃以乳为目，以脐为口，操干戚以舞。"① 刑天同样属于炎帝之臣，或属于炎帝族系的后裔或炎帝部落联盟的子部落，《路史·后纪三》："（炎帝）乃命邢天作扶犁之乐，制丰年之咏，以荐釐来，是曰下谋。"② 刑天死后"以乳为目，以脐为口，操干戚以舞"可能是说这一系炎帝部落战败后，降服于黄帝时的一种巫术仪式或巫式表演。

黄帝族与夸父、刑天之战说明，炎帝氏族的势力在战败之后仍然相当强大。在打败帝榆罔之后，黄帝势力仍与炎帝的其他部族作战，最终才确立了自己的天下共主的地位。《史记·五帝本纪》："蚩尤作乱，不用帝命。于是黄帝乃征师诸侯，与蚩尤战于涿鹿之野，而诸侯咸尊轩辕为天子，代神农氏，是为黄帝。天下有不顺者，黄帝从而征之，平者去之，披山通道，未尝宁居。"③

黄帝通过战争确立天下共主的地位，同时促进了自身文化的发展，《管子》："黄帝得蚩尤而明乎天道，得太常而察乎地利，得苍龙而辨乎东方，得祝融而辨乎南方，得大封而辨乎西方，得后土而辨乎北方。黄帝得六相而天地治，神明至。"④ 就此而言，黄帝打败其他氏族，并不是消灭其他氏族，而是融合了其他氏族的文化，促进了远古社会文化的大发展。"黄帝六相"指蚩尤、太常、苍龙、祝融、大封、后土。

后人有黄帝"四面"之说。所谓的"四面"指"合己（黄帝）者四人"，《尸子》："子贡：'古者黄帝四面，信乎？'孔子：'黄帝取合己者四人，使治四方，不谋而亲，不约而成，大有成功，此之谓四面也。'"⑤

黄帝通过战争形成了高度的威仪，《韩非子》师旷谓晋平公："黄帝合鬼神于西太山之上，驾象车而六蛟龙，毕方并辖，蚩尤居前，风伯进扫，雨师

---

① 袁珂校注：《山海经校注·山经新释》卷二《海外西经》，第196页。
② （宋）罗泌：《路史》卷一二《后纪三》。
③ （汉）司马迁：《史记》卷一《五帝本纪》，第3页。
④ 黎翔凤校注，梁运华整理：《管子校注》卷一四《五行》，第865页。
⑤ （战国）尸佼著，黄曙辉点校：《尸子》卷下，第45页。

洒道，虎狼在前，鬼神在后，腾蛇伏地，凤皇覆上，大合鬼神，作为清角。今主君德薄，不足听之；听之，将恐有败。'"① 在这威仪之中当然有诸巫驱使的鬼神在列。

六、其他炎黄势力之间的战争

在礼法文化未发达严密之前，炎黄氏族长期通婚，炎黄皆为二族的共祖。② 称此族为炎帝之后，或称此族为黄帝之后，其实仅具有相对意义。炎黄后裔之间的战争，可能本身就是炎帝族内部，或黄帝族内部之争，它们并不具有严格的族属区别意义。炎黄两大势力即使建立了部落联盟，但两氏族后裔又发生过几次较大规模的冲突，其中包括共工与颛顼"争为帝"之战。

晋郭璞注《山海经》："共工，霸九州者。"③《国语·周语》韦昭注："贾侍中：共工，诸侯，炎帝之后，姜姓也。"④。颛顼，黄帝的裔孙。⑤ 共工与颛顼之间的战争，也是因为"争为帝"而发，《淮南子·天文训》："昔共工与颛顼争为帝，怒而触不周之山，天柱折，地维绝。天倾西北，故日月星辰移焉；地不满东南，故水潦尘埃归焉。"⑥ 远古帝位的"禅让"可能只是权力更迭的形式之一，那个时代就已经存在最高权力争夺的现象。

但《淮南子·兵略训》则将这次战争的起因，描述为"共工为水害，故颛顼诛之"⑦。约略是共工以水为兵，与颛顼发生战争，反为颛顼所败。但战争过后，颛顼与共工形成联盟，共工亦为颛顼治水，《史记·律书》："颛顼有

---

① （战国）韩非著，（清）王先慎集解，钟哲点校：《韩非子集解》卷三《十过》，第65页。

② 如帝夋是许多氏族或部落之共祖，也就是众多部落的祖宗神。帝夋可以生帝鸿混沌、姜姓的四岳或炎帝、姚姓的帝舜、姬姓的周人、任姓太昊之裔的先祖，具有至高无上的上帝地位。见郭世谦《山海经构成考·八·荒经分析》，《山海经考释》，第64页。

③ 袁珂校注：《山海经校注·海经新释》卷三《海外北经》，第211页。

④ （春秋）左丘明撰，徐元诰集解，王树民、沈长云点校：《国语集解》卷三《周语下》"昔共工弃此道也"注，第93页。

⑤ （汉）司马迁：《史记》卷一《五帝本纪》，第11页。

⑥ （汉）刘安撰，何宁整理：《淮南子集释》卷三《天文训》，第163、168页。

⑦ （汉）刘安撰，何宁整理：《淮南子集释》卷一五《兵略训》，第1045页。

共工之阵，以平水害。"① 但共工"争为帝"的对象，除颛顼外，或曰高辛氏②，或曰神农氏，或曰祝融，或曰女娲。③ 共工一族可能是长期存在、势力强大的部落，所以和不同氏族发生过争"帝"的记载，甚至在禹治水时期共工族仍然存在，《荀子·成相篇》："禹有功，抑下鸿，辟除民害逐共工。"④ 但禹同样源出黄帝一系，《山海经·海内经》："黄帝生骆明，骆明生白马，白马是为鲧。"⑤ 鲧即是禹之父，共工与禹之斗争，也是炎黄斗争的余绪。

就此而言，我们所说的炎黄子孙，一是说炎黄两族通婚，我们具有炎黄血统；二是说炎黄两族长期共存，共同塑造了我们的民族文化，是我们文化认同上的祖先。但自禹之后不见共工一族的发展，约略夏朝建立之后，氏族文化融合进程加剧，共工族在漫长的历史时期中，最终融入新的氏族文化的潮流之中。阶级社会与国家的出现，在一定程度上促进了传统氏族的消失。阶级、国家不仅是政治制度上的推动力量，而且是氏族融合发展的重要推动力量。

七、战争与黄帝势力的发展

约 5000 年前黄帝、炎帝与蚩尤共同创造了灿烂远古文化，我们称炎帝、黄帝和蚩尤为"中华三祖"。黄帝打败蚩尤之后，召集各氏族部落首领"合符釜山而邑于涿鹿之阿"，黄帝成为天下的共主，并将原来各氏族、部落、部落联盟各自图腾的某一个突出特点，组创了一个虚拟的、集多物于一身的、统一共认的、具有图腾性质的"龙"，作为诸氏族部落共同的文化符号，形成了以氏族大融合、大统一、大团结为核心的涿鹿中华三祖文化，奠定了中华民族文化认同的早期基础，黄帝在中国文化发展史上占有重要的地位。

---

① （汉）司马迁：《史记》卷二五《律书第三》，第 1241 页。
② （汉）刘安撰，何宁整理：《淮南子集释》卷一《原道训》，第 44、45 页。
③ 顾颉刚、刘起釪：《尚书校释译论·尧典》，中华书局 2005 年版，第 72 页注。
④ （清）王先谦撰，王啸寰等整理：《荀子》卷一八《成相篇》，第 463 页。
⑤ 袁珂校注：《山海经校注·海经新释》卷一三《海内经》，第 390 页。

　　1973 年湖南长沙马王堆汉墓出土帛书中的《黄帝书》，有学者认为即《汉书·艺文志》著录的《黄帝四经》，是战国时"黄帝之学"的经典性文献。篇中说："昔者黄宗，质始好信，作自为象。方四面，傅一心，四达自中。前参后参，左参右参，践立（位）履参，是以能为天下宗。吾受命于天，定立（位）于地，成名于人。唯余一人，［德］乃肥（配）天，乃立王，三公，立国，置君，三卿。"① 黄帝置王与三公，同时设立诸侯的传说，说明黄帝时代已经具备了国家制度的雏形，故称黄帝为"人文初祖"。

　　黄帝本是周人的始祖，周族人后来统一了天下，并以周人为主导，将其他部族融合进来，发展成为一个包括黄、淮、江、汉广大地域的新共同体华夏民族。周人在反商之前就以"夏"称呼自己和反商联盟。如果商族仍属于炎帝系的话，那么周代商仍然属于炎黄后裔之战。炎黄的文化虽然融合但仍保持着各自的特点与氏族个体地位。炎、黄文化虽然交融但也存在各自的独立性，周代商的战争也具有一定程度的文化冲突的性质。周灭商后，分封子弟、亲戚到各地做诸侯，分封出去的诸侯也都以"诸夏"自称。由于诸夏分布在十分广阔的地域，且又处于政治、军事、文化上的主导地位，也就成了日后民族融合的核心。随着春秋战国之际民族融合的发展，华夏文化也成为新的、融合后的、新生民族的主体文化。

---

　　① 余明光：《黄帝四经今注今译》，岳麓书社 1993 年版，第 87 页。

第六章 颛顼高阳氏——夏氏族
雏形阶段的神话

　　"华夏"是我国古代史上常见的中华民族的早期称谓。在周代时，凡遵周礼、守礼义者，皆可称为华人、华族、夏人、夏族或诸华、诸夏。大约从春秋时代起，"华""夏"连用合称"华夏"。《左传正义》唐代孔颖达"疏"："中国有礼仪之大，故称夏；有服章之美，谓之华。"[1] 东汉许慎《说文解字》释"华""夏"："（华，）光华。华，夏字。"[2] "夏，中国之人也。"[3] "𓀃""𓀤"是可释读为"夏"的商代甲骨文，但其义与孔颖达疏、许慎"华""夏"差异较大。据商代甲骨文这类"夏"字的形、意特点，远古帝族因德命氏的原则，"颛顼高阳氏"实际上就是与"夏"同义的"夏"族雏形阶段的异称。

---

① 李学勤主编：《左传正义》卷五六"定公十年"，北京大学出版社1999年版，第1586页。

② 华，《说文解字》篆文"𦾓"。"荣也"。段玉裁注："见释艸。艸部曰：葩，华也。舜部曰：华，荣也。按释艸曰：蕍芛葟华，荣，浑言之也。又曰：木谓之华，艸谓之荣。荣而实者谓之秀，荣而不实者谓之英，析言之也。引伸为曲礼削瓜为国君华之字。又为光华。华，夏字。"（汉）许慎撰，（清）段玉裁注：《说文解字注》卷一二《华部·华》，第275页。

③ "夏"，《说文解字》篆文"𦡳"。段玉裁注："以别于北方狄，东北貉，南方蛮闽，西方羌，西南焦侥，东方夷也。夏，引伸之义为大也。从夊，从页，从臼。臼，两手；夊，两足也。"（汉）许慎撰，（清）段玉裁注：《说文解字注》卷一〇《夊部·夏》，第233页。

一、颛顼的神话传说

"颛顼"最早见于《山海经·海内经》。《山海经·海内经》载颛顼为黄帝玄孙，黄帝子昌意之孙，昌意子韩流之子："黄帝妻雷祖，生昌意。昌意降处若水，生韩流。韩流擢首、谨耳、人面、豕喙、麟身、渠股、豚止，取淖子曰阿女，生帝颛顼。"① 《竹书纪年》则未载颛顼之父，仅记其母女枢感"瑶光之星"而生颛顼："帝颛顼高阳氏，母曰女枢，见瑶光之星贯月如虹，感已于幽房之宫，生颛顼于若水。首戴干戈，有圣德。生十年而佐少昊氏，二十而登帝位。元年帝即位居濮。十三年初作历象。二十一年作承云之乐。三十年帝产伯鲧，居天穆之阳。"②

《史记·五帝本纪》则载颛顼为黄帝之孙，昌意之子，无韩流之事。韩流可能是身着动物面具服饰的巫的形象。在"颛顼高阳氏"中，颛顼为名，高阳为号，或高阳是颛顼所兴地名。颛顼都帝丘，约为晋代东郡濮阳。颛顼"静渊以有谋，疏通而知事；养材以任地，载时以象天，依鬼神以制义，治气以教化，絜诚以祭祀"③。似乎在历法（"时"）、鬼神、教化、祭祀等方面，做出了较大的贡献。历法代表着"天命"即天的运行规律，鬼神能够祸福人类，祭祀为尊祖敬神，教化使人之为人。这些都是远古文化的巨大成就。

秦汉时期确然存在过以颛顼命名的"颛顼历"，颛顼对中国历史的影响相当深远。历法最重要的是用于指导生活和生产，对氏族群体生活、生产的发展具有重要的促进作用。颛顼制历无疑极大地促进了远古社会发展，为颛顼族赢得了巨大的社会威望。《帝王世纪》对颛顼家世、仪容的记载更为详细："帝颛顼高阳氏，黄帝之孙，昌意之子，姬姓也。母景仆，蜀山氏女，为昌意正妃，谓之女枢。金天氏之末，瑶光之星贯月如虹，感女枢幽房之宫，生颛

---

① 袁珂校注：《山海经校注·海经新释》卷一三《海内经》，第 372 页。
② （清）郝懿行撰，李念孔点校：《竹书纪年校证》卷一《五帝纪·颛顼高阳氏》，第 3820 页。
③ （汉）司马迁：《史记》卷一《五帝本纪》，第 11 页。

项于若水。首戴干戈，有圣德。父昌意，虽黄帝之嫡，以德劣降居若水为诸侯。"①《河图》："瑶光之星，如蜺贯月，正白，感女枢幽房之宫，生黑帝颛顼。"②

所谓的"黄帝之孙"，可能是指与黄帝联盟的第三代部落，是以黄帝为核心的联盟部落之一，故"五方之天帝"中颛顼与黄帝并列，即"东方太皞、南方炎帝、西方少昊、北方颛顼、中央黄帝"，或"东方青帝、南方赤帝、中央黄帝、西方白帝、北方黑帝"③。是黄帝共治天下的"四面"之一，即"合己（黄帝）者四人"，《尸子》："子贡：'古者黄帝四面，信乎？'孔子：'黄帝取合己者四人，使治四方，不谋而亲，不约而成，大有成功，此之谓四面也。'"④

颛顼可能有治水之功，《古史考》："高阳氏，妘姓，以水德王。"⑤《山海经》对此记载道："有鱼偏枯，名鱼妇。颛顼死即复苏。风道北来，天乃大水泉，蛇乃化为鱼，是为鱼妇。颛顼死即复苏。"晋代郭璞注："言其人能变化也。"袁珂先生认为，"鱼妇当即颛顼之所化。其所以称为'鱼妇'者，或以其因风起泉涌、蛇化为鱼之机，得鱼与之合体而复苏，半体仍为人躯，半体已化为鱼，故称'鱼妇'也。"⑥"蛇化为鱼""死即复苏"可能都是巫术活动或巫术仪式。

这段记载有"大水泉"为瑞应，故称其"以水德王"。这也是颛顼"以水事纪官"的重要原因之一。传说共工与颛顼争为帝⑦，"共工为水害，故颛

---

① （晋）皇甫谧等撰：《帝王世纪》第二《五帝》，第 11 页。
② （宋）李昉等：《太平御览》卷七九《皇王部四·颛顼高阳氏》引《河图》，第 371 页。
③ 袁珂：《中国神话传说辞典》，第 60 页。
④ （战国）尸佼著，黄曙辉点校：《尸子》卷下，第 45 页。
⑤ （宋）李昉等：《太平御览》卷七九《皇王部四·颛顼高阳氏》引《古史考》，第 371 页。
⑥ 袁珂校注：《山海经校注·海经新释》卷一一《大荒西经》，第 351 页。
⑦ （汉）刘安撰，何宁整理：《淮南子集释》卷三《天文训》。

项诛之"①。《帝王世纪》所言颛顼"平九黎之乱","以水事纪官"②，反映的可能就是颛顼与共工之间的故事。"九黎"原为蚩尤所属。据此，蚩尤族被黄帝族打败后，虽然有部分氏族南迁，但仍有大部遗留在北方并保有"九黎"之号，但它们已然融入炎帝族的共工势力，并成为共工族的重要组成部分。

颛顼"平九黎之乱"，"九黎"即原蚩尤、共工所属，又融合入颛顼文化之中，扩大了颛顼文化的影响。

《帝王世纪》又详载了颛顼的功绩："生十年而佐少昊，十二年而冠，二十年而登帝位。平九黎之乱，以水承金，位在北方，主冬。以水事纪官，命南正重司天以属神，北正黎司地以属民。于是神民不杂，万物有序。始都穷桑，后徙商丘。命飞龙效八风之音作乐，作乐五英，以祭上帝。纳胜坟氏女娽，生老童，有才子八人，号八凯。颛顼在位七十八年，九十八岁，岁在鹑火而崩。葬东郡顿丘广阳里。"③

在这些贡献中，颛顼最大的"政治"贡献，在于确立了神、人相分的两类"职官"："命南正重司天以属神，北正黎司地以属民。于是神民不杂，万物有序。"④ 颛顼时代结束了以前神治民治于一"职"的传统，实现了氏族治理中的神、人相分相治的大发展，奠定了中国古代国家神权、政权相分的历史底蕴。

《史记·五帝本纪》记载颛顼统治的地域，"北至于幽陵，南至于交阯，西至于流沙，东至于蟠木。动静之物，大小之神，日月所照，莫不砥属"⑤。其中幽陵为后世的幽州，交阯则为当时的交州。蟠木应是东海中的一座大山，南朝宋裴骃《集解》引《海外经》："东海中有山焉，名度索。上有大桃树，屈蟠三千里。东北有门，名鬼门，万鬼所聚也。天帝使神人守之，一名神荼，

---

① （汉）刘安撰，何宁整理：《淮南子集释》卷一五《兵略训》，第1045页。
② （晋）皇甫谧等撰：《帝王世纪》卷二《五帝》，第11页。
③ （晋）皇甫谧等撰：《帝王世纪》卷二《五帝》，第11页。
④ （晋）皇甫谧等撰：《帝王世纪》卷二《五帝》，第11页。
⑤ （汉）司马迁：《史记》卷一《五帝本纪》，第11—12页。

一名郁垒，主阅领万鬼。若害人之鬼，以苇索缚之，射以桃弧，投虎食也。"① 这些地域可能也存在后世的附会，但它至少说明颛顼势力范围之广。

《史记》对颛顼势力范围的记述，实出《大戴礼》："宰我请问帝颛顼。孔子曰：'五帝用记，三王用度，女欲一日辨闻古昔之说，躁哉予也！'孔子曰：'颛顼，黄帝之孙，昌意之子，曰高阳。洪渊以有谋，疏通而知事，养材以任地，履时以象天，依鬼神以制义，治气以教民，絜诚以祭祀。乘龙而至四海，北至于幽陵，南至于交趾，西济于流沙，东至于蟠木。动静之物，大小之神，日月所照，莫不祗励。'"②

这种记载虽然可能夸大了颛顼势力的影响范围，但它至少说明颛顼势力影响的广大。也许那个时代的"疆域"观或"势力范围"观和现在并不相同，颛顼的势力影响所及有那个时代的特殊"计量"标准。

二、颛顼的历史贡献

为什么叫"颛顼"呢？《白虎通·号》："谓之颛顼何？颛者，专也。顼者，正也。能专正天人之道，故谓之颛顼也。"③ 这是古代对"颛顼"较为权威的解读。事实上，颛顼成为中国远古时代的五帝之一，是以其巨大的历史贡献作为基础的。据现有的文献记载与研究，颛顼的贡献主要有以下几个方面。

（一）发现夏至

颛顼有个"首戴干戈"的"圣人之相"，《竹书纪年》："帝颛顼高阳氏，首戴干戈，有圣德。"④《论衡》同样记载了颛顼"戴干"之相："黄帝龙颜，

① （汉）司马迁：《史记》卷一《五帝本纪》，第12页。
② （清）王聘珍撰，王文锦点校：《大戴礼记解诂》卷七，第119—120页。
③ （清）陈立撰，吴则虞点校：《白虎通疏证》卷二《号》，第53页。
④ （清）郝懿行著，李念孔点校：《竹书纪年校证》卷一《五帝纪·颛顼高阳氏》，第3820页。

颛顼戴干，帝喾骈齿，尧眉八采，舜目重瞳，禹耳三漏，汤臂再肘，文王四乳，武王望阳。"① 又言颛顼"并干"，《春秋元命苞》："颛顼并干，上法月参。集威成纪，以理阴阳。"②

颛顼的相貌，或"戴干戈"，或"戴干"，或"并干"。所谓的"戴"这"并"那，可能都是对"戴干"的讹写。"戴干"本来是就是"颛顼"二字字义的形象化或图像化，是对那位发现夏至这一天象的人物的形象化称谓。详见本章"商周夏字的识读""颛顼有象夏之形""颛顼为夏族始祖"部分。

颛顼"戴干"表明颛顼是发现夏至规律、拥有天命，可以"革（天）命（天的运行规律）"的圣人。夏至的发现是其促进历法进步、制定《颛顼历》的基础。制定历法同样需要建立在广泛的大地测量基础之上，这种广泛的大地测量也是颛顼势力影响广泛的历史明证。另外，历法是生产、生活的重要依据，《颛顼历》的颁行无疑促进了原始社会的发展。这也是确立颛顼"五帝"权威的重要基础之一。

(二) 颛顼制法

《淮南子》："颛顼之法，妇人不避男子于路者，祓之于四达之衢。"③ 这应在一定程度上促进了男尊女卑文化的发展，突出显示了父权势力的扩大与母系氏族社会的衰落，是远古社会发展中重要的历史转折点。但这也仅仅是社会变迁的大趋势，尚不能代表特殊的男女地位发展特点，商代妇好代商王征伐四方，肯定不在这一法律规定的范围之内。

(三) 绝地天通

黄帝、颛顼、尧都有"绝地天通"之事。这说明"绝地天通"的完成有

① （汉）王充撰，黄晖校释：《论衡》卷三《骨相篇》，第108页。
② （宋）李昉等：《太平御览》卷七九《皇王部四·颛顼高阳氏》引《春秋元命苞》，第371页。
③ （汉）刘安撰，何宁整理：《淮南子集释》卷一一《齐俗训》，第780页。

着漫长的历史过程。重、黎能够世代相称，它们应不是人名而是有特定文化"专长"，世代从事某项职业的氏族。这也体现出那个时代"官""师""名"一体的氏族文化特点。

1. 黄帝绝地天通

《尚书·吕刑》："惟吕命王：享国百年，耄荒，度作刑，以诘四方。王：'若古有训，蚩尤惟始作乱，延及于平民，罔不寇贼。鸱义奸宄，夺攘矫虔。苗民弗用灵，制以刑，惟作五虐之刑法，杀戮无辜。爰始淫为劓、刵、椓、黥。越兹丽刑，并制，罔差有辞。民兴胥渐，泯泯棼棼，罔中于信，以覆诅盟。虐威，庶戮，方告无辜于上。'"①

这约略是说蚩尤等苗民领袖，"通天接地"即集祭天治人于一体，民神同位，能假天（"神"）命，代行人事，欺"天"不报百姓"无辜"之罪，以"人"扰"神"。于是黄帝改革此制，以重、黎分担"帝"权："上帝监民，罔有馨香德，刑发闻惟腥。黄帝哀矜庶戮之不辜，报虐以威，遏绝苗民，无世在下。乃命重、黎，绝地天通，罔有降格。群后之逮在下，明明棐常，鳏寡无盖。"② 初步改变了天人关系。

2. 颛顼绝地天通

《山海经·大荒西经》："大荒之中，有山名日月山，天枢也。吴姬天门，日月所入。有神，人面无臂，两足反属于头山，名嘘。颛顼生老童，老童生重及黎。帝令重献上天，令黎邛下地。下地是生噎，处于西极，以行日月星辰之行次。"③《史记·太史公自序》："昔在颛顼，命南正重以司天，北正黎以司地。唐虞之际，绍重黎之后，使复典之，至于夏商，故重黎氏世序

---

① （清）孙星衍撰，陈抗、盛冬另点校：《尚书今古文注疏》卷二七《周书十八·吕刑》，第517—523 页。

② （清）孙星衍撰，陈抗、盛冬另点校：《尚书今古文注疏》卷二七《周书十八·吕刑》，第523 页。

③ 袁珂校注：《山海经校注·海经新释》卷一一《大荒西经》，第339 页。

天地。"①

传说中的颛顼命"重"以"司天"、命"黎"以"司地"之后，不仅一般的"民氓"没有与天神地祇交通的权利和能力，而且氏族首领也不再拥有这样的"集权"势力了。就此而言，"重、黎"本质属于中国文化中掌握天文地理、分理神事人事，能够沟通神、人的"大巫"或"官"。天、人相分在客观上弱化了氏族首领的地位，但它同时将政权与神权相分，氏族首领的"治权"得以提高，氏族社会向国家的形式发展。这种进步从黄帝时期就已经开始了。

3. 尧绝地天通

《山海经·大荒南经》："羲和者，帝俊之妻，生十日。"② 帝俊多指帝喾高辛氏。在高辛氏时代，羲和是掌日之"官"，取代了黄帝、颛顼时期的重、黎，成为新的"司天"之"官"。这应是颛顼之后，"三苗乱德"，重、黎"咸废"的表现，《汉书·律历志》："历数之起上矣。传述颛顼命木正重司天，火正黎司地。其后三苗乱德，二官咸废，而闰余乖次，孟陬殄灭，摄提失方。"③

但"羲和"应是"重黎"之后，即传承重黎掌历法之"官"，《汉书·律历志》载在尧成为"天子"之后，"复育重、黎之后，使纂其业，故《书》曰：'乃命羲、和，钦若昊天，历象日月星辰，敬授民时。''岁三百有六旬有六日，以闰月定四时成岁，允厘百官，众功皆美。'其后以授舜曰：'咨尔舜，天之历数在尔躬。''舜亦以命禹。'"④

在《汉书·律历志》中，重、黎应属"二官"。尧"复育重、黎之后"，重、黎又是特定的人物，"重、黎之后"即后世传说中的羲、和。《伪尚书孔

---

① （汉）司马迁：《史记》卷一三〇《太史公自序》，第3285页。
② 袁珂校注：《山海经校注·海经新释》卷一〇《大荒南经》，第381页。
③ （汉）班固撰，（唐）颜师古注：《汉书》卷二一上《律历志》，第973页。
④ （汉）班固撰，（唐）颜师古注：《汉书》卷二一上《律历志》，第973页。

安国传》："重即羲，黎即和。尧命羲和世掌天地四时之官，使人神不扰，各得其序，是谓绝地天通。言天神无有降地，地祇不至于天，明不相干。"[①] 据此，尧在一定程度上恢复和发展了颛顼历，在历法文化上更近于颛顼文化。

4. 何谓绝地天通

古人对"绝地天通"也有解释，其中心思想是说，传说中的蚩尤等苗民领袖，利用巫通神达人，二位一体的"职能"进行统治。神权人权的统一，是其致乱的权力基础。绝地天通则将事神治人的权力两相分隔，《国语·楚语》观射父论绝地天通："昭王问于观射父曰：'《周书》所谓重、黎实使天地不通者何也？若无然，民将能登天乎？'

对曰：'非此之谓也。古者民神不杂。民之精爽不携贰者，而又能齐肃衷正，其智能上下比义，其圣能光远宣朗，其明能光照之，其聪能月彻之，如是则明神降之，在男曰觋，在女曰巫。

是使制神之处位次主，而为之牲器时服，而后使先圣之后之有光烈，而能知山川之号、高祖之主、宗庙之事、昭穆之世、齐敬之勤、礼节之宜、威仪之则、容貌之崇、忠信之质、禋洁之服，而敬恭明神者，以为之祝。

使名姓之后，能知四时之生、牺牲之物、玉帛之类、采服之仪、彝器之量、次主之度、屏摄之位、坛场之所、上下之神祇、氏姓之所出，而心率旧典者为之宗。

于是乎有天地神民类物之官，是谓五官，各司其序，不相乱也。民是以能有忠信，神是以能有明德，民神异业，敬而不渎，故神降之嘉生，民以物享，祸灾不至，求用不匮。

及少皞之衰也，九黎乱德，民神杂糅，不可方物。夫人作享，家为巫史，无有要质。民匮于祀，而不知其福。烝享无度，民神同位。民渎齐盟，无有严威。神狎民则，不蠲其为。嘉生不降，无物以享。祸灾荐臻，莫尽其气。

---

① （清）王先谦撰，何晋点校：《尚书孔传参正》卷三一《周书》"乃命重、黎，绝地天通，罔有降格"注，中华书局 2011 年版，第 933 页。

颛顼受之，乃命南正重司天以属神，命火正黎司地以属民，使复旧常，无相侵渎，是谓绝地天通。其后三苗复九黎之德，尧复育重、黎之后不忘旧者，使复典之。以至于夏、商，故重、黎氏世叙天地，而别其分主者也。其在周，程伯休父其后也，当宣王时，失其官守而为司马氏。宠神其祖，以取威于民，曰：'重寔上天，黎寔下地。'"①

颛顼"绝地天通"，在三星堆考古中也有所印证。如霍巍先生认为，三星堆考古最大的特色，是出土了青铜面具、头像、各类人像或神像以及青铜神树等一批具有浓厚神秘色彩、造型夸张怪诞的器物群，尽管我们迄今为止尚无法对其进行准确的命名以及具体性质、功能的推断，但却总体上可以认为其与神灵、祭祀、沟通天地这类介于"人神之间"的行为活动有关。这也是考古学界多数人主张将出土这些器物的八个器物坑均命名为"祭祀坑"的主要依据。

而这一点恰恰与古史传说中帝颛顼"乃命重黎，绝地天通"这类具有巫觋性质的原始宗教仪式相契合。对此张光直先生曾有过十分精辟的论述，他认为，将世界分成天地人神等层次，是中国古代文明重要的成分，中国古代许多仪式、宗教思想和行为就是在这种世界的不同层次之间进行沟通——他称其为"萨满式世界观的特征"。而沟通天地人神，是宗教人物的重要任务。在《山海经》《楚辞》《国语》等古代文献中，颛顼"绝地天通"结束了自远古以来天地混沌、人神不分的局面，完成了人神之间的分离，天属神，地属民。

从此沟通天地人神则要仰仗巫祝与巫术，而在巫术仪式中所要借助的神秘力量则包括商周青铜器上的各种动物纹样、龟策、神山、神树等象征性器物。如果用这个观点来解释三星堆青铜器当中出现的上述这类具有神秘色彩的器物，也具有相当的合理性。帝颛顼在古史传承体系中特别显示出其在原

---

① （春秋）左丘明撰，徐元诰集解，王树民、沈长云点校：《国语·楚语下》，第512—516页。

始宗教方面有着"突出贡献"的评价，或许也在三星堆考古遗存之中找到了历史的折射光影。换言之，帝颛顼在中原黄帝这一传承体系中带有厚重宗教色彩的特点，随着中原文化向着四方的传播，也辐射影响到了西南古蜀文化，从而在三星堆考古中得到了某些印证。①

可以说，"巫"就是那个时代能够通神、具有丰富文化修养的特殊氏族群体。颛顼等远古帝王的"绝地天通"，是中国远古氏族政治中的大事，也是颛顼"正天人之道"的具体表现。"绝地天通"之事屡起，说明传统的神人合一式权力架构势力的强大，"绝地天通"推行出现过反复或仅在个别氏族实行过。但颛顼氏"绝地天通"在历史上广为传布，反映出颛顼氏这次改革的深入与影响的广泛，为华夏民族的形成奠定了文化认同的基础。

三、所见商周两代"夏"（𦥑）字的识读

前文之所以认为颛顼"戴干"本义是指颛顼发现了夏至日，这与商周甲骨文、金文"夏"字的解读不无关系。这也在一定程度上使我们认识到，中国至少在颛顼时代已经发现了"夏至日"，促进了人类社会生产、生活的进步；"颛顼"仅是发现"夏至日"之人的会意与形象化人物，属于典型的以"德"命名的远古文化现象。商周夏字的解读，多是从甲骨文"𦥑""𦥑"说起。②

（一）周代"𦥑"字的识读

商代夏字的识读是个相当困难的问题。与商代夏字识读形式不同的是，周代夏字多被释读出来。商周时期夏字的本义既应大体一致，又应具有那个

---

① 霍巍：《三星堆考古与中国古史传承体系》，《中国社会科学》2023 年第 1 期，第 91—92 页。
② "𦥑"字见商承祚《殷契佚存》，《甲骨文献集成》（第 1 册），四川大学出版社 2001 年版，第 427 页；罗振玉：《殷墟书契前编》卷七，《甲骨文研究资料汇编》（第 2 册），北京图书馆出版社 2008 年版，第 30 页第一片第 669 页。"𦥑"字见孙海波《甲骨文编》卷二，中华书局 1965 年版，第二四片第 73 页。

时代特有的文字发展关系。根据周代夏字字素、字意的特点及商代异体字发展规律，"寻找"商代甲骨文中似周代之"夏"的"夏"字，是判定商代甲骨文"夏"字的前提条件。周代金文"𦥑"是共识度较高的夏字[1]，识别这类夏字的字素、字意相对容易，我们即以其作为探讨商代"夏"字的基础。

在周代"𦥑"类夏字的字素构成方面，有学者认为"𦥑""𦥑"二字与"𦥑"皆为夏字，二者由"日""人""止""首"，或"日""止""首"等字素构成。比照构成"𦥑""𦥑"二字字素的数量、种类，在西周"𦥑"这一夏字中，"𦥑"应是"止"字符的异写，"𦥑"也是由"日""止""首"三字素构成的夏字[2]。其他学者的相关著作也将周代"𦥑"列为"夏"字。若将此"𦥑"与同书收录的"𦥑""𦥑"等夏字对比[3]，此字仍由"日""止""首"三字素构成，"𦥑"同样是"止"字符的异写。

在周代"𦥑"类夏字的本义方面，这类字是由"日""首""止"或"日""人""首""止"组成的会意字，其字的本义体现在字素合理的逻辑关系中。太阳直射北回归线时即为北半球的夏至。这是太阳能够直射的最北位置，北回归线以北日影最短、白昼最长，年太阳高度角最大。如果以人或人首为参照物描述夏至之日，此日就是最接近人体正上方之日。夏至太阳方位的"五最"特性，也可以用日的"五止"来表示：日至最北而止，日影至最短而止，日（昼）至最长而止，日至最高而止，"日在首（人）上止"。

如此，"夏至"应是周代"𦥑"的本义，是一个据太阳方位判定的特定日期，周代夏字最初可能仅是一个表达特定日期的文字符号。考察周代某字能否表达"夏至"之意，应是确定此字是否可释读为"𦥑"类夏字的参考标准

---

① 曹定云：《古文"夏"字考——夏朝存在的文字见证》，《中原文物》1995 年第 3 期，第 70 页；李学勤主编：《字源》，天津古籍出版社 2012 年版，第 485 页。

② 曹定云：《古文"夏"字考——夏朝存在的文字见证》，《中原文物》1995 年第 3 期，第 70 页。

③ 李学勤主编：《字源》，第 485 页。

之一。这就从另一个侧面说明，"䖵""䖵"与"䖵""䖵"与"䖵"实为本义相同、字素有别的异体字，学者将"䖵""䖵"与"䖵""䖵"释读为夏字都是相当合理的。

如果周代"䖵""䖵""䖵"类夏字的字素构成无误的话，那么周代此类夏字表达夏至之意的推论就是较为准确的。异体字的字素构成有别，但各异体字的本义一致。如果商代甲骨文中确实留存有这类周代夏字的异体字的话，那么不论商周这类夏字的字素有何差异，商代夏字都应能够表达出"夏至"的本义来，且与周代夏字存在着特定的合理的异体字关系。这是据周代已识读的夏字识读商代甲骨文同类夏字的基本原理。

（二）商代"䖵""䖵"可释为"夏"

如果商代确然存在夏字或某类夏字，那么其字素应与上述周代夏字存在较大差异，这也是据周代夏字识读商代夏字的难点。虽然异体字的字素并不完全相同，但商代表"夏至"之意的夏字，至少应由周代上述夏字中的两字素构成，并且与周代上述夏字存在合理的"造字"关系。然而，特别"巧合"的是，商代甲骨文中能够检索到的"䖵""䖵"二字，既与周代"䖵"类夏字有着特定的造字关系，又与这类夏字同具"夏至"这一文字本义。

1. 商代"䖵""䖵"与周代"䖵"的字素关系

商代甲骨文异体字存在合素、更素、增素、省变等异体关系[1]，商周两代文字的异体化应大致遵循着这些异体规律，商代异体字的发展规律可为识读商周异体字提供参考。商代"䖵""䖵"二字包括"日""止""页"三字素。甲骨文中"页"与"首"相通，更"页"为"首"，"日""止""首"三字素相合即为周代"䖵""䖵"字，商代"䖵""䖵"与周代"䖵""䖵"存在

---

① 马正腾：《甲骨文异体字研究》，广州大学 2010 年硕士论文，第 26 页。

合素关系的可能，"🐾""🐾"本身也就具有了更素式异体关系的特点。

通过"页""首"相通来考察商周夏字的异体关系，虽然不无道理但也存在一定的不确定性。商代甲骨文"🐾""🐾"二字与周代"🐾"类夏字形式上存在的特定的异体关系，仅是"🐾""🐾"与"🐾"能够成为异体字，释"🐾""🐾"为"夏"字的基本条件之一。如果"🐾""🐾"与"🐾"类夏字本义一致，那么商代甲骨文"🐾""🐾"就可以较为肯定地认定为与周代夏字存在异体关系的夏字了。

2. 商代"🐾"可表周代"🐾"夏至之意

《殷契佚存》《殷墟书契前编》各载一由"日""止"字素构成的"🐾"字。《殷契佚存》将此字误识为"正"（🐾）字[1]，《殷墟书契前编集释》对其未作识读而仅书作"🐾"[2]，《甲骨文编》认为二者可写作

金文"冬"

"🐾"而未作识读。[3] 除夏至具有"日止"的特性之外，冬至同样具有异于夏至"日止"的表征。按一般的字义本义的唯一性规律而言，同一字符不能具有截然相反的两个本义，"🐾"字可能处于仅有冬至或夏至知识的历史阶段，或起源于仅有冬至或夏至知识、后世传承未改，约定俗成专指夏至或冬至的历史阶段。

周代"🐾"字可省"人"变为异体字"🐾""🐾""🐾"，省"首"变为异体字"🐾"，"🐾""🐾"是周代夏字表达夏至意蕴不可或缺的构件。如果"夏季"是"夏至"之"夏"的引申义，那么"冬季"也应是"冬至"之

① 商承祚：《殷契佚存》，《甲骨文献集成》（第1册），四川大学出版社2001年版，第481页。
② 叶玉森：《殷墟书契前编集释》，《甲骨文献集成》（第7册），四川大学出版社2001年版，第473页。
③ 孙海波：《甲骨文编》，第73页。

"冬"的引申义。金文"冬"一作"🝆"。① 如果"冬季"之"冬"源自"冬至"之"冬"的话②，那么"🝈"与"🝆"就不存在任何异体关系，"🝈"就是无表达冬至之意、仅表夏至之意的"夏"字了。商承祚认为商代尚无四季区分。③ 如果这一结论正确的话，那么先商时期更当没有四季知识。二分二至是划分四季的基本时令。至少从"🝈"字"夏至"本义的唯一性看，先商时期是确然没有四季的划分的。

3. 商代"🝉"确表周代"🝊"的夏至之意

由"日""页"（首）二字素构成的"🝉"字在商代甲骨文中不仅确实存在，而且大量地、重复地存在着。④《殷墟书契前编集释》《铁云藏龟》认为其是称作"显"的"贞人名"。⑤ 从"🝉"字"🝋""🝉"的位置关系看，日在人首的正上方，或近于人首正上方的位置，这种位置表达的就是夏至之意。那么，"🝉"就是可表"夏至"之意的文字符号，而不是一个可以释读为"显"的甲骨文了，"🝊""🝉"则是在商代已经存在的两个更素式异体字。

商代"🝉"字与"🝈"字相较，"🝉"可能是早出的一个夏字。但"🝉"长期的、大量地存在，可能表明商代已经有了冬至知识，为避"🝈"表意的模糊而多用"🝉"字。当然，即使发现一年中日影最短的现象，也不一定立即就能产生"四季"观念，二分是否发现也是确定有无四季划分的重要因素。然而，由"🝈"衍生出的"🝌"（𣎜）"🝍"（宣）等字⑥，又表明"🝈"曾有

---

① 李学勤主编：《字源》，第 1021 页。

② 这一冬字中的日字素局限于带有一"横线"的"框架"之中，它表达的可能就是太阳离地平线最近、高度角最低、日光最暗之意，是和"日在头上止"的意蕴正好相反的"冬至日"，后世的"冬季"可能也是由"冬至日"引申出来的字意。

③ 商志䶒覃编：《商承祚文集》，中山大学出版社 2004 年版，第 57 页。

④ 孙海波：《甲骨文编》，第 288 页。

⑤ 叶玉森：《殷墟书契前编集释》，《甲骨文献集成》第五册，成都：四川大学出版社 2001 年版，第 388 页；刘鹗：《铁云藏龟》，《续修四库全书》九〇六册《史部·金石类》，上海古籍出版社 1995 年版，第 10 页第二片。

⑥ 孙海波：《甲骨文编》，第 289、321 页。

着广泛的社会影响。周代合"☐""☐"二字字素，以"首"特示夏至太阳方位、界定"日止"概念，形成了专表夏至含义的"☐"类异体字，夏字表意日渐成熟与完善。

四、"颛顼"有象"夏"之形

陈寅恪、朱芳圃用汉字解史的理论，为先秦文化提供了创新性的研究思路，指出了文字研究在了解中国文化的地位，是了解远古历史的基本"史料"。远古帝王及其事迹是"社会事状""文化史"上的大事，它们应是早期"文字"记录的重点。如果将"颛顼""高阳氏"的文字内涵与商代甲骨文之"☐"加以比照，那么我们不难发现"颛顼""高阳氏"具有的"☐"之形蕴。

(一)颛顼"载干"形象是对"☐"的直描

中国古代帝王的形象有"复表""临表""泰表"等，其中"泰表"为"载干"之相。① 《说文解字》释"载"："椉也。乘者，覆也。上覆之则下载之，故其义相成。"② 古代学者认为"载"与"戴"相通③，颛顼就有"戴干"的"泰表"："黄帝龙颜，颛顼戴干，帝喾骈齿，尧眉八采，舜目重瞳，禹耳三漏，汤臂再肘，文王四乳，武王望阳。"④ 颛顼"戴干"中的"戴干"，应同"龙颜""骈齿""八采"等相似，是对帝王特定体貌特征的描绘。

日是古代帝王的象征，颛顼作为远古帝王，当然附会生有日相。《广雅诂林》释"干"："甲乙为干。干者，日之神。"⑤ 有学者认为，先秦时期将十干

---

① (汉)郑玄：《周易乾凿度》，景印文渊阁《四库全书》经部（第53册），台湾商务印书馆1986年版，第881页。

② (汉)许慎撰，(清)段玉裁注：《说文解字注》卷二七《车部·载》，第727页。

③ (清)惠栋：《易汉学》，王云五主编：《丛书集成初编》本，上海商务印书馆1936年版，第11页。

④ (汉)王充撰，黄晖校释：《论衡校释》卷三《骨相篇》，第108页。

⑤ 徐复主编：《广雅诂林》，江苏古籍出版社1992年版，第728页。

称为十日，"日"与"干"是相通的。① 如此，颛顼"戴干"就是颛顼"头部覆日"的形象。这一形象与甲骨文"🜚"的"以日覆首"之形是一致的。我们据此可以认为，颛顼"戴干"就是古人对"🜚"的"直描"，"🜚"是颛顼形象的本源性符号。

（二）"颛顼"之号体现着"🜚"的特殊意蕴

《白虎通·号》认为，"颛顼"之名，起自"正天人之道"。这种解读可能并不准确。解读"颛顼"我们也需从文字入手，《说文解字》释"颛""顼"："颛，头颛颛谨兒。""顼，头顼顼谨兒。"② 释"兒"："从儿，白象面形。"③《广韵》释"谨"："絜也。"④《史记·正义》释"絜"："明也。"⑤"颛""顼"连用可表头部特别明亮，用作人名即指头部特别明亮的人。颛顼这一头部特征的形成，应由其头"戴干""覆日"所致，"颛顼"之名也是对"🜚"字"形象"的直描。用"戴干"的形象比照"颛顼"，"颛顼"名号的"🜚"之意蕴同样不无道理。

颛顼文化符号和"🜚"的关系表明，"🜚"是"颛顼""戴干"的"形象"之源，"颛顼""戴干"是对"🜚"的"直描"。古代天的运行规律就是"天命"，"颛顼"就是一个有"天命"的夏至之神。那么，"🜚"与"颛顼"就是互为表里的两个概念："🜚"是"颛顼"这一帝号之本，"颛顼"是有"🜚"之形蕴的人格神甲骨文之"🜚"是颛顼文化符号之源。

---

① 陈久金：《天干十日考》，《自然科学史研究》1988 年第 2 期，第 119—127 页；顾乃武：《远古誉尧战争与誉族的北美移民羿射十日神话的再解读》，《商丘师范学院学报》2016 年第 4 期，第 47—51 页。

② （汉）许慎撰，（清）段玉裁注：《说文解字注》卷一六《页部·颛顼》，第 419 页。

③ （汉）许慎撰，（清）段玉裁注：《说文解字注》卷一五《兒部·兒》，第 406 页。

④ 周祖谟：《广韵校本》（上册），中华书局 2011 年版，第 281 页。

⑤ （汉）司马迁：《史记》卷一《五帝本纪》，第 41 页。

（三）"高阳氏"同样是对"𣉼"意蕴的描述

《史记·五帝本纪》载："自黄帝至舜、禹，皆同姓而异其国号，以彰明德。故黄帝为有熊，帝颛顼为高阳，帝喾为高辛，帝尧为陶唐，帝舜为有虞。"[①] 据此，颛顼、喾、尧、舜应为帝"名"，高阳氏、高辛氏、陶唐氏、有虞氏应为"国号"（族称）。司马迁所言的"国号"之变，应是我们所言的五帝时期，随着氏族之"德"的变化，氏族称号随之有变的现象。如此，"高阳氏"就是颛顼的"国号"即族号，"颛顼高阳氏"本是"高阳族人颛顼"之意。

北半球的夏至这一天，是太阳高度角最高的一天，也是白昼最长、天空最亮的一天。《说文解字》释"阳"："阳，高明也。"[②] 汉代杨雄释"阳"："莹天功、明万物谓之阳。"[③] 如此，"高阳氏"中的"阳"加"高"字，表达的就是日最高、天最亮的夏至景象，"高阳氏"就是"以夏至之日"为标志的氏族，它同样是有"𣉼"之文化意蕴的美好的族称。这是中国远古太阳崇拜的重要形式之一。

"高阳氏"的象"𣉼"之形、意蕴与"𣉼"意的相通，说明"高阳氏"就是以"高阳"之名、副"夏"之实的氏族，"颛顼"则是以"颛顼"之名副"夏"之实的古帝称号，二者无一不是带"日"的、本于"𣉼"字的氏族名号。那么，"高阳氏""颛顼"实质即为夏族发展初期阶段的族称及名副其实的始祖。夏族可能有着漫长的历史发展过程与文化渊源，但颛顼时代则是其族雏形始具的时代，颛顼阶段是华夏民族形成的一个重要的阶段。

"颛顼""高阳氏"的"𣉼"之形蕴，与远古帝族的命名方式有关。司马

① （汉）司马迁：《史记》卷一《五帝本纪》，第45页。
② （汉）许慎撰，（清）段玉裁注：《说文解字注》卷二八《阝部·阳》，第731页。
③ （汉）杨雄撰，（宋）司马光集注：《太玄集注》，中华书局1998年版，第186页。

迁言："自黄帝至舜、禹，皆同姓而异其国号，以彰明德。"三国张晏言："少昊已前，天下之号象其德；颛顼已来，天下之号因其名。"[1] 如此，"高阳氏"这一国号与颛顼之名的内涵是一致的，颛顼、高阳氏皆是"象德""彰明德"的产物。氏族的"国号"皆依氏族的"功德"即社会贡献而定，燧人氏、神农氏名号即因于二者发明燧火及农业之"德"。如此，颛顼可能就是夏至的发现者，中国在颛顼时代就已经发现了夏至现象，并形成了对后世影响深远的夏氏族。

"夏至"至少是商代的生产时令，如商代甲骨文有"庚戌卜，大贞：雨不？夏辰不？获羊"。后世更有诸多有关夏至的谚俗，如"夏至有雷三伏冷，重阳无雨一冬晴"。"夏至有雷六月旱，夏至逢雨三伏热。""夏至雨点值千金。"夏至正值冬小麦收获的日子，自古以来有在此时庆祝丰收、祭祀祖先的习俗，以祈求消灾年丰。因此，夏至作为节日，被纳入了古代祭神礼典，《周礼·春官》载："以冬日至致天神人鬼，以夏日至致地示物魅，以禬国之凶荒、民之札丧。"[2] 周代夏至祭神，清除荒年、饥饿和死亡。

五、颛顼为夏族的始祖

何新认为"所谓'华族'，就是崇拜太阳和光明的民族。而日华之华，可能就是华夏民族得名的由来"[3]。"夏"同样具有太阳崇拜的意蕴。从商代甲骨文"𤔗""𦣻"与周代"𤕰""𩑶"的字素关系、二者"夏至"本义的一致性看，"𤔗""𦣻"应当就是周代"𤕰""𩑶"类夏字的本字。"颛顼"与"高阳氏"都是反映"𦣻"之形蕴的特殊符号："高阳氏"是夏氏族在颛顼时代的族称，"颛顼"则是夏氏族的始祖性人物。颛顼时代是华夏民族形成的重要阶

---

[1] （汉）司马迁：《史记》卷一《五帝本纪》，第49页。

[2] （清）孙诒让著，汪少华整理：《周礼正义》卷五三《春官·神仕》，中华书局2015年版，第2684、2685页。

[3] 何新：《诸神的起源——中国远古太阳神崇拜》，光明日报出版社1996年版，第62页。

段，以"德"立国则是夏氏族形成的内在动力。鲧称"崇伯"、禹称"有崇"中的"崇"，仍有"高阳"中的"高"意。氏族盛衰不同，称号有别实属自然。

在公元前2500年左右的颛顼时代，我国远古先人已经发现了"夏至"这一重要的季候节点，促进了社会生活、生产的发展。这是华夏文明发展进程中的大事。周代对特定类型的商代夏字的整合导致的商周夏字形体的变化之大、商代夏字的难以识读，从一个侧面反映了周代正经历着巨大的社会变革以及由此造成的时代文化隔膜。颛顼以其特殊的历史贡献，成为中华民族发展史上的里程碑式的人物。《说文解字》认为"华"有"光华"之意，与"夏"字相通，道出了"华""夏"具有的太阳崇拜的共同意蕴，但从"夏"字"夏至之日"的意蕴看，"华""夏"又应具有一定程度的区别。至于"服章之美""礼仪之大""中国人也"，则是后世对华夏民族特质文化的非本原性概括。

第七章　喾尧战争与高辛文明远播
——商文化跨洋流布假说

美国华裔学者张光直先生认为，同一祖先的后代，在不同时代、不同地点，创造了中国文明与古代中美洲文明。[①] 中国古代文明与古代中美洲文明的相似性，集中体现在殷商文明与玛雅文明的共性上，商人的某一祖先可能也是玛雅人之祖。[②] 那么，在商族哪位先祖时期，商族大体分裂出两大部分，且其中一部迁往美洲、发展为玛雅文明呢？从羿射十日神话的基本内容、反映的历史实质及事件发生的真实性看，这则神话可能揭示了在4000多年前商人先祖帝喾高辛氏统治末期，尧族对喾族发动战争及喾族战败分裂后，部分喾族徙往北美地区，形成两大异地同源文明的发展之事。[③]

---

① 张光直：《考古学专题六讲》第一讲《中国古代史在世界史上的重要性》，文物出版社1986年版，第21页。

② 朱存明：《环太平洋文化中的华夏文明与美洲文明》，《徐州师范学院学报（哲学社会科学版）》1990年第2期，第76—83页；张启成：《美洲古文明与中华古文明之关系兼述美洲远古时期的亚洲移民》，《贵州文史丛刊》2000年第1期，第1—8页。

③ 学界对羿射十日的研究，主要包括神话文本之源及其寓意两大方面，如月朗《从气象学看"后羿射日"神话形成的根据》（《民族文学研究》1989年第3期）、何丙郁《古籍中的怪异记载今解》（薄树人编：《中国传统科技文化探胜》，科学出版社1992年版）、李忠华《羿射日除害神话探源》（《思想战线》1993年第1期）、闫德亮《论后羿射日神话的产生与演变》（《中州学刊》2002年第3期）、高福进《射日神话及其寓意再探》（《思想战线》1997年第1期）、李飞《信仰·仪式·神话"产翁"与"射日"习俗解析》（《贵州民族研究》2012年第1期），但对羿射十日反映的喾尧战争、喾族的分裂与一部徙往美洲问题尚无探讨。

一、羿射十日神话的文献记载

中国远古"十日并出"的传说并不鲜见，如《汲冢书》："（夏帝）胤甲居于河西，天有妖孽，十日并出。"①《竹书纪年》："（夏）帝廑，一名胤甲。元年己未，帝即位，居西河。""八年，天有祅孽，十日并出，其年陟。"② 我们常说的"后羿射日"，起因即是"十日并出，焦禾稼，杀草木，民无所食"，"百兽"祸害人间。③ "后"指帝王，但射日之羿，并非帝王，"后羿"是错误的表述。"羿射十日"神话，现存文献始见于《楚辞·天问》："羿焉彃日？乌焉解羽？"④ 但这一记载不过寥寥数语。

但从羿射十日神话辑录于其他文献的佚文看，古本《山海经》中可能存在关于"羿射十日"的记载，到唐代已无详载，唐代成玄英《庄子·秋水》疏引《山海经》："羿射九日，落为沃焦。此言迂诞，今不详载。"⑤ 虽无详载，但到宋代《山海经》仍然可见射日之痕，如宋代类书《锦绣万花谷》前集卷一引《山海经》："尧时十日并出，尧使羿射十日，落为沃焦。"⑥ 说明古本《山海经》中有羿射日的故事，但在后来散佚了。

为什么会散佚呢？在中国封建时代，"日"是封建帝王的象征，"日为君象"⑦，"天无二日，土无二王"⑧。这种动不动就"射日"的习俗，无疑是对帝王权威的挑战，不经删改无表敬畏皇权之心，"射日"神话当然不会存在于《山海经》中，其散佚也就见怪不怪了。

---

① （宋）李昉等：《太平御览》卷四《天部四·日》引《汲冢书》，第 18 页。

② （清）郝懿行著，李念孔点校：《竹书纪年校证》卷三《夏纪二·帝廑》，第 3842、3843 页。

③ （汉）刘安撰，何宁整理：《淮南子集释》卷八《本经训》，第 574—578 页。

④ （宋）洪兴祖注，白化文等点校：《楚辞补注》卷三《天问章句第三·离骚》，第 97 页。

⑤ （清）郭庆藩撰，王孝鱼点校：《庄子集释》卷六下《秋水》，第 565 页。

⑥ （宋）佚名：《锦绣万花谷》卷一《日》，景印文渊阁《四库全书》子部·类书类（第 924 册），上海古籍出版社 1995 年版。

⑦ （清）阮元校刻：《春秋左传正义》卷五〇"昭公二十一年"，《十三经注疏》清嘉庆刻本，第 4557 页。

⑧ 杨天宇：《礼记译注·曾子问第七》，第 230 页。

后出的《淮南子·本经篇》对羿射十日的记载则大为丰满："尧之时，十日并出，焦禾稼，杀草木，而民无所食。猰貐、凿齿、九婴、大风、封豨、修蛇，皆为民害。尧乃使羿诛凿齿于畴华之野，杀九婴于凶水之上，缴大风于青邱之泽，上射十日而下杀猰貐，断修蛇于洞庭，禽封豨于桑林。万民皆喜，置尧以为天子。于是天下广狭、险易、远近，始有道里。"①

如果尧使羿射日，羿为尧"臣"，那么羿射日当然可归功于尧，羿射十日也可写成尧射十日之文。射日之人为羿为尧，并无本质区别。传"日中有踆乌"②，"踆乌"又称"阳乌""金乌"。此乌即为《楚辞·天问》中"弹日、解羽"之乌，也即"羿射中其九日，日中乌尽死"之乌。《汉武洞冥记》以此乌三足，为"日驭"即"载日的马车夫"："（东方朔）曰：'东北有地日之草，西南有春生之鱼。'帝曰：'何以知之？'朔曰：'三足乌数下地食此草。羲和欲驭，以手掩乌目，不听下也。'"③

二、羿射十日反映的喾尧战争

首先，《淮南子·本经训》射日"故事"表明，羿射十日应发生在喾尧兴替之际。《本经训》的记载虽然说羿射十日发生在"尧之时"，但羿射十日发生之时，尧尚未拥有"天子"的地位，似仅为势力强大的一方部落。在五帝神话传说中，尧是在帝喾之后为帝的，那么羿射十日的神话传说，也可以说是发生在帝喾统治的末期，更确切地说是发生在喾尧二族的兴替之际。《淮南子·本经训》仅仅记录了"尧之时"，站在尧的角度记录这次事件，重要"人物"限于尧、羿二"人"，而略去喾为"天子"的这一历史事实，当是后人站在尧族的角度对这一"事件"的追述。

---

① （汉）刘安撰，何宁整理：《淮南子集释》卷八《本经训》，第574—578页。
② （汉）刘安撰，何宁整理：《淮南子集释》卷七《精神训》，第508页。
③ （汉）郭宪：《汉武洞冥记》卷四，景印文渊阁《四库全书》子部·小说家类（第1042册），上海古籍出版社1995年版。

其次，喾尧兴替应是以暴力为基础的。尧族取代喾族的时代背景，尧命羿除凶的原因，似是在喾族统治末期，十日并出，大旱民饥，"怪兽"为害。在远古信仰天命的历史时期，上述现象就是天谴帝喾，降灾于民，喾失天命，天命将革的表现。其结果则是尧"应天命"，济民于涂炭，德被天下，"民"置尧为天子。尧就是上应天命、下顺民心的古代帝王的典型。这应是喾尧之际敬天文化存在与发展的产物。但尧为天子本质上是通过"暴力"实现的。不论这种"暴力"的对象是什么，尧族"暴力"活动的最终结果，是尧（族）取代喾（族）成为"天子"（部落联盟之主），暴力活动是以取代喾族为指向的。

最后，尧族似以暴力剪除喾族的羽翼部落。在远古神话传说中，伏羲、女娲、蚩尤等人类先祖，大多属于半人半兽的"怪物"形象。半人半兽之名应是这些人或部族之号。如《山海经》记载的凿齿即为一持盾之人："有人曰凿齿，羿杀之。"[1] "羿与凿齿战于寿华之野，羿射杀之。在昆仑虚东。羿持弓矢，凿齿持盾。一曰戈。"郭璞云："凿齿亦人也，齿如凿，长五六尺，因以名云。"[2] 所以凿齿并非"兽"而是"人"。与其说是"人"，可能更是"人化"的氏族。

如果猰貐、凿齿、九婴等亦为部落之称，尧在剪除这些部落之后取代喾为天子，那么这些部落可能就是喾族的羽翼部落。但喾、尧已经摆脱了半人半兽、或以生物特征命名的形象，其发展阶段可能要高于被羿打败的氏族。尧取代喾成为天下共主就是以暴力为基础的"禅代"，喾尧兴替也是以暴力为基础的氏族集团的兴替，喾尧禅让可能仅是一种政权交替的理想化传说。在文字体系尚未发展到足以记录先祖历史，以口耳相传记诵先祖故事的过程中，"道德化"历史事实属正常的文化现象，尧就是以"拯救人类"的"道德圣贤"的形象出现在历史舞台上的。

---

① 袁珂校注：《山海经校注·海经新释》卷一〇《大荒南经》，第317页。
② 袁珂校注：《山海经校注·海经新释》卷一《海外南经》，第184页。

《淮南子·本经训》对"羿射十日"的记载表明，在喾族末期社会动荡、天象异常、天命将变的历史背景下，尧族以暴力剪除喾族势力，完成了不同氏族"统治"或"共主"地位的更迭。《淮南子·本经训》载夷羿"缴大风于青丘之泽"，高诱注："大风，风伯也，能坏人屋舍。"[①] "大风"并不是什么怪物，而是一个具有神性的"风伯"。"风伯"可能也是部落首领。但从另一个侧面看，"羿射十日"中的"九婴"，本身即为喾族的组成部分。"羿射十日"中的这些历史要素，都指向了喾尧矛盾这一焦点。

三、如何解读"十日并出"现象

我们解读"十日并出"现象，首先应当从"十日"记载的本源说起；对"十日"本源的解读又当建立在当时的"十日"语境的基础之上，否则极易对"十日并出"产生误解。我们现在更多地将"十日并出"理解为多个"幻日"现象，但如果结合"十日并出"的历史场景，我们又会发现这一现象并非"十幻日同现"这么简单。"十日并出"可能是对特定的气候干旱现象的"占卜性"解读，"射日"则是除旱祈雨的巫文化现象。

（一）文献记载中的"十日"

在解读"十日并出"现象之前，我们不妨先梳理下"十日事件"。首先是黄帝时期的"十日"，《山海经·海外西经》吴任臣注引《冠编》："羲和为黄帝日官，赐土扶桑，扶桑后君生十子，皆以日名，号十日。"[②] 在这里，"十日"是羲和也即"扶桑后君"所生的"十日"，羲和为黄帝的"日官"即观测、掌握太阳运行规律之"官"。黄帝时期应是女娲时期"十日"文化的大发展。但到"扶桑后君""生十子，皆以日名"时，可能已经到了帝喾高辛氏时

---

① （汉）刘安撰，何宁整理：《淮南子集释》卷八《本经训》，第575页。
② （清）吴任臣撰，吴兴芬整理：《山海经广注》卷七《海外西经》引《冠编》，凤凰出版社2018年版，第170页。

代了。

其次是女娲时期的"十日"，《路史·发挥一》注引《尹子·盘古篇》："共工触不周山，折天柱，绝地维。女娲补天，射十日。""世遂有（女娲）炼石成霞，地势北高南下之说。"① 颛顼生活在黄帝之后或与黄帝同时。就文献记载中的人物看，"女娲补天射日"发生在黄帝之后或与黄帝同时。如果女娲属于伏羲族系的话，那么这是伏羲族系的一次"射日"神话；伏羲族系在黄帝时期仍有旧的氏族存在。

誉尧时期的"十日"，《山海经·大荒南经》："东南海之外，甘水之间，有羲和之国。有女子名曰羲和，方日浴于甘渊。羲和者，帝夋之妻，生十日。"郭璞注："羲和盖天地始生，主日月者也。……作日月之象而掌之，沐浴运转之于甘水中，以效其出入汤谷虞渊也。"② 帝夋为商的先祖，通常认为其是帝誉高辛氏。这里的羲和为帝夋之妻，应是人格化的掌日运行、与帝夋通婚的氏族部落。《淮南子·本经篇》中的"十日并出"也是对誉尧"十日"的描述。③

夏商时期的"十日"，《山海经·海外西经》："女丑之尸，生而十日炙杀之。在丈夫北，以右手鄣其面。十日居上，女丑居山之上。"此前有"夏后启"的记载，"女丑"可能生活在夏启（禹之子，夏朝建立者）时期，因此"十日"暂定为有夏时期的氏族。④《汲冢书》："（夏帝）胤甲居于河西，天有妖孽，十日并出。"又言："本有十日，迭次而运照无穷。"⑤《竹书纪年》："（夏）帝廑，一名胤甲。元年己未，帝即位，居西河。""八年，天有祅孽，十日并出，其年陟。"⑥

---

① （宋）罗泌：《路史》卷三二《女娲补天说·发挥一》注引《尹子·盘古篇》。
② 袁珂校注：《山海经校注·海经新释》卷一〇《大荒南经》，第323—324页。
③ （汉）刘安撰，何宁整理：《淮南子集释》卷八《本经训》，第574—578页。
④ 袁珂校注：《山海经校注·海经新释》卷二《海外西经》，第199页。
⑤ （宋）李昉等：《太平御览》卷四《天部四·日》引《汲冢书》，第18页。
⑥ （清）郝懿行著，李念孔点校：《竹书纪年校证》卷三《夏纪二·帝廑》，第3842、3843页。

商代的"十日"现象，出现在帝辛时期，武王伐纣，"当战之时，十日乱于上，风雨击于中"①，黄河断流，"河竭而商亡"②。《竹书纪年》载："（帝辛）五年，雨土于亳。"③《墨子·非攻上》则为"十日雨土于薄"："遝至乎商王纣，祀用失时，兼夜中，十日雨土于薄，九鼎迁止，妇妖宵出，有鬼宵吟，有女为男，天雨肉，棘生乎国道，王兄自纵也。"④ 清代孙诒让案："李淳风《乙巳占》亦引《墨子》曰："商纣不德，十日雨土于亳。"⑤

但"羲和"应是"重黎"之后，即传承重黎掌历法之"官"，《汉书·律历志》载在尧成为"天子"之后，"复育重、黎之后，使纂其业，故《书》曰：'乃命羲、和，钦若昊天，历象日月星辰，敬授民时。''岁三百有六旬有六日，以闰月定四时成岁，允厘百官，众功皆美。'其后以授舜曰：'咨尔舜，天之历数在尔躬。''舜亦以命禹'"⑥。但从黄帝、颛顼、尧"绝地天通"的记载看，重、黎则是三者重要的历象之官。

（二）"十日并出"的通常解读

对"十日"为何物，古代就有争议。东汉王充就认为"天无十日"。黄晖《论衡校释·说日》中注引《淮南子》："烛十日。尧时十日并出，万物焦枯。尧上射十日，以故不并一日出也。"⑦ 今本《淮南子》已无这段文字记载。但其时"儒者说日，及工伎之家，皆以日为一"⑧。"世俗又名甲乙为日，甲至癸凡十日"，"通人谈士，归于难知，不肯辨明，是以文二传而不定，世两言

---

① （汉）刘安撰，何宁整理：《淮南子集释》卷一五《兵略训》，第1065页。
② 徐元诰撰，王树民、沈长云点校：《国语集解·周语上第一》，第27页。
③ （清）郝懿行著，安作璋主编：《竹书纪年校证》卷八《商纪四·帝辛》，《郝懿行集》，齐鲁书社2010年版，第3871页。
④ （清）孙诒让撰，孙启治点校：《墨子间诂》卷五《非攻下》，中华书局2001年版，第149—150页。
⑤ （清）孙诒让撰，孙启治点校：《墨子间诂》卷五《非攻下》，第149—150页。
⑥ （汉）班固撰，（唐）颜师古注：《汉书》卷二上《律历志》，第973页。
⑦ （汉）王充撰，黄晖校释：《论衡校释》卷一一《说日篇》，第509页。
⑧ （汉）王充撰，黄晖校释：《论衡校释》卷一一《说日篇》，第508页。

而无主"。①

"工伎之家"即卜者，《论衡》："工伎之书，起宅盖屋必择日。"② 王充认为，"诚实论之，且无十焉"③。"（十日），意似日非日也。"④《山海经》传为禹、益所作，"然则所谓十日者，殆更自有他物，光质如日之状，居汤谷中水，时缘据扶桑，禹、益见之，则纪十日"。这些"日""大如斗筐"，"十日似日非实日也"。⑤ 王充虽认为"十日"是汤谷扶桑上的"类日"之物，"似日而非实日也"。但具体为何物并无解答。当代对"十日并出"的通常解读则更为具体。

清代梁章钜《浪迹三谈》："《唐书·突厥传》言突厥盛夏而霜，五日并出，以为灾异也。然今塞北苦寒之地，盛夏而霜，固无足异，即三日、五日并出，亦时时有之。盖寒气逼天，凝为此状，非日出也。"⑥ 至少在清代的塞北苦寒地区，三日、五日并出的现象并非不可见。这些"日"由"寒气相凝"而成，属于"幻日"之见就相当科学。但西方人认为远古"十日并出"，是"昔人特作寓言"。⑦ 这种说法又似过于简单。

我们今天对远古这些"十日"的记载，更多地认为属于由特殊天气现象形成的"假日"。在傍晚半透明的薄云中竖直排列着许多六角形的柱状晶体，当太阳光照射在一根根晶体上时就会发生很有规则的折射，通过折射的光线在人们的眼中会产生虚像，有时人们眼中会有 3 个、4 个甚至 5 个太阳。但这样的多日并无法形成天下大旱的气候。如今在特殊的气候条件下，也存在十

---

① （汉）王充撰，黄晖校释：《论衡校释》卷一一《说日篇》，第 509 页。
② （汉）王充撰，黄晖校释：《论衡校释》卷二四《讥日篇》，第 995 页。
③ （汉）王充撰，黄晖校释：《论衡校释》卷一一《说日篇》，第 509 页。
④ （汉）王充撰，黄晖校释：《论衡校释》卷一一《说日篇》，第 509 页。
⑤ （汉）王充撰，黄晖校释：《论衡校释》卷一一《说日篇》，第 510、511 页。
⑥ （清）梁章钜撰，陈铁民点校：《浪迹三谈》卷六《筥》，中华书局 1997 年版，第 501 页。
⑦ ［葡］孟儒望：《天学略义》"序"，周振鹤主编：《明清之际西方传教士汉籍丛刊》第一辑，凤凰出版社 2013 年版，第 82 页。

个太阳并出的幻日现象，然而这一现象的天气条件和机会相当苛刻。①

（三）"十日"是对现实的扭曲反映

"十日"到底是由什么原因形成的呢？我们应当站在历史的角度来看这个问题。"幻日"仅是为"十日"观的形成提供了现实思考的依据，"十日"更多的是对现实世界的扭曲反映。《山海经》汤谷水中扶木有"十日"，"九日居下枝，一日居上枝"。②"一日方至，一日方出，皆载于乌。"③"汤谷"可能是古代地理环境中，人们能够观测到或想象出的长有扶桑木的东方古地，当时的太阳就是从这个最东的谷地升起。《山海经》所载"日出""日入"之山各约六处，"汤谷"则是当时的"栖日"之地。

在中国古代文化中，"天道之大者在阴阳。阳为德，阴为刑；刑主杀而德主生。是故阳常居大夏，而以生育养长为事；阴常居大冬，而积于空虚不用之处。以此见天之任德不任刑也"④。《广雅》："甲乙为干。干者，日之神。"⑤《史记·律书》载万物生长有十个阶段，这十个生长阶段与十天干相联。⑥古人在解释万物生长的十个阶段时，可能认为每一生产阶段各由一日神所主。《礼记·月令》十天干反映的季候与生产生活关系也大体如此。⑦

据此，汤谷"十日"应是对万物十个生长阶段成因的曲解，"十日"也成为人们心目中的"信日"文化。在这种"十日"文化的基础上，远古时期又形成了历法上的"占日"文化。《山海经·大荒南经》晋代郭璞注："羲和，盖天地始生，主日月者也。……作日月之象而掌之，沐浴运转之于甘水中，

---

① 何丙郁：《古籍中的怪异记载》，载《中国科技史论集》，辽宁教育出版社2001年版，第155—159页。
② 袁珂校注：《山海经校注·海经新释》卷四《海外东经》，第231页。
③ 袁珂校注：《山海经校注·海经新释》卷九《大荒东经》，第354页。
④ （汉）班固撰，（唐）颜师古注：《汉书》卷五六《董仲舒传》，第2502页。
⑤ 徐复主编：《广雅诂林》，江苏古籍出版社1992年版，第728页。
⑥ （汉）司马迁：《史记》卷二五《律书第三》，第1243—1248页。
⑦ 杨天宇：《礼记译注·月令第六》，上海古籍出版社2004年版，第172—219页。

以效其出入汤谷虞渊也。"① 羲和"做日月之象而掌之",所做"日之象"即为"占日",《淮南子·审分览》：

> 大桡作甲子，黔如作房首，容成作历，羲和作占日，尚仪作占月，后益作占岁，胡曹作衣，夷羿作弓，祝融作市，仪狄作酒，高元作室，虞姁作舟，伯益作井，赤冀作臼，乘雅作驾，寒哀作御，王冰作服牛，史皇作图，巫彭作医，巫咸作筮。此二十官者，圣人之所以治天下也。②

羲和、尚仪等所作"占日""占月"，是专门供占卜的日、月等的"模拟物"。根据这条史料，"占日"所"效"之日首先应有扶木、十日与载日之乌，其次日之运转应有天、地模型，时日、季候刻度标记，并与扶木、日具有对应关系。就这些论述看，羲和"主日月"应有一套比较成熟的"仪器"，通过这套"仪器"测算太阳的运行与季候节点。

"十日"和季候、生产、生活的关系不仅形成了"十日"观和"主日月"的羲和历法官，而且形成了建立在"十日"文化基础上的"十月太阳历"。"十月太阳历在我国这块土地上至少行用了四千余年"③。但按传统文献记载，高辛氏时期此历法已经出现了错乱的现象，《汉书·律历志》："历数之起上矣。传述颛顼命木正重司天，火正黎司地。其后三苗乱德，二官咸废，而闰余乖次，孟陬殄灭，摄提失方。"④

唐代《古今通占（镜）》纂集黄帝、巫咸以下诸家及隋以前诸史《天文志》⑤，其载天文历象往往为国家治理之兆，如《路史·十日》："众日并出，天下分裂，百官名设，政令不行。三日并出，诸侯争，洪水出。……占：三、四、五日见，天下兵，王者如其数。……君有失道，则两日并斗，三日出争，

① 袁珂校注：《山海经校注·海经新释》卷一〇《大荒南经》，第 323—324 页。
② 许维通：《吕氏春秋集释》卷一七《勿躬》，第 450—451 页。
③ 詹克明：《远古"十月太阳历"》，《寻根》2013 年第 2 期，第 23—28 页。
④ （汉）班固撰，（唐）颜师古注：《汉书》卷二一上《律历志》，第 973 页。
⑤ （宋）陈振孙：《直斋书录解题》卷一二《历象类》，上海古籍出版社 1987 年版，第 364 页。

以至十日并出，大乱之道。……夏桀之乱，两日并出。商纣之世，两日又见，其一将殁，一方出故。《考灵曜》：黑帝之亡，二日并照。"① 这些天象同样可作为灾异之兆，如"三日并出，诸侯争，洪水出"。

（四）"十日并出"中的"十日"为"占日"

就与"十日"相关的天人现象看，"十日"主万物生长，可司雨、司命，致雨旱，定生死，兆国运。"十日"与雨旱、生死、国运的如是关系，应建立在崇拜"十日"的氏族群体之中。据"十日并出"的时间分布看，从传说中的黄帝到商朝末期这段至少上千年的时间内，是"十日并出"现象的存在与发生期。女娲、高辛氏、尧、夏、商都存在"十日并出"现象，它们应属于崇拜"十日"文化的氏族或国家。

这是早期"十日"文化的重要内涵。但"十日"并非决定雨旱、生死、国运的充要条件，雨旱、生死、国运亦有其他决定因素，如早期的"魃"就是重要的旱神，雨师则是重要的雨神，商汤大旱也非由"十日并出"而致。在中国古代的阴阳文化中，存在据灾异"推算""阴阳错行"现象，如西汉董仲舒"以《春秋》灾异之变推阴阳所以错行，故求雨闭诸阳，纵诸阴，其止雨反是。行之一国，未尝不得所欲"②。但董仲舒"求雨闭诸阳，纵诸阴，其止雨反是"，则属于具有巫术形式的求雨止雨活动。

晋代郭璞认为，"十日"为"推算之日"即"占日"，《山海经传·海外东经》郭璞注《海外东经》"有大木，九日居下枝，一日居上枝"："明天地虽有十日，自使以次第选出运照。而今俱见，为天下妖灾，故羿秉尧之命，洞其灵诚，仰天控弦，而九日潜退也。假令器用可以激水烈火，精感可以降霜回景，然则羿之铄明离而毙阳乌，未足为难也。若搜之常情则无理矣，然推之以数则无往不通。达观之客宜领其玄致，归之冥会，则逸义无滞、言奇

① （宋）罗泌：《路史》卷四七《余论十·十日》。
② （汉）司马迁：《史记》卷一二一《儒林列传·董仲舒》，第3128页。

不废矣。"①

但无论如何推之以"数",都离不开特定的"十日"文化的时代背景,离开这个背景则无论如何无法以"数"推知"十日"的本来面目。

甲骨文"辛"字之"一"体现着远古时期,已经形成了八卦文化、阴阳文化的雏形,而"易文化"在传说中的燧人文化中已经存在,伏羲更是进一步发展了易文化。在"十日"崇拜的文化环境中,"推算"或"占卜"喾尧之际天下大旱,夏帝廑"天有妖孽",商末夜中雨土、河竭的成因,应是以"十日并出""十日乱于上"的"占象"表现出来。据此,"女娲补天射十日"、"羿射十日"、夏帝廑时期的十日、商末十日应是对这些灾异的"占象"的描述。

这在很大程度上说明,在远古神话传说的相关记载中,保留着特定的"巫文化语言",如黄帝蚩尤之战中,风伯、雨师、女魃多是熟谙气候的"巫"类。有巫就有巫的语言。战后旱神魃"不得复上,所居不雨。叔均言之帝,后置之赤水之北。叔均乃为田祖。魃时亡之。所欲逐之者,令曰:'神北行!'先除水道,决通沟渎"②。"神北行"就是以巫术逐旱神之语。女娲补天、羿射十日同样具有巫文化的特点。这也是鲁迅《中国小说史略》认为《山海经》"盖古之巫书"的表现之一。③

(五)"羿射十日"为求雨活动

冯天瑜先生认为,羿射十日等射日神话,"都是初民借助幻想,解除干旱和酷热的一种努力"④。事实上,那时的"射日"当是一种巫术消灾仪式。巫术的成因一是先民意识到生存的艰难困苦,尤其是死灭的万劫不复;二是迷

---

① (晋)郭璞传,(清)郝懿行笺疏,张鼎三等校:《山海经笺疏》第九《海外东经》,齐鲁书社 2010 年版,第 4920 页。

② 袁珂校注:《山海经校注·海经新释》卷一二《大荒北经》,第 362 页。

③ 鲁迅:《中国小说史略》第二篇《神话与传说》,第 17、18 页。

④ 冯天瑜:《上古神话纵横谈》,上海文艺出版社 1983 年版,第 145 页。

信于神灵的佑助，错以为借助神力而人自己可以战胜一切的苦难和死亡，出于先民对自身力量盲目的迷信；三是迷信天人、物物、人人与主客之间的神秘"感应"。英国人类学家弗雷泽曾说："巫术的首要原则之一就是相信感应。"① 巫术的发生必须同时具备这三大条件，三者缺一不可。

古代的祭日仪式源于先民对自然的崇拜。在面对强大而神秘莫测的自然力时，祭祀成为先民克服恐惧的精神法宝。太阳所代表的丰产、温暖和希望，使太阳成为先民最早崇拜的对象。先民将太阳崇拜抽象化、符号化，记于神话中。《山海经·大荒南经》云："东南海之外，甘水之间，有羲和之国。有女子名曰羲和，方日浴于甘渊。羲和者，帝俊之妻，生十日。"郭璞注："羲和盖天地始生，主日月者也……作日月之象而掌之，沐浴运转之于甘水中，以效其出入汤谷虞渊也。"②

据郭璞的描述，"羲和浴日"，是羲和双手运转"日月之象"——日月的模型——以"效"日月的"出入"。通过模仿日月之象的升降，"主"日月的运行。这是典型的模拟型巫术，是主日神话中巫术仪式的情景再现，羲和则扮演着主日月之巫的角色。这和《淮南子·审分览》中羲和、尚仪"占日""占月"之意是一致的。羿也可能具有巫的身份或能履行巫的职能。张福三在《太阳·乌鸦·巫师——对我国太阳神话的一点思考》一文中解读汉代射日祭祀图，认为"祭祀图所反映的就是羿在射九日"③。其中的"乌"应当就是模拟之"日"，羿射日则是对巫术活动场景的记述。

古人也知射日虚妄不实，《论衡》卷五《感虚篇》："儒者传书，言尧之时，十日并出，万物燋枯。尧上射十日，九日去，一日常出，此言虚也。"李立先生强调："《淮南子·本经训》中，羿杀猪形水神'封豨'，蛇形旱神

① ［英］詹姆斯·乔治·弗雷泽：《金枝》上册，赵昶译，陕西师范大学出版社 2010 年版，第 27 页。

② 袁珂校注：《山海经校注·海经新释》卷一〇《大荒南经》，第 323—324 页。

③ 张福三：《太阳·乌鸦·巫师——对我国太阳神话的一点思考》，《民族艺术研究》2002 年第 10 期，第 37—38 页。

'修蛇'的神话情节，实即止雨抗涝和求雨抗旱的巫术仪式。"① "十日"既然可作为占卜之"物"，它当然也是巫术可以影响的"巫物"。但这些论述并未举出相关的实例。

如果细绎史料，我们不难发现，"射日"确实是有求雨的作用。"射十日"又名"烛十日"，东汉王充《论衡》引《淮南子》："'烛十日。尧时十日并出，万物焦枯，尧上射十日。'以故不并一日见也。"② 今本《淮南子》已无此句。《淮南子·俶真训》："（真人）烛十日而使风雨。"③ "射十日""烛十日"的目的，是"使风雨"即求雨。这也正是"羿射十日"的根本目的。这也说明当时的"十日"或"日"是具有司雨功能的"神"。

但从"十日"的"占日"属性看，羿"射日"之类的巫术仪式，大体应是射"模拟之日"。《山海经》郭璞注引《淮南子》："尧乃令羿射十日，中其九日，日中乌尽死。"④《淮南子》："日中有踆乌。"⑤ 又："若木在建木西，末有十日，其华照地。"东汉高诱注："末，端也。若木端，有十日，状如连珠，华光照其下地。"⑥ 又："日者，阳之主，是以春夏则群兽除角。"⑦ 又："尧时十日并出，草木焦枯，尧命羿仰射十日，其九乌皆死，堕其羽翼。"⑧

"羿射十日"中的"十日"应是"中有乌之日"。"射日"可能是以"射十乌"模拟的射日的巫术活动，故"羿彃日，乌解羽"⑨，"仰射十日，其九乌皆死，堕其羽翼"⑩。就此而言，女娲"补天射十日"及"羿射十日"神话

---

① 李立：《社稷五祀与东夷农耕文化》，《蒲峪学刊》1996年第1期，第10—13页。
② （汉）王充撰，黄晖校释：《论衡校释》卷一一《说日篇》，第509页。
③ （汉）刘向撰，何宁整理：《淮南子集释》卷二《俶真训》，第129页。
④ 袁珂校注：《山海经校注·海经新释》卷四《海外东经》："下有汤谷。汤谷上有扶桑，十日所浴，在黑齿北。居水中，有大木，九日居下枝，一日居上枝。"第231页。
⑤ （汉）刘安撰，何宁整理：《淮南子集释》卷七《精神训》，第508页。
⑥ （汉）刘安撰，何宁整理：《淮南子集释》卷四《坠形训》，第329页。
⑦ （汉）刘安撰，何宁整理：《淮南子集释》卷三《天文训》，第171页。
⑧ （汉）刘安撰，何宁整理：《淮南子集释》卷八《本经训》引《北堂书钞》，第578页。
⑨ （宋）洪兴祖注，白化文等点校：《楚辞补注》卷三《天问章句第三·离骚》，第97页。
⑩ （汉）刘安撰，何宁整理：《淮南子集释》卷八《本经训》引《北堂书钞》，第578页。

中的"十日"，射的都是"日的模拟物"或"占日"，或是"以鸟模拟之日"。古本《山海经》应是以远古山海为纲，兼载风土人情、神话传说古书，其中所载的"十日"可能多是体现着巫文化元素的"射日记事图"。汉砖存在不少的"射日图"，"羿射十日"可能就是对这样的"射日图"的描述，"女娲射日"的叙述也是如此。

（六）从"射日"到"射天"

以这种类似射"模拟之日"的巫术活动相似，中国古代文献还记载有"模拟天"并"射天"的仪式。如《汉书·郊祀志上》记载商王武丁之后五世："帝乙嫚神而震死。"唐代颜师古注："帝乙，武乙也，为韦囊盛血，仰而射之，号射天，后遇雷震而死。后三世，帝纣淫乱，武王伐之。由是观之，始未尝不肃祇，后稍怠嫚。"① "韦囊盛血"即是"以盛血的韦囊拟天"，"射天"即是仰射"盛血的韦囊"。类似的"射天"巫术形式，在春秋战国时仍有存在，《吕氏春秋》载高诱注宋康王事载：

> 宋康王名偃，宋元公佐六世之孙，辟兵之子也。立十一年，自为王。东败齐取五城，南败楚取二百里，西败魏军于温，与齐楚魏为敌国。以韦囊盛血，悬而射之，号射天。诸侯患之，咸曰宋复为纣，不可不诛。即位四十七年，齐愍王与楚魏伐宋，遂灭之而三分其地，故死于温。②

《战国策》卷三二《宋卫策》：

> 宋康王之时，有雀生（鸇）〔鹯〕于城之陬。使史占之，曰："小而生巨，必霸天下。"康王大喜，于是灭滕、伐薛，取淮北之地。乃愈自信，欲霸之亟成。故射天笞地，斩社稷而焚灭之，曰："威服天（下）〔地〕鬼神"；骂国老谏曰，为无颜之冠，以示勇；剖伛之

---

① （汉）班固撰，（唐）颜师古注：《汉书》卷五上《郊祀志上》，第1193页。
② （秦）吕不韦撰，许维遹集释：《吕氏春秋集释》卷七《孟秋纪第七·禁塞》，第169页。

背，锲朝涉之胫，而国人大骇。齐闻而伐之，民散，城不守。王乃
逃倪侯之馆，遂得而死。见祥而不为祥，反为祸。①

据战国时代宋国康王"射天"之例，"射天"应是宋康王为雄霸天下举办
的巫术仪式。换言之，巫术有超越或制约、威慑"天"的力量。但所谓的
"射天"并不是把天射塌或射天而使天崩裂，表达的仅是一种"威可加于天"
或"力可慑天"之意。在古人眼中天道常存、行而不改，所以宋康王也如纣
王那样"嫚神"而终致灭亡。春秋时期的政治活动中仍保存着特定的巫术仪
式，"女娲补天射十日"与"羿射十日"在达到消除旱灾目的的同时，可能也
具有这种确立自身威望的政治目的。但从早期的"射日"到"射天"，可能反
映出从远古到春秋战国时期，天体、天命崇拜形式的变化。

（七）其他祛旱祈雨巫术形式

巫术活动通过设置具有活动对象特征的"模拟物"，或与活动对象具有共
性特征的"模拟物"，将巫的力量施加于这个"模拟物"，从而达到改变"模
拟物"、达成施巫目的的作用。"模拟物"可以是自己身体的一部分。商汤克
夏后，大旱七年。于是既身为政治领袖又担任祭祀之首的商汤便剪去头发，
以自己作为牺牲，祷于桑林，"大雨辄至，洽于四海"："汤既克夏，大旱七
年，洛川竭。汤乃以身祷于桑林，剪其发，自以为牺牲，祈福于上帝。于是
大雨辄至，洽于四海。"② 汤即以自己之发作为祭祀品。然而，这样的祭祀方
式尚算是温和的，历览文献古籍，我们常常会发现一种较为残忍的"曝巫焚
巫"的祈雨方式。

早在《山海经·海外西经》中就载"十日炙杀女丑"一事："女丑之尸，

① （汉）刘向撰，何健章注释：《战国策》卷三二《宋康王之时章》，中华书局 2009 年版，第
1219 页。
② （晋）干宝撰，李剑国辑校：《新辑搜神记》卷二四《汤祷桑林》，第 403 页。

生而十日炙杀之。在丈夫北。以右手障其面。十日居上，女丑居山之上。"①
十日同辉，曝晒大地，酷热难当。时人便通过将女丑置于烈日下曝晒的手段，
以达到求雨的目的。这虽然颇有些神话色彩，然而"以人祀雨"的现象在秦
汉以前颇为常见，如《左传·僖公二十一年》："夏，大旱。公欲焚巫尪。臧
文仲曰：'非旱备也。修城郭，贬食省用，务穑劝分，此其务也。巫尪何为？
天欲杀之，则如勿生。若能为旱，焚之滋甚。'公从之。是岁也，饥而不
害。"②《春秋繁露·求雨篇》载："春旱求雨"，"暴巫，聚尪。"清代苏舆注：
"暴之，是虐之也。巫能接神，亦觊天哀而雨之。"③ 可见，当天久旱不雨时，
"暴巫焚巫"是一种极为常见的祈雨方式。

在古人看来，巫能沟通天地神灵。自然，巫便在祈雨活动中扮演着极为
重要的角色，而这一角色则往往由女性担任。《说文解字》释巫："巫者，女
能事无形，以舞降神者也。"④ 巫的举止应是舞的起源，女巫以舞娱神，祈求
天赐甘霖。《山海经·大荒北经》中有记载旱魃一事。她本为天女，身着青
衣，助黄帝打败蚩尤。然而在涿鹿之战后，女魃神力耗尽，只能滞留人间，
其所经之处，往往大旱。故此，在之后的祈雨仪式之中，往往有焚烧女魃之
举，其中的女魃则常常由女巫担任。如女丑被曝晒之时，便是身着青衣，效
旱魃之状。⑤ 据此，远古时期既可通过巫术取悦于神，又可通过巫术惩治那些
为人类带来灾害之神。

四、羿射十日神话的重要人物

"羿射十日"神话中的猰貐、凿齿、九婴、大风、封豨、修蛇等，不是

---

① 袁珂校注：《山海经校注·山经新释》卷二《海外西经》，第 199 页。
② （清）洪亮吉撰，李解民点校：《左传》卷七《传·僖公一》，第 304 页。
③ （汉）董仲舒著，（清）苏舆撰，钟哲点校：《春秋繁露义证》卷一六《求雨篇》，第 426、
427 页。
④ （汉）许慎撰，（清）段玉裁注：《说文解字注》卷九《巫部·巫》，第 201 页。
⑤ 袁珂校注：《山海经校注·海经新释》卷一一《大荒西经》："有人衣青，以袂蔽面，名女丑
之尸。"第 337 页。

"怪物"而是有着自己独特风俗的氏族部落。《山海经·海外西经》吴任臣注引《冠编》："羲和为黄帝日官，赐土扶桑，扶桑后君生十子，皆以日名，号十日，而九日为凶，号九婴。分扶桑之国为十，用兵不止，求实无已，炙杀女丑，同恶相济，故曰丛枝胥敖。"① 黄帝时羲和赐土扶桑，扶桑后君所生十子中有九子被称九婴，"羿射十日"神话中的"九婴"就是氏族部落。

（一）帝喾高辛氏

羿射日神话中的人物主要包括帝喾高辛氏，亦即燧人氏、炎帝之后、五帝之一的高辛氏。《史记·五帝本纪》先从颛顼氏记载到帝喾："颛顼，静渊以有谋，疏通而知事，养材以任地，载时以像天，依鬼神以制义，治气以教化，洁诚以祭祀。"② "帝生子穷蝉。颛顼崩而玄嚣之孙高辛立，是为帝喾。"③ 炎帝、黄帝族长期通婚。在血缘关系、内外之亲并不严格的时代，炎帝、黄帝之后必然存在可以炎帝计，也可以黄帝计血缘的现象。言帝喾为黄帝系的后代，以今人的血缘关系看，可能就是将"外戚"视为直系亲属的反映。

帝喾高辛氏是商族的祖先之一，商文化有着广泛而深远的影响，如帝夋是许多氏族或部落之共祖，也就是众多部落的祖宗神，具有至高无上的上帝地位。④ 徐旭生认为，《山海经》所记看起来像是杂乱无章，却仍然有它"秩然不乱的地方"，如黄帝与炎帝的传说只在西方和北方，东方就少，南方简直没有；共工的传说散布在北方；后稷的传说在西方；如此等类，一点不乱。而唯有帝夋和颛顼，才是"东西南北无所不到的"。他除了东南西北无所不至，中国古代重要的发明（农业、工业、交通工具、文艺）差不多全出于他

① （清）吴任臣撰，吴兴芬整理：《山海经广注》卷七《海外西经》引《冠编》，凤凰出版社2018年版，第170页。

② （汉）司马迁：《史记》卷一《五帝本纪》，第11—12页。

③ （汉）司马迁：《史记》卷一《五帝本纪》，第133页。

④ 郭世谦：《山海经构成考·八·荒经分析》，《山海经考释》，第64页。

的子孙之内，还有一点则主要集中在他所具有的"神性"上。① 这至少表明，商文化也是华夏文化的重要根基之一，是那个时代较为先进的氏族文化。黄帝作为众多氏族的共同祖先，可能也和帝喾共祖地位的形成原因是一致的。

《白虎通》对帝喾是这样解读的："谓之帝喾者何也？喾者，极也。言其能施行穷极道德也。"② 从"颛顼高阳氏"中"颛顼"与"高阳"同义互释的角度看，在"帝喾高辛氏"中的"喾"也应与"高辛氏"是同义互释的。"高辛"与火有关，"喾"应当也是一个与"火"相关的帝号。

《史记·五帝本纪》详细记载帝喾："帝喾高辛氏者，黄帝之曾孙也。父蟜极。蟜极父玄嚣。玄嚣父黄帝。自玄嚣与蟜极皆不得在位，至高辛即位。高辛于颛顼为族子。"③ 帝喾也拥有广大的势力范围："其色郁郁，其德嶷嶷，日月所照，风雨所至，莫不服从。帝喾娶陈锋氏女，生放勋。娶娵訾氏女，生挚。帝喾崩而挚代立。"④《帝王世纪》对帝喾的记载更为翔实，甚至言帝喾即是商族的帝夋：

> 帝喾高辛氏，姬姓也。其母不见。生而神异，自言其名"夋"。骈齿有圣德，能顺三辰。年十五而佐颛顼，三十登帝位，都亳。又木承水。以五行名官，故以句芒为木正，祝融为火正，蓐收为金正，玄冥为水正，后土为土正。是五行之官分职而治诸侯，于是化被天下。遂作乐六茎以康帝位。
>
> 世有才子八人，号八元。亦纳四妃，卜其子皆有天下。元妃有邰氏女，曰姜嫄，生后稷；次有娀氏女，曰简狄，生卨；次陈锋氏女，曰庆都，生放勋；次娵訾氏女，曰常仪，生帝挚。帝喾在位七十五年，年百五岁而崩，葬东郡顿丘广阳里。⑤

---

① 霍巍：《三星堆考古与中国古史传承体系》，《中国社会科学》2023年第1期，第100、101页。
② （清）陈立撰，吴则虞点校：《白虎通疏证》卷二《号》，第54页。
③ （汉）司马迁：《史记》卷一《五帝本纪》，第13页。
④ （汉）司马迁：《史记》卷一《五帝本纪》，第13、14页。
⑤ （晋）皇甫谧等撰：《帝王世纪》第二《五帝》，第11、12页。

《古史考》："高辛氏，或房姓，以木德王。"① 帝喾也有"戴干"之表，《春秋元命苞》："帝喾戴干，是谓清明。发节移盖像招摇。"② 但帝喾戴干可能传承的是颛顼的"帝王"形象，"戴干"成为后世帝王的"帝位"标志之一。帝喾时期天下大治，《大戴礼·五帝德》："宰我：'请问帝喾。'孔子：'玄嚣之孙，蟜极之子，高辛氏。生而神灵，自言其名，取地之财而节用之，抚教万民而利诲之，历日月而迎送之，明鬼神而敬事之。其色蟜蟜，其德浞浞，其动也时，其服也土，春夏乘龙，秋冬乘马，黄斧黻衣，执中而获天下。"③

高辛氏曾创立过较为发达的文化，如注重天文地理知识，东汉宋均注《文耀钩》："高辛受命，重黎说天文；唐尧即位，羲和立浑仪。"④《礼记·祭法》："帝喾能序星辰以著众。"⑤ 重视天文知识，是三皇五帝的重要文化特点。晚年高辛氏发生内乱，《左传》："昔高辛氏有二子，伯曰阏伯，季曰实沉，居于旷林，不相能也。日寻干戈，以相征讨。后帝不臧，迁阏伯于商丘，主辰。商人是因，故辰为商星。迁实沉于大夏，主参。唐人是因，故参为晋星。"⑥ 长沙子弹库楚帛书甲篇记载有高辛氏的功绩：

炎帝乃命祝融，以四神降，奠三天，□思敩（保），奠四极，曰非九天则大侐，则毋敢蔑天灵，帝夋乃为日月之行。

共攻（工）□步十日四时，□□神则闰，四□毋思，百神风雨，辰祎乱作，乃□日月，以传相□思，又霄又朝，又昼又夕。

引文大意是说，炎帝派祝融以四神奠定三天四极。人们都敬事九天，求得太平，不敢蔑视天神。帝夋于是制定日月的运转规则。后来共工氏制定十

① （宋）李昉等：《太平御览》卷八〇《皇王部五·帝喾高辛氏》引《古史考》，第372页。
② （宋）李昉等：《太平御览》卷八〇《皇王部五·帝喾高辛氏》引《春秋元命苞》，第372页。
③ （清）王聘珍撰，王文锦点校：《大戴礼记解诂》卷七《五帝德》，第121、122页。
④ （宋）李昉等：《太平御览》卷二《天部二·浑仪》引《文耀钩》，第10页。
⑤ （清）孙希旦撰，沈啸寰等点校：《礼记集解》卷四五《祭法》，第1204页。
⑥ （清）洪亮吉撰，李解民点校：《春秋左传诂》卷一五《传·昭公一》，第641页。

干、闰月，制定更为准确的历法，一日夜分为霄、朝、昼、夕。[1] 在这段文字中，祝融、帝夋、共工都是炎帝从属，听炎帝之命，完成重大的历法工作，其中帝夋则是主司日月运行之事，与《山海经》所载大体相同。当然，这是楚国时期的神话传说，应具有楚文化的地域限定性。

火神祝融是高辛氏的"火正"，《淮南子·时则训》："赤帝祝融之所司者，万二千里。其令曰：爵有功，赏有德，惠贤良，救饥渴，举力农，振贫穷，惠孤寡，忧罢疾，出大禄，行大赏，起毁宗，立无后，封建侯，立贤辅。"东汉高诱注："赤帝，炎帝，少典之子，号为神农。南方火德之帝也。祝融颛顼之孙，老童之子吴回也。一名黎，为高辛氏火正，号为祝融，死为火神也。"[2] 祝融为赤帝，与帝喾同时存在，反映的可能就是二者组建的"亲族"部落联盟。

（二）帝尧陶唐氏

《白虎通·号》："谓之尧者何？尧犹巍巍也。至高之貌。清妙高远，优游博衍，众圣之主，百王之长也。"[3] 据此，"尧"应是一个能够表述"众圣之主，百王之长"的名号。这仅是对"尧"的一种解释。但从"颛顼高阳氏"的帝王命名原则看，"尧"应与"陶唐"同义互释，属于一个和"陶"相关的名号，仍然属于司马迁所言的以"德"命名的范围之内。中国远古时期的陶器制作，有"泥片帖筑法""泥条盘筑法""轮制成型法"，其中轮制成型法生产效率高，陶器器形规整、胎薄而细。帝尧都城的陶寺遗址的制陶技术，就出现了比较成熟的"轮制成型法"。[4] 陶器的发明虽然较早，但尧时期则推动了制陶技术的发展。

---

[1] 刘玉堂、吴成国：《楚帛书女娲形象钩沉——兼谈女娲与庸国》，《武汉大学学报（人文科学版）》2010年第6期，第705—706页。

[2] （汉）刘安撰，何宁整理：《淮南子集释》卷五《时则训》，第433页。

[3] （清）陈立撰，吴则虞点校：《白虎通疏证》卷二《号》，第54页。

[4] 王小娟：《晋南地区新石器时代末期陶器制作技术》，《中原文物》2022年第3期，第58页。

尧除射日之外，也对天文历法作出了重要贡献，《尚书·尧典》："乃命羲、和，钦若昊天，历象日月星辰，敬授民时。分命羲仲，宅嵎夷，旸谷。寅宾出日，平秩东作。日中，星鸟，以殷仲春。厥民析，鸟兽孳尾。申命羲叔，宅南交，明都，平秩南讹，敬致。日永，星火，以正仲夏。厥民因，鸟兽希革。分命和仲，宅西，昧谷。寅饯纳日，平秩西成。宵中，星虚，以殷仲秋。厥民夷，鸟兽毛毨。申命和叔，宅朔方，幽都。平在朔易。日短，星昴，以正仲冬；厥民隩，鸟兽氄毛。帝：'咨！汝羲暨和。期三百有六旬有六日，以闰月定四时，成岁。允厘百工，庶绩咸熙。'"①

这些古文已经较为晦涩难读了，其主要意思是说，尧命羲、和完成了复杂的历法制定工作，建立了巨大的功业。《汉书·律历志》又载："历数之起上矣。传述颛顼命木正重司天，火正黎司地。其后三苗乱德，二官咸废，而闰余乖次，孟陬殄灭，摄提失方。尧复育重、黎之后，使纂其业，故《书》曰：'乃命羲、和，钦若昊天，历象日月星辰，敬授民时。''岁三百有六旬有六日，以闰月定四时成岁，允厘百官，众功皆美。'其后以授舜曰：'咨尔舜，天之历数在尔躬。''舜亦以命禹。'至周武王访箕子，箕子言大法九章，而五纪明历法。"②

《文耀钩》也记载了帝喾发展天文的功绩："高辛受命，重黎说天文；唐尧即位，羲和立浑仪。"③《山海经·大荒南经》："东南海之外，甘泉之间，有羲和之国。有女子名曰羲和，方日浴于甘渊。羲和者，帝俊之妻，生十日。"④ 郭璞注："羲和盖天地始生，主日月者也。""尧因是立羲和之官，以主四时。"⑤ 后世尊尧为敬天法地的典范，《论语》："天何言哉？四时行焉，

①　（清）孙星衍撰，陈抗、盛冬铃点校：《尚书今古文注》卷一《虞夏书一·尧典》，第10—23页。

②　（汉）班固撰，（唐）颜师古注：《汉书》卷二一上《律历志》，第973页。

③　（宋）李昉等：《太平御览》卷二《天部二·浑仪》引《文耀钩》，第10页。

④　袁珂校注：《山海经校注·海经新释》卷一〇《大荒南经》，第323页。

⑤　袁珂校注：《山海经校注·海经新释》卷一〇《大荒南经》，第324页。

百物生焉，天何言哉？"①《孟子·滕文公上》孔子曰："惟天为大，惟尧则之。"② "尧则天"则是尧订历法、行之于天下的时代性语言表述。

但尧时同样出现过天灾，《傅子》："尧遭洪水而贵陆，汤大旱而重水。"③并且在尧时就已经开始治理洪水，《史记》："当帝尧之时，鸿水滔天，浩浩怀山襄陵，下民其忧。尧求能治水者，群臣四岳皆曰鲧可。尧曰：'鲧为人负命毁族，不可。'四岳曰：'等之未有贤于鲧者，愿帝试之。'于是尧听四岳，用鲧治水。九年而水不息，功用不成。于是帝尧乃求人，更得舜。舜登用，摄行天子之政，巡狩。行视鲧之治水无状，乃殛鲧于羽山以死。"④

尧时也有攻伐之战，《吕氏春秋》："尧战于丹水之浦，以服南蛮。"⑤《六韬》："尧伐有扈，战于丹水之浦。"⑥

（三）羿

《山海经·海内经》记载羿本是帝夋（高辛氏）部属，赐羿弓以帮助治理天下："帝夋赐羿彤弓素矰，以扶下国，羿是始去恤下地之百艰。"⑦ 羿又附尧射日除害，"去恤下地百艰"。《史记》"正义"引《括地志》云："宋州宋城县，古阏伯之墟，即商丘也，又云羿所封之地。"⑧ 羿以善射闻名，《帝王世纪》："羿有穷氏，未闻其姓，其先帝喾。以世掌射故，于是加赐以弓矢，封之于钼，为帝司射，历唐及虞、夏。至羿，学射于吉甫。其臂左长，故亦以善射闻。与吴贺北游，使羿射雀左目，羿引弓射之，误中右目。羿俯首而愧，

---

① （清）刘宝楠撰，高流水校点：《论语正义》卷二〇《阳货》，中华书局1990年版，第698页。

② （清）焦循著，陈居渊主编：《孟子正义》卷一一《滕文公上》，凤凰出版社2015年版，第1186页。

③ （宋）李昉等：《太平御览》卷五六《地部二十一·陆》引《傅子》，第271页。

④ （汉）司马迁：《史记》卷二《夏本纪》，第49页。

⑤ （秦）吕不韦撰，许维遹集释：《吕氏春秋集释》卷二〇《恃君览》，第559页。

⑥ （宋）李昉等：《太平御览》卷六三《地部二十八·丹水》引《六韬》，第300页。

⑦ 袁珂校注：《山海经校注·海经新释》卷一三《海内经》，第391页。

⑧ （汉）司马迁：《史记》卷三《殷本纪三》，第92页。

终身不忘。故羿善射，至今称之。及有夏之衰，羿自鉏迁于穷石，因夏民之不附以代夏政，偪篡帝位，故号有穷氏。"①

就这些记载看，"羿"是善射氏族的称号，其"职"具有"世掌射事"的特点。这个氏族"人格化"则可视为一人，从帝喾到夏代一直存在。

《墨子》："古者羿作弓，伃作甲，奚仲作车，巧垂作舟。"②《淮南子·修务训》："羿右臂修而善射。"③ 在先秦及以后的典籍中，有不少关于羿善射的记载。《管子·形势解》："羿，古之善射者也，调和其弓矢而坚守之。其操弓也，审其高下，有必中之道，故能多发而多中。"④《荀子·王霸》："人主欲得善射，射远中微则莫若羿、蠭门也。"⑤《淮南子·修务训》："羿左臂修而善射。"⑥ 羿在尧时的身份地位相对较低，更多地扮演着为帝王驱除的角色。

（四）其他部族

猰貐、凿齿、九婴、大风、封豨、修蛇都应属于那个时代帝喾的部族，其中凿齿应是以习俗命名的部族。拔牙风俗，在近现代的华南和西南地区一些少数民族中还仍然存在。但在史前的一些原始社会和早期人类社会时期也发现不少。就考古出土资料看，以山东、苏北一带的大汶口文化、青莲岗文化、山东龙山文化最多，其次在豫南、湖北、浙江等地的马家浜文化、屈家岭文化、良渚文化以及华南新石器时代都有发现。从上述这些拔牙的人骨标本中，出现最早的却是大汶口文化的王因遗址；而发现最多的拔牙现象，也是大汶口文化。这都说明大汶口文化是我国境内拔牙习俗的发源地。大汶口文化史前拔牙人骨标本比较多，其次是山东龙山文化、良渚文化。山东龙山

---

① （晋）皇甫谧等撰：《帝王世纪》第三《夏》，第25页。
② 吴毓江撰，孙启治点校：《墨子校注》卷九《非儒》，第437页。
③ （汉）刘安撰，何宁整理：《淮南子集释》卷一九《修务训》，第1337页。
④ 黎凤翔校注，梁运华整理：《管子校注》卷二〇《形势解》，第1173页。
⑤ （清）王先谦撰，王啸寰整理：《荀子集解》卷七《王霸篇》，第215页。
⑥ （汉）刘安撰，何宁整理：《淮南子集释》卷一九《修务训》，第1337页。

文化紧承大汶口文化而来，所以可以说我国境内拔牙习俗主要是从鲁中南、苏北的大汶口文化——山东龙山文化向东南、南方和西南方传播的。

根据上述这种史前拔牙习俗的做法及其特征，学术界几乎不约而同地认为这种习俗就是古代文献中所说的"凿齿"或"凿齿民"。尽管古文献中"凿齿"一词名义是与大汶口文化、青莲岗文化等考古出土资料中的拔牙现象如此相似，但在古文献所描述的形状、性能却是大不相同的。东晋郭璞注《山海经·海外南经》云："凿齿，亦人也，齿如凿，长五六尺，因以名云。"东汉高诱注《淮南子·坠形训》"凿齿民"云："吐一齿出口下，长三尺也。"高诱注《淮南子·本经训》云："凿齿，兽名，齿长三尺，其状如凿，下彻颔下，而持戈盾。"《文选》司马相如《长杨赋》李善注引服虔云："凿齿，齿长五尺，似凿，亦食人。"从上述这些古训注的说解来看，"齿如凿"指出了"凿齿"的名义来源，齿"长五六尺"或"长三尺"说明了"凿齿"的外形特征。

在古汉语中，"牙"和"齿"在本义是有区别的：门牙才称为"齿"，其余的才称"牙"。"唇亡齿寒"是专指门牙，所以用"齿"。《左传·隐公五年》孔颖达疏云："颔上大齿谓之牙。"既然大汶口等文化中绝大多数凿敲去的是上颌两颗侧门齿，那么今天可说"拔牙"，但古代应称之为"拔齿"，那么这正好与远古传说时代的一个部族"凿齿"有关系了。在考古出土文物资料中，我们可以看到有不少刻有獠牙的山东龙山文化玉雕人头像。

獠牙状玉雕人头像在考古出土文物的研究中，其名称差别很大。或称之为"饕餮纹"，或称之为"鬼神面之玉"，或称之为"玉石兽面"等。但这类玉雕人头像的共同特征是上下齿或下齿有长长的獠牙，但仍为人头像，并非"饕餮纹""鬼神面"或"兽面"，应该称之为"獠牙玉雕人头像"。尽管玉器是从长江下游特别是良渚文化中发展起来的，但是玉雕人头像特别是獠牙玉雕人头像却是在山东龙山文化中产生出来的。

在山东龙山文化和石家河文化中的玉雕人头像中拔牙并装嵌有獠牙的

"凿齿民"是以人面形式出现，但是在良渚文化中具有拔牙习俗并装嵌有獠牙的"凿齿民"是野兽的形状。最早在山东苏南大汶口文化（或青莲岗文化）拔牙，其次便是马家浜文化中出土人骨中拔牙习俗，时间仅次于山东苏北大汶口文化之后，其拔牙习俗再次沿着长江向上发展的屈家岭文化及华南的新石器时代晚期居民。装嵌獠牙的"凿齿民"象征的是獐子獠牙形状，但在山东龙山文化中装嵌獠牙的凿齿民地位应是比较高的，这从头饰、高冠就可见一斑；但在良渚文化的人面兽面纹图中，装嵌獠牙的凿齿民被放置在下方，其被役使的身份、地位是明显的。

这种獠牙玉雕人头像在山东也仅仅出土在典型龙山文化的墓葬中，之后也就不再出现了。而在青铜文化时期就出土在南方墓葬中，诸如湖北天门石和石家河文化晚期、江西省新干大洋洲商代、陕西省西安沣西西周等墓中。这大概正好与《山海经》之《海外南经》《大荒南经》及《淮南子·本经训》等所述情况相符，说明在典型龙山文化后期"凿齿"部族与东夷羿部族作战失败，于是迁徙到南方居住，其部族图像徽帜在南方的墓葬中出现，正是被打败后前夕的结果。有的还出土在西周墓葬中，大概其后人又到了中原地区生活居住，当然也有可能是中原统治者或贵族从南方掠夺而来的。①

五、詧尧战争发生的历史真实

詧尧战争的发生最直接的因素是由天下大旱引发的。《说文解字》释"旱"为"不雨也"。② 从字的"日""干"结构看，"不雨"是由"日"造成的，"不雨"即"干"。"干"又指十天干即十日神、十日，"旱"就是十日神造就的天气现象。那么，古代的"旱"本身就和十日密切相关。"十日并出"

---

① 王晖：《古"凿齿民"写照：史前獠牙人头像玉雕属性考——兼释史前东南方拔牙习俗与古"凿齿民"形象之矛盾》，《文史哲》2015 年第 4 期，第 52—64 页。

② （汉）许慎撰，（清）段玉裁注：《说文解字注》卷一三《日部·旱》，第 305 页。

之时，往往天下大旱。如"尧之时，十日并出，焦禾稼，杀草木，而民无所食"①。"女丑之尸，生而十日炙杀之"②。武王伐纣，"十日乱于上"③，黄河断流，"河竭而商亡"④。

女娲之世曾发生过火灾、水灾，火灾可能也是由"十日并出"引起的，所以有"女娲补天射十日"之说。⑤ 据此，"十日并出"又是天下大旱之源。故有学者将"十日并出"视为对天气酷热的比喻："十日并出"的神话，意在凸显天气酷热、气候干燥，异于常时，犹如"同出十日"，极度的炎热使万物焦枯，民无所食。⑥ 这种比喻虽然未能揭示"旱源"，但也揭示了古代"十日"非实体之日的道理。

同时，天下灾异，也是帝王失道的表现。唐代《古今通占（镜）》纂集黄帝、巫咸以下诸家及隋以前诸史《天文志》。⑦ 这些天文历象往往与政治相关，如《路史·十日》："众日并出，天下分裂，百官名设，政令不行。三日并出，诸侯争，洪水出。……占：三、四、五日见，天下兵，王者如其数。……君有失道，则两日并斗，三日出争，以至十日并出，大乱之道。……夏桀之乱，两日并出。商纣之世，两日又见，其一将殁，一方出故。《考灵曜》：黑帝之亡，二日并照。"⑧ "十日并出"，天下大旱，则是喾族失道的天象。这种天象也为喾尧战争的发生提供了条件。

这里的关键问题是，"羿射十日"之时，天下真的发生过大旱吗？这涉及"羿射十日"的历史真实性问题。兰州大学资源环境学院教授黄小忠团队依据现代盘星藻物种组成分布与气候的关系，发掘了盘星藻种类变化指示古温度

① （汉）刘安撰，何宁整理：《淮南子集释》卷八《本经训》，第574—578页。
② 袁珂校注：《山海经校注·海经新释》卷二《海外西经》，第199页。
③ （汉）刘安撰，何宁整理：《淮南子集释》卷一五《兵略训》，第1065页。
④ 徐元诰撰，王树民、沈长云点校：《国语集解·周语上第一》，第27页。
⑤ （宋）罗泌：《路史》卷三二《发挥一·女娲补天说》引《尹子·盘古篇》。
⑥ 范耀江、王建军：《殷墟甲骨文所见"旱灾"研究》，《四川文物》2017年第2期，第57页。
⑦ （宋）陈振孙：《直斋书录解题》卷一二《历象类》，上海古籍出版社1987年版，第364页。
⑧ （宋）罗泌：《路史》卷四七《余论十·十日》。

的潜力。根据对我国最大内陆淡水湖新疆博斯腾湖盘星藻沉积记录的解译，他们发现的全新世中晚期气候异常温暖事件的时限和变化特征，为探究气候变化及其与文明演进的关系提供了重要的证据。

利用 2004 年和 2019 年博斯腾湖沉积岩芯 BST04H/BST19B 盘星藻组合变化，结合同一钻孔自生碳酸盐团簇同位素 Δ47 重建的绝对温度变化，课题组首次根据盘星藻嗜热种 P. simplex 等重建了区域中晚全新世温度波动，发现在距今 4700—4300 年气候异常温暖，P. simplex 在距今 4200—4100 和 3600—3500 年期间的减少或消失则表明气候变冷。异常温暖气候恰好发生在我国早期国家夏代、商代之前，古代传说中"后羿射日"所记述极端高温气候可能根源于此。[①]

但具体到"羿射十日"，当时的大旱可能与太阳活动有关。中国古代很早就有观测太阳黑子的记录，阳乌即太阳黑子当是日神之本。当太阳黑子大量增加时，太阳的亮度会有所增强，黄河流域的雨量则减少。羿射十日时的"十日并出"、天下大旱，似乎就是超强的太阳黑子活动造成的黄河流域灾难性的气象变化。"十日并出"时天空亮度也是超强的。如《庄子·齐物论》："昔者十日并出，万物皆照。"[②]《高士传》载尧舜禅位于许由："'十日并出而爝火不息其光也，不亦难乎？'"[③] 这也从一个侧面进一步表明，十日并出与太阳黑子活动密切相关。

太阳黑子活动的周期大约为 11 年，喾尧兴替之际发生黑子异常的几率是相当高的，出现超强黑子活动的现实性也非常大。"尧之时，十日并出"可能直接反映着尧时发生过强烈的太阳黑子活动，太阳亮度超前地强化，黄河流域出现大旱。在太阳黑子活动加剧的形势下，先民曲解十日并出与大旱的

---

① 温才妃、许文艳：《"后羿射日"所述极端高温气候获解》，https://news.sciencenet.cn/html-news/2021/7/460913.shtm。

② 郭庆藩撰，王孝鱼点校：《庄子集释》卷一下《齐物论第二》，中华书局 1985 年版，第 89 页。

③ （晋）皇甫谧：《高士传》，景印文渊阁《四库全书》（第 0448 册），台湾商务印书馆 1986 年版，第 88 页。

关系。

但天下大旱仅是喾尧战争发生的直接原因，两族势力的消长才是这次战争发生的根本原因。"羿射十日"反映出尧族势力的发展壮大。尧的势力有多强大，史书并无具体的记载。据现有的考古资料，陶寺遗址有可能就是尧都的废墟、古唐国国都所在地。[①] 陶寺城中大城套小城、小城有宫殿，城中有专门用于祭祀和观测天象的"神台"，这些正是文明社会成熟的表现。陶寺文化早期小城的面积和其所具备的功能与华北地区发现的诸多龙山文化古城相比较，已透析出特定的"王都"的气息。

在晋南地区已发现的陶寺类型龙山文化遗址的分布特征，表现为数量多、规模大且十分密集，这些遗存都是当年一些大型农耕部落聚落群的居址。正是这些大型农耕部落聚落群的出现，才奠定了"陶寺城"作为"王都"的社会基础和地位。原始农业在河东地区的提早发生及原始农业所形成的财富积累为帝尧时代的到来铺平了道路。[②]

在尧的势力发展的同时，喾族却处于发展的末季阶段。清吴任臣《山海经广注》引《冠编》记载："羲和为黄帝日官，锡土扶桑。扶桑后君，生十子，皆以日名，号十日，而九日为凶，号九婴，分扶桑之国为十，用兵不止，求实无已。"[③]《冠编》所述羲和"生十子"与《山海经》所云"羲和者，帝夋之妻，生十日"为同一内容的不同版本。"求实不已"是指九婴争立，九婴可能就是喾族的九日部落。《左传·昭公元年》记载，高辛氏二子阏伯、实沉，"居于旷林，不相能也，日寻干戈，以相征伐"[④]。这也许是喾族九婴纷争的一部分。喾尧兴替之际，亦有九婴为乱、为羿所杀的记载，喾族统治末年

---

① 卫斯：《关于尧都平阳历史地望的再探讨——兼与王尚义先生商榷》，《中国历史地理论丛》2005年第1期，第146—151页。

② 卫斯：《"陶寺遗址"与"尧都平阳"的考古学观察关于中国古代文明起源问题的探讨》，《西部考古》2020年第2期，第59—76页。

③ （清）吴任臣撰，吴兴芬整理：《山海经广注》卷七《海外西经》引《冠编》，第170页。

④ 李梦生：《左传译注》卷一五《传·昭公一》，上海古籍出版社1998年版，第916页。

发生内乱的历史是比较可信的。

黄河流域的大旱及訾族末年的内部纷争，为尧族对訾族的战争准备了充分的条件，新兴的势力强大的尧族对訾族发动战争应当具有较强的历史真实性。《淮南子·本经训》及其他文献中羿射十日反映出来的訾尧兴替，应当是一次有着极强真实性的历史事件。这就从一个侧面说明，远古神话传说在纷繁复杂的表象下，仍然隐含着那个特定时代的历史文化信息。透过特定时代思想文化的光环，理解特定时期的历史发展，应是我们科学利用远古文献，研究远古历史的合理态度。

六、部分高辛族的跨大洋迁徙

在訾尧战争中失败的訾族，其部分成员可能越过大洋，到达美洲并在美洲演化出与高辛文明同源异地的文化。墨西哥古代印第安文化与中国商文化相同的特征特别多，如土墩、雕像、饕餮纹、祖石、虎神崇拜、"四合院"式的建筑等。查文文化的雕刻风格和回纹样式同中国商周铜器相似，等等。[1] 这种文化上的共性可能是由高辛族在訾战争中失败，部分族属迁徙到美洲、保留发展商文化造成的。

（一）九日落为沃焦

如果訾尧战争真实地发生，九日指九日部落、九婴部落的话，遭受沉重打击的九日"落为""扶桑之东""碧海之东""东海之上""东海南方三万里"的"沃焦"的神话，可能预示着文化相当发达的九日（婴）族群或九日部分族属的一次大迁徙：

　　　　羿射九日，落为沃焦。[2]

---

① 朱存明：《环太平洋文化中的华夏文明与美洲文明》，《徐州师范学院学报（哲学社会科学版）》1990 年第 2 期，第 78 页。

② 郭庆藩撰，王孝鱼点校：《庄子集释》卷六下《秋水》引《山海经》，第 565 页。

时十日并出，尧使羿射九乌，落为沃焦。①

在扶桑之东，有一石，方圆四万里，厚四万里，海水注之，莫不燋尽，故名沃燋焉。②

"沃焦"应是位于"海外"或"碧海之东"的大陆。东海之东唯有美洲大陆一处，被打败的九日族似乎迁徙到了美洲，沃焦也就成了中国古人对美洲地区特定区域的特定称呼。《淮南子·本经训》言尧为天子之后，"天下广狭、险易、远近，始有道里"③，尧时期可能展开过早期的国土勘测。喾尧兴替时期的美洲大陆与东亚的气候环境、地理环境，也许和现在存在较大程度的不同，人类交通来往于两洲的条件可能相对便利。这是九日部族能够迁往美洲的重要的历史条件。

（二）沃焦的现实形态

但喾尧之后的中国古人对沃焦是既熟悉又模糊的：人们知道沃焦的名字、特点，但难以确知沃焦的方圆、道里，甚至名称也有所别。如《列子·汤问篇》言"归墟"："渤海之东不知几亿万里，有大壑焉，实惟无底之谷，其下无底，名归墟。八纮九野之水，天汉之流，莫不注之，而无增无减焉。"④ 沃焦之水也是无增无减之状："海水注之，莫不燋尽。"⑤

中国大陆近海地区有自南向北流动的黑潮，黑潮接续北太平洋暖流后自西向东流向北美大陆西岸，再往南流向赤道贯穿而过的中美洲。这种海洋中的洋流循环不止地流向中美洲，中美洲地域的海水确似给人"无增无减"的感觉，是天下之水汇流所归的天下"大壑""归墟""沃焦"。在尧代喾、地

---

① （明）陈耀文：《天中记》卷一《日》，第 23 页。

② （南朝梁）萧统编，（唐）李善注：《文选》卷五三《嵇叔夜〈养生论〉》注引"班彪曰"，中华书局 1977 年版，第 729 页。

③ （汉）刘安撰，何宁整理：《淮南子集释》卷八《本经训》，第 574—578 页。

④ 杨伯峻：《列子集释》卷五《汤问篇》，第 151 页。

⑤ （南朝梁）萧统编，（唐）李善注：《文选》卷五三《嵇叔夜〈养生论〉》注引"班彪曰"，中华书局 1977 年版，第 729 页。

理知识大发展之前，华夏先民的美洲知识应由东北民族辗转传述而来，这种知识本身就具有较强的不确定性，那么訾族向"沃焦"的迁徙就是一次生命大冒险。

（三）訾族跨洋迁徙的可能

有学者认为距今4000年前，中华民族曾大规模移民美洲。[①] 著名岩画学者宋耀良也指出，最晚在距今4000年前的东北亚和北美洲之间，发生过一次跨大洋的人类大迁徙，其直接依据就是东亚的岩画艺术传播到美洲。[②] 这些岩画中不乏类似太阳的"人面太阳画"，其文化特征与訾族太阳崇拜应是一致的。

公元前2357年是尧初即位之年[③]，也是訾尧二族兴替的完成之际，其年代与这次华夏先民的迁徙年代相吻合。最晚4000年前东北亚和北美洲之间的人类大迁徙，可能就是这次以战败的訾族为主体的大迁徙，这也是其能够在美洲发展出与商文明同源的玛雅文明的重要基础。如果商文明与玛雅文明同源异体的话，那么高辛族就是这两大文明的共同之源或主要之源。

从地理交通条件上说，这种大迁徙是现实的。古环境研究表明，在末次冰期的极盛期，曾发生过大规模的海退。在距今16000—15000年时，海平面曾降至现代海面以下150—160米；在距今14000年时，仍低于现代海面115米左右；我国的东海、黄海大陆架几乎全部露成陆地。当时的日本、台湾等岛屿应有陆桥与大陆相连，从而为人类文化的传播提供了通道。今天的阿留申群岛、白令海峡当初可能都是连接欧亚大陆与美洲大陆的陆桥。

商族最早生活在东北亚地区："商族应是历史上最早南下、并占领中原的族群，同时，他们也建立了一个跨民族、跨国、跨文化，并以军立权的大国。

---

① 王大有：《上古中华文明》，中国时代经济出版社2006年版，第9页。
② 《中国网络电视台·纪实台.人面岩画之谜》，2011年05月04日，http：//jishi.cntv.cn/2012/12/15/VIDA1355561829628973.shtml。
③ 王大有：《上古中华文明》，第9页。

此外，商族乃是练马的族群，从亚洲草原一带将练马技术带到中原。神话中所言'相土作乘马'，即指商族与最早驾马技术的关系，他们以狩猎、战争、掠夺维生，殷墟建都之前，其族群已屡次从黑龙江稀林草原带来到中原掠夺，但直至盘庚时代，因气候冷化和其他原因，他们方始占据中原，开始定居生活。洹北遗址就是盘庚烧劫而毁灭的本土城邦，之后盘庚又在其附近建设了新都。"[①] 这些商族人的祖先掌握阿留申群岛陆桥，及从此进入北美的地理知识与实践是可能的。

商人的航海知识也为这种迁徙奠定了基础。美国与中国台湾地区的人类学家研究发现，殷人祭祀坑约400具人骨照片，并非都是蒙古人种，其中有两种异族人种特别值得注意：一种是太平洋的尼格罗人种，约有38具；另一种与波里尼西亚人相似的人种，约有50具。这两种太平洋岛屿中的异族人种出现于殷人的祭祀坑中，说明殷人在殷亡之前，就有远洋航海的经验，否则这些太平洋岛屿中的异族人种，不可能被俘虏并被当作祭祀的牺牲品。[②] 殷人先祖从故地东北亚进入北美洲较进入南太平洋更为便捷。

如果"九日（婴）"部落成员在喾尧战争中，确实存在部分部族迁往北美之事，那么羿射九日、九日落为沃焦的神话，就是在中国古文献中所能见到的，华夏先祖迁徙美洲活动的最早记载。日出东方，沃焦在"东"的方位观，显示出在先民观念中，沃焦更近日出之地。失败的喾族东迁美洲这片遥远的、充满未知事物的地域，或许有着万里祈福、朝拜先祖神灵、兴复本族的宏愿，或许这又是一个肩负"逐日"任务的"逐日"神话。这种"宗教崇拜式"的精神驱动，应是九日族迁往美洲最基本、最强大的动力。这一动力与其逃避战祸的历史因素相结合，共同促成了远古先民一次大规模移民美洲的历史活动的出现。

---

① 郭静云：《夏商周：从神话到史实》，上海古籍出版社 2013 年版，"摘要"第 3 页。
② 张启成：《美洲古文明与中华古文明之关系——兼述美洲远古时期的亚洲移民》，《贵州文史丛刊》2000 年第 1 期，第 5 页。

在现代人看来，神话传说虽然具有荒诞的特性，但它可能确是那个时代的历史记忆方式，是披着那个时代神化思维外衣的历史。将羿射十日支离的历史信息进行整合式的解读，我们可以相对容易地得出这样一个结论，不论这一结论是巧合性的释读还是历史真实的发现：它可能反映着十日崇拜盛行的 4000 年前，在喾族末期的一次超强太阳黑子活动后，在天下大旱的特殊气候形势下，在与尧族战争中失败的部分喾族迁往美洲地区，形成中国文献所见的远古先民移民美洲的最早的神话记载。

（四）文化上同源的表现

古代玛雅人和华夏人的基本生活方式、思想方式、生产活动、艺术活动等，都基本相同或相似。尤其引人注目的是，两者语言的语音、语法，特别是词汇，存在有不容置疑的共同之处。这些甚至在现代玛雅人与中国人的语言和文化中仍然有遗迹可寻。玛雅、华夏同根研究，依据对两种语言同源词的统计，测算出两者分离的时间约为 5000 年;[①] 如果将玛雅语言发展分为多个阶段，原始玛雅语与汉语分离的时间大约距今 4000 多年[②]，约与喾尧战争发生时间同步。

这一时间恰恰又是五帝时期，华夏先祖社会政治经济文化大发展之际，炎帝族、黄帝族、九黎族、三苗族、东夷族等正准备在太平洋西岸演出波澜壮阔的伟大历史剧。华夏先民征服自然，创建文明的气魄和智慧，使我们有理由想象，炎黄的一个近支或一族亲戚进行了一次从亚洲到美洲的探险远征，而且很可能是一次横渡太平洋的远航。他们登上美洲土地之后逐步演化成了玛雅人。[③] 就现有的材料看，喾尧战争中失败的帝喾高辛氏的一支，应当就是

---

① 胡春洞：《玛雅文化——论玛雅文化与华夏文化同·前言》，复旦大学出版社 1997 年版，第 2 页。下表引自此书第 74 页。

② 胡春洞：《玛雅文化——论玛雅文化与华夏文化同·前言》，第 63 页。

③ 胡春洞：《玛雅文化——论玛雅文化与华夏文化同·前言》，第 3 页。

迁徙到中美洲的那个炎黄近支。

玛雅语与汉语词汇对应表

组	号	词义	玛雅语	汉语	组	号	词义	玛雅语	汉语
I	1	苦	k'a	kha		13	干	kan	kan
	2	歌	k'ai	kai		14	言	kan	ngian
	3	牙	ka'	ngea		15	倦	kan	giuan
	4	雨	ha	hiua		16	汉	haan	xan
	5	予	ya	jia		17	炭	tan	than
	6	叉	cha	tshea		18	前	tan	dzian
	7	助	cha	dtzhia		19	赤	chak	thjak
	8	初	cha	tshia		20	席	ch'ak	ziak
	9	取	ch'a	tsiua		21	硕	chak	djiak
	10	弛	cha	jia		22	斫	ch'ak	djiak
	11	无	ma	miua		23	获	k'ah	huak
	12	罕（网）	k'an	xan		24	夜	yak'	jiak

迁往美洲的喾族移民，在漫长的迁徙过程中，在迁徙经过的大型岩石上，留下的数量众多的太阳型人面岩画，既是其太阳崇拜活动的组成部分，又是标识其迁徙方向、回归路程的路标。但随着气候、地理环境的改变，如史前洪水引起的海平面上升，东北亚与美洲间"陆桥"的消失，刻下这些图标的人可能再也没能沿着路标走上回归之路。这一喾族后裔经过长期迁徙、成为美洲"土著"之后，在喾族文化的基础上发展出玛雅文明，而留在华夏故土的喾族后裔则发展出商文明：喾族应为商文明与玛雅文明的共祖，喾族文化是古美洲文明与商文明之源。喾族又是华夏民族文化的奠基者之一，帝喾高辛氏也是古美洲文明与华夏文明的共祖。

第八章 大禹治水——中国古代的洪水神话

在世界文明史中广泛流传着史前大洪水的传说，其中东方的大禹治水和西方的诺亚方舟最具影响力。根据《尚书》《国语》《墨子》《孟子》《史记·夏本纪》等文献的记载，尧舜时期已经发生了洪水灾害，至禹时洪水可能前后持续了上百年之久，在华夏历史上留下了难以磨灭的印迹。大禹由于"治水"获得了各氏族的拥戴，确立了极高的政治威望，继尧、舜成为华夏部落联盟的首领，并奠定了夏王朝的建立基础。史前大洪水真的发生过吗？大禹治理得了洪水吗？这些都是大禹治水神话需要回答的问题。

一、禹之人物的基本情况

《史记》载"禹"有号有名，"禹"为帝号，其名"文命"，是黄帝的后代："夏帝禹，名文命。禹之父鲧，鲧之父帝颛顼，颛顼之父昌意，昌意之父黄帝。"[①] 禹相貌怪异、丑陋，但是属于当世的贤者，《尸子》："禹，长颈鸟喙，面貌亦恶矣，天下从而贤之者，好学也。"[②] 《帝王世纪》记载鲧治水无功并未被杀死而是降为"庶人"，禹却仍保"圣德"之色："初，禹未登用之

---

① （汉）司马迁：《史记》卷二《夏本纪》，第49页。
② （战国）尸佼著，黄曙辉点校：《尸子》卷下，第53页。

时，父既降在匹庶，有圣德。"① "为人敏给克勤，其德不违，其仁可亲，其言可信。"②

较《史记》而言，《帝王世纪》对禹的记载更为详细。这里概引《帝王世纪》禹的出生、姓氏、相貌："伯禹，夏后氏，姒姓也。母修己，见流星贯昴，梦接意感，又吞神珠，薏苡，胸折而生禹于石纽，虎鼻大口，两耳参漏，首戴钩，胸有玉斗，足文履已。故名文命，字高密。身长九尺二寸，长于西羌夷人。"③ 这种感生神话，使禹和鲧似乎没什么血缘关系，但确立了禹的天命身份。"神珠"似日，禹又具有日神之裔的身份地位。

传说禹的祖先颛顼有"鱼女"之助，以"大水泉"为瑞应，故称其"以水德王"，"以水事纪官"。又传共工与颛顼争为帝④，"共工为水害，故颛顼诛之"⑤。水文化可能也是颛顼族的文化所长之一，它同时又融合了共工族的水文化，提升了自身的水文化水平。禹父鲧传承着颛顼的治水文化，但从尧命治水无功而受罚："帝尧之时，汤汤洪水滔天，浩浩怀山襄陵，下民其忧。""尧求能治水者，群臣四岳皆鲧可。治水无功，乃殛鲧于羽山。"⑥

在舜的时代禹继续颛顼家族治水的事业，而且舜时没有比禹家族更适合治水的人选："尧崩，舜问四岳：'有能成美尧之事者使居官。'皆：'伯禹为司空，可成美尧之功。'舜命禹：'汝平水土，维是勉之。'禹拜稽首，让于契、后稷、皋陶。舜：'女其往视尔事矣。'"⑦ 禹成为四岳推崇的治水核心人物，这次治水也成为禹的人生转折点。禹继鲧主持治水事务，说明父死子继式的氏族领导人选任形式，至少在舜的时代已经出现了，禹就是继其父为夏后氏的。

---

① （晋）皇甫谧等撰：《帝王世纪》第三《夏》，第21页。
② （汉）司马迁：《史记》卷二《夏本纪》，第51页。
③ （宋）李昉等：《太平御览》卷八二《皇王部七·夏帝禹》引《帝王世纪》，第380页。
④ （汉）刘安撰，何宁整理：《淮南子集释》卷三《天文训》，第163、168页。
⑤ （汉）刘安撰，何宁整理：《淮南子集释》卷一五《兵略训》，第1045页。
⑥ （汉）司马迁：《史记》卷二《夏本纪》，第20页。
⑦ （汉）司马迁：《史记》卷二《夏本纪》，第50页。

二、禹治水的神话传说

在古人眼中，尧舜禹时期的洪水似由水逆行引发，《孟子》引《尚书》："洚水警余。洚水者，洪水也。"清代焦循注："《书》，《尚书·逸篇》也。水逆行，洚洞无涯，故洚水。洪，大也。"① 《尸子》："古者龙门未辟，吕梁未凿。河出于孟门之上，大溢逆流，无有丘陵高阜，灭之，名曰洪水。"② "使禹治之。禹掘地而注之海，驱蛇龙而放之菹。水由地中行，江、淮、河、汉是也。险阻既远，鸟兽之害人者消，然后人得平土而居之。"③

大水逆流多因河道堵塞而致。大禹即采用疏导的方式治理洪水。如"凿山川，通河汉"，"疏河决江"，"凿龙门，辟伊阙"。"丰水东注，维禹之绩。"④ 同时又采用了"敷土"即"筑堤"的方式治理洪水，"修彭蠡之防"⑤。"洪水芒芒，禹敷下土方。"⑥ "禹敷土，随山刊木，奠高山大川。"⑦

《山海经·海内经》对鲧、禹治水记载较早："洪水滔天。鲧窃帝之息壤以堙洪水，不待帝命。帝令祝融杀鲧于羽郊。鲧复生禹，帝乃命禹卒布土以定九州。"郭璞注："息壤，谓土自长，故可以堰水也。汉元帝时临除县北埇长六里高二丈，即息壤类。"⑧ 鲧治水的方式是以土"堰水"，即修筑水坝，治水方式可能较禹相对单一。

禹治水过程同样相当谨慎自律，历尽千辛万苦，最终勘定了天下地理形势："禹伤先人之功不成受诛，乃劳身焦思，居外十三年，过家门不敢入。陆

---

① （清）焦循注，孙德彩校点：《孟子正义》卷一三《滕文公章句下》，第 1259—1260 页。

② （战国）尸佼著，黄曙辉点校：《尸子》卷下，第 50 页。

③ （清）焦循注，孙德彩校点：《孟子正义》卷一三《滕文公章句下》，第 1259—1260 页。

④ （宋）朱熹注，王华宝整理：《诗集传》第一八《大雅三·文王有声》，第 220 页。

⑤ （汉）刘安撰，何宁整理：《淮南子集释》卷一九《修务训》，第 1314 页。

⑥ （宋）朱熹注，王华宝整理：《诗集传》第二〇《商颂·长发》，第 287 页。

⑦ （清）孙星衍撰，陈抗、盛冬另点校：《尚书今古文注疏》卷三《虞夏书·禹贡》，第 137—139 页。

⑧ 袁珂校注：《山海经校注·海经新释》卷一三《海内经》，第 395 页。

行乘车，水行乘船，泥行乘橇，山行乘樏。开九州，通九道，陂九泽，度九山。"① 禹成为中国山川的"祭祀者"，拥有祭祀山川的神权："信彼南山，维禹甸之。"②"弈弈梁山，维禹甸之。"③ 它事实上可能源自大禹时期，山川地理知识大发展，奠定了后世地理认知的基础。

大禹治水，一是有神助，二是践劳苦，三是重协作。《帝王世纪》："梦自洗于河，观于河，始受图，括地象也。图言治水之意，四岳举之，舜进之尧，尧命为司空。继鲧治水，乃劳身涉勤，不重径尺之璧而爱日之寸阴，故事传禹病偏枯，足不过相过，至今巫称禹步是也。又手足胼胝，纳贤礼士，一沐三握发，一食三起飨。"④

据此，大禹能治水成功，除去被美化的"圣德"之外，更有天助"河图""括地象"指示治水的方略，禹本身已经具有了"天命圣人"的光环。这也为其树立在氏族部落中的权威奠定了基础。这是后人言大禹治水成功的重要原因。如果禹治水前确然存在"河图"辅助治水的话，那么至少在大禹治水之前就已经存在古老的河流布局知识，禹正是在这一基础上展开治水工作的。

大禹治水付出了艰辛的劳动："禹之王天下也，身执耒锸，以民为先；股无胈，胫不生毛：虽臣虏之劳，不苦于此矣。"⑤ "禹让天下于奇子，奇子曰：'君言佐舜劳矣，凿山川，通河汉，首无发，股无毛，故舜也以劳报子。我生而逸，不能为君之劳矣。'"⑥ "劳身焦思，居外十三年，过家门不敢入"。"薄衣食"，"卑宫室，致费于沟洫。""禹卑宫室，垂意于沟洫，百谷用成，神龙至，灵龟服，玉女敬养，天赐妾。"⑦

《太平御览》引《庄子》："昔者禹堙洪水，亲操橐耜而涤天下之川，股

---

① （汉）司马迁：《史记》卷二《夏本纪》，第51页。
② （宋）朱熹注，王华宝整理：《诗集传》第十三《小雅二·信南山》，第180页。
③ （宋）朱熹注，王华宝整理：《诗集传》第十八《大雅三·烝民》，第251页。
④ （晋）皇甫谧等撰：《帝王世纪》第三《夏》，第21页。
⑤ （战国）韩非撰，（清）王先慎集解，钟哲点校：《韩非子集解》卷一九《五蠹》，第443页。
⑥ （宋）李昉等：《太平御览》卷八二《皇王部七·夏帝禹》引《符子》，第381页。
⑦ （宋）李昉等：《太平御览》卷八二《皇王部七·夏帝禹》引《礼含文嘉》，第381页。

无跋，胫无毛，沐甚雨，栉疾风，置万国。禹，大圣也，而形劳天下如此，使后世之墨者，多以裘褐为衣，以屦屩为服，日夜不依（休），以自为极，曰：'不能如此，非禹道也，不足谓墨。'"①《尸子》："（禹）疏河决江，十年不窥其家，手不爪，胫不生毛，生偏枯之病，步不相过，人曰禹步。"②

《贾谊书》："禹常昼不暇食，夜不暇寐矣。方是时也，忧务故也。"③ 年高未娶，得九尾狐之瑞，三十方得涂山之女为妻，《吕氏春秋》："禹年三十未娶，行涂山，恐时暮失嗣，辞曰：'吾之娶必有应也。'乃有白狐九尾而造于禹。禹曰：'白者，吾服也；九尾者，其证也。'于是涂山人歌曰：'绥绥白狐，九尾庞庞。成于家室，我都悠昌。'于是娶涂山女。"④

禹劳苦功高，无可批评，为后人赞叹，《论语》孔子曰："禹，吾无间然矣。菲饮食而致孝乎鬼神，恶衣服而致美乎黻冕，卑宫室而尽力乎沟洫。"⑤《帝王世纪》："尧美其绩，乃赐姓姒氏，封为夏伯，故谓之伯禹。天下宗之，谓大禹。年二十始用，三十二而洪水平，年百岁，崩于会稽，因葬会稽山阴县之南。今山上有禹冢并祠，下有群乌耘田。"⑥

禹与益、后稷共同治水："与益、后稷奉帝命，命诸侯百姓，兴人徒以敷土，行山表木，定高山大川。"⑦ 并与益等将地理知识撰写成《山海经》，《吴越春秋》："禹，案《黄帝中经》见圣人所记：'在九疑山。东南天柱，号宛委。承以文玉，覆以盘石。其书简，青玉为字，编以白银。禹乃东巡狩，登衡山求之，卧见赤绣衣男子，自称玄夷苍水使者，来候禹，令禹斋三月，更

---

① （宋）李昉等：《太平御览》卷八二《皇王部七·夏帝禹》引《庄子》，第382页。
② （战国）尸佼著，黄曙辉点校：《尸子》卷下，第50页。
③ （汉）贾谊撰，吴云等校注：《贾谊集校注·贾子新书·修政语上》，天津古籍出版社2010年版，第289页。
④ （唐）欧阳询撰，汪绍楹校：《艺文类聚》卷九九《祥瑞部下·狐》引《吕氏春秋》，第1715页。
⑤ （清）康有为著，楼宇烈整理：《论语注》卷八《泰伯》，第121页。
⑥ （晋）皇甫谧等撰：《帝王世纪》第三《夏》，第21页。
⑦ （汉）司马迁：《史记》卷二《夏本纪》，第51页。

求之。禹乃斋三月，登宛委山，取得书通水经。遂周行天下，使益疏记之，名《山海经》。'"① 它至少奠定了后世中国历史地理的发展基础。

远古时期人们崇拜"天命"，禹确实有治水成功的案例，且在禹时期洪水最终消退，这些都是禹有"天命"之助的"佐证"，也是促成禹确立崇高威望的重要原因。禹在治水期间表现出的尚仁重德的高尚情怀，构成华夏民族优秀传统文化的重要组成部分。但燧人氏、伏羲氏、炎帝、黄帝、蚩尤、禹等先贤帝王的"成功"经验，同样以民为本、以民为重、为民生利为核心，形成古今人生价值的主导原则与崇高境界。禹能摆脱基本生存欲望的束缚，知生有所畏、畏而有为是其成功的原因之一，也是禹摆脱低级趣味、成为古今圣人之表的重要原因。

三、洪水确实发生过

据载，中国远古时期的洪水，在尧时期就已经发生了，《孟子·滕文公上》记载："当尧之时，天下犹未平，洪水横流，泛滥于天下。"②《孟子·滕文公下》："当尧之时，水逆行，泛滥于中国，蛇龙居之，民无所定，下者为巢，上者为营窟。"③ 袁山松《勾将山记》："登勾将，北见高筐山，巍然半天。《荆州图副》：'昔尧时大水，此山不没如筐，因名也。'"④《吴兴记》："山墟村有山，名百丈、流襄二山。尧遭洪水，此山不没，但余百丈，因以名山，水流襄山岭，因名流襄。"⑤

中国远古时期的洪水，真的发生过吗？洪水故事在西半球同样大量存在。一般认为，西半球的第一批居民来自亚洲，他们在最后一次冰川期经过当时

---

① （宋）李昉等：《太平御览》卷八二《皇王部七·夏帝禹》引《吴越春秋》，第381页。

② （清）焦循撰，沈文倬点校：《孟子正义》卷一一《滕文公章句上》，第374页。

③ （清）焦循撰，沈文倬点校：《孟子正义》卷一三《滕文公章句下》，第447页。

④ （宋）李昉等：《太平御览》卷四九《地部十四·高筐山》引袁山松《勾将山记》，第238页。

⑤ （宋）李昉等：《太平御览》卷四六《地部十一·百丈流襄二山》引《吴兴记》，第224页。

尚存的陆桥穿过白令海来到美洲。到公元前 12000 年，他们的足迹已到达南美。15 世纪末哥伦布发现美洲后，西方国家大量向美洲殖民，土著印第安人遭到肆意掠夺和残害。但他们中保存完好的原始文化形态，受到西方人类学家仔细的调查与研究。研究表明，南北美洲土著有大量的洪水故事。如墨西哥人类学家弗尔南多·赫卡斯塔斯 1953 年的硕士学位论文《中美洲洪水神话分析》，就对 63 篇文本进行了分析。

规模巨大的洪水是地球表面十分重要的地质事件，地质学家们在北美、亚洲、欧洲等地已发现了多次史前巨大洪水，洪水的流量规模可以达到气象洪水的几十倍甚至几百倍，对河流地貌、气候环境以及人类文化产生重大深远的影响。中国学者在黄河上游发现了一场大规模的溃决洪水灾害，并推断该洪水为中国文明起源前夕大洪水传说的起源；金沙江小江口巧家段和雅鲁藏布江加查至米林段发现了规模更大的史前洪水。[1] 这些都是史前洪水的考古明证。

尧即位于公元前 2145 年。夏朝建立于公元前 2000 年左右。尧时期的洪水至夏代，大约存在了 150 年之久。较世界史记载，禹时期已经是洪水的晚期了，洪灾自然随气候的好转而好转。随着时间的推移，禹治水时正好错过了洪水的高发期。但限于当时的知识水平，先民并不知道气候变化与洪水的关系，而禹出现则洪水消，古人则认为是禹治水的功劳，是禹对天的感动或禹应天意。大禹之所以能够治水成功，可能主要得益于 4000 年前气候好转而并非人力所为。[2]

四、洪水发生的原因

如前所述，史前洪水确实发生过，但中国史前为什么发生洪水灾害呢？

---

① 吴庆龙：《金沙江、雅鲁藏布江发现史前巨大洪水事件》，《南京师大学报（自然科学版）》2019 年第 3 期，第 163—164 页。

② 吴文祥、葛全胜：《夏朝前夕洪水发生的可能性及大禹治水真相》，《第四纪研究》2005 年第 6 期，第 741—748 页。

《淮南子·兵略训》："颛顼尝与共工争矣。""共工为水害，故颛顼诛之。"[1]
又见《史记·律书》："颛顼有共工之陈，以平水害。"[2] 共工氏是五帝时代著
名的治水部族，《淮南子·天文训》："昔者，共工与颛顼争为帝，怒而触不周
之山，天柱折，地维绝。天倾西北，故日月星辰移焉；地不满东南，故水潦
尘埃归焉。"[3] 反映了共工氏与颛顼一争高下，这不仅说明了以治水见长的共
工氏具有较强的实力，也说明了共工氏可能为水害之源。

直到舜禹时期，氏族部落仍常将水患归结于共工祸乱天下的结果，《国
语·周语下》载共工："虞于湛乐，淫失其身，欲雍防百川，堕高堙庳，以害
天下。皇天弗福，庶民弗助，祸乱并兴，共工用灭。"[4] 共工氏之所以如此影
响，成为敌对势力反对的对象，关键如《管子·揆度》所言："共工之王，水
处什之七，陆处什之三，乘天势以隘制天下。"[5] 共工氏可能存在以邻为壑的
现象，但洪水并不是这一氏族为害的结果。

近年来的科学研究为我们提供了诸多洪水真实发生的实证，其中来自中
国科学院地球环境研究所的谭亮成研究员及其团队以黄土高原的石笋为媒介，
通过石笋矿物晶体的氧同位素记录，重建了黄土高原地区过去 6000 多年的降
雨变化。石笋记录显示，4200 年前的气候变化并不稳定，发生了多次强降雨
事件。与之相吻合的是在众多河口地区的沉积序列中发现了 4200 年前留下的
多个古洪水记录，以及江汉平原云梦泽湖面的上涨，长江下游海平面的上涨。

特别需要指出，在距今 4500—3500 年期间，黄土高原发生过 3 次极端强
降雨事件，分别在距今 4200 年、3996 年以及 3677 年前。在距今 4000 年左右，
黄土高原发生了持续约 20 年的极端强降雨事件，这可能造成了黄河中下游大
禹时代的大洪水。距今 4000±48 年的年代点与夏商周断代工程所推断的公元

---

① （汉）刘安撰，何宁整理：《淮南子集释》卷一五《兵略训》，第 1044、1045 页。

② （汉）司马迁：《史记》卷二五《律书第三》，第 1241 页。

③ （汉）刘安撰，何宁整理：《淮南子集释》卷三《天文训》，第 163、168 页。

④ （春秋）左丘明撰，徐元诰集解，王树民、沈长云点校：《国语集解·周语下》，第 94 页。

⑤ 黎凤翔校注，梁运华整理：《管子校注》卷二三《揆度》，第 1371 页。

前 2070 年夏朝建立时间非常一致。石笋记录和考古、历史文献记录的一致性在一定程度上支持了洪水事件以及我国夏王朝的真实性。[①]

吴文祥等学者研究存在同样的洪水发生指向性。研究指出,在进入全新世,即在距今 1 万年以来至 0.4 万年之间,发生了自更新世后期以来的第三次大的海侵,海侵是由于地球处于间冰期,气候变暖并导致冰川融化造成的。在我国东部沿海地区,大多"都有全新世海侵的记录。这次海侵大致出现在七八千年前,在五六千年前达到高峰,海面高程比现今约高 3—4 米,此后海退。这一进程与冰后期气候变迁过程基本同步"。

从地质学考察的有关资料可知,在黄淮地区海水深入到陆地二三百公里,而这也正与《孟子·滕文公下》所言的"当尧之时,水逆行,泛滥于中国"的文献相互印证。因此,气候变暖引发的在整个黄淮海平原所形成的、基本上所有水系都发生的洪水泛滥,使得洪水的治理已不是某一个局部地区的事情,或者说局部的治水已无济于事。

地质学的资料表明,以泰山为代表的鲁中山地以及中部隆起带为轴线,形成了南部的所谓黄淮平原与北部的黄海平原,从西部高原出山后的黄河以及其他河流在基底构造的影响下,南北摆动。而从黄河的早期发育史来看,黄河在更新世晚期主要呈南流淮河入海的趋势。

早期黄河在南部入海,以及进入全新世以来的冰后期的气候变暖引发的洪水与海侵表明,实际上黄河泥沙问题是个历史问题,在南部河道长期淤积的过程中,由于气候异常导致的洪水,使原有的河道告危,因而引发了在大平原地区前所未有的灾难性的情况,并涉及整个平原地区各个部族的安全。

与此同时,由洪水引发的黄河大改道,开始了黄河由南流而北流的最早轮回。大禹治水的结果,便是将黄河侵夺济水北道固定下来,而使济水东道成为黄河的正式支津,这样黄淮海平原的原有水系被打破,而重新组合后的

---

① 转引自《科学网:黄土高原石笋与 4000 年前大洪水事件 | Science Bulletin》,https://blog.sciencenet.cn/blog—528739—1105360.html。

水系结构，基本构成了历史时期人们对平原水系的最一般的印象，也许这就是大禹治水的历史真相所在①，也是大禹治水的"不世功业"之一。

五、洪水的分布地域

关于颛顼时期的水害，因为记载较少，已无从知道具体的地域范围。但从洪水发生时期的一般情况，特别是共工为水害的情况分析，这个时期水害的发生可能是局部的。不过尧时期的洪水，从所谓"泛滥于中国"的词语分析，其范围至少分布于东部黄淮平原的广大地区。但事实上洪水的范围要比"中国"更为广泛。《说文解字·州》："昔尧遭洪水，民居水中高土，或九州。"② 洪水包围的陆地仅剩九块较大的地域，反映出尧时洪水涉及较广的地区。

荆楚等长江地区也是洪水分布区。《汉唐地理书钞》所辑《盛弘之荆州图记》："空冷峡绝崖壁立数百丈，飞鸟所不能栖。有一火烬插石崖间，望见可长数尺。相传云：尧洪水时，行者泊舟于崖侧，爨于此，余烬插之，至今犹存，故曰插灶。"③ 又辑《袁崧宜都山川记》："宜都山绝崖壁立数百丈，有一火烬插其崖间，望见可长数尺。传尧洪水，行者泊舟崖侧，爨于此，以余烬插之，至今犹曰插灶。"④《艺文类聚》卷七引《荆南图制》："宜都夷陵县西八十里有高筐山。古老相传，尧时大水，此山不没，如筐筥，因以为名。"⑤

洪水当然更波及东部平原区，《太平御览》引《郡国志》："济州有浮山，故老相传：尧时大雨，此浮水上。时有人缆船于岩石间，今犹有断铁锁。"⑥

① 吴文祥、葛全胜：《夏朝前夕洪水发生的可能性及大禹治水真相》，《第四纪研究》2005 年第 6 期，第 741—748 页。

② （汉）许慎撰，（清）段玉裁注：《说文解字》卷二二《川部·州》，第 569 页。

③ （清）王谟辑：《汉唐地理书钞》辑《盛弘之荆州记》，中华书局 1961 年版，第 326 页。

④ （清）王谟辑：《汉唐地理书钞》辑《袁崧宜都山川记》，第 355 页。

⑤ （唐）欧阳询撰，汪绍盈校：《艺文类聚》卷七《山部上·总载山》引《荆南图制》，第 122 页。

⑥ （宋）李昉等：《太平御览》卷七六九《舟部二》引《郡国志》，第 3411 页。

治洪的传说在关中地区也有流传，如《白氏六帖事类集》卷二引《三秦记》："终南山，一名地肺，可避洪水。俗人云，上有神人乘船行，追之不可及。"①以上这些传说只是尧时洪水所波及的部分地区。

所以大禹治水涉及了广阔的地域范围，《拾遗记》卷二："至舜命禹疏川奠岳"，"遍日月之墟"。②《淮南子·要略训》言禹："剔河而道九岐，凿河而通九路，辟五湖而定东海。"③《淮南子·修务训》："禹沐浴霪雨，栉扶风，决江疏河，凿龙门，辟伊阙，修彭蠡之防，乘四载，随山刊木，平治水土，定千八百国。"④《荀子·成相篇》载禹："北决九河，通十二渚疏三江。禹傅土，平天下，躬亲为民行劳苦，得益、皋陶、横革、直成为辅。"⑤

禹的治水传说在全国许多地区都有流传，并保留有相关的遗迹。如在甘肃，《水经注·河水》："洮水又东径临洮县故城北。禹治洪水，西至洮水之上，见长人受黑玉书于斯水上。"⑥东南地区的大禹真迹，《古微书》引《河图绛象》："太湖中洞庭山林屋洞天，即禹藏真文之所，一名包山。"⑦

《郡国志》："越州百塗山有石舡一丈，禹所乘者。"⑧《金镂子·兴王篇》："禹姐，葬会稽。庙中有铁屐、铁荚、石船。庙里有塗山神姑之像，珠玑为帐，宝玉琱华，诸庙莫及。"⑨《水经注·江水》："江水历禹断江南，峡北有七谷村。两山间有水清深，潭而不流。"又《耆旧传》言："昔是大江，及禹治水，此江小，不是泻水，禹更开今峡口。水势并冲，此江遂绝，于今谓之

① （唐）白居易：《白氏六帖事类集》卷二《终南山》注引《三秦记》，民国景宋本。
② （晋）王嘉：《拾遗记》卷二《夏禹》。
③ （汉）刘安撰，何宁整理：《淮南子集释》卷二一《要略训》，第1460页。
④ （汉）刘安撰，何宁整理：《淮南子集释》卷一九《修务训》，第1313、1314页。
⑤ （清）王先谦撰，沈啸寰等整理：《荀子》卷一八《成相篇》，第463页。
⑥ （北魏）郦道元注，陈桥驿校证：《水经注校证》卷二《河水二》，第141页。
⑦ （明）孙𣠺：《古微书》卷三二《河图绛象》，景印文渊阁《四库全书》经部·五经总义类（第194册），上海古籍出版社1995年版。
⑧ （宋）李昉等：《太平御览》卷七七零《舟部三·舟下》引《郡国志》，第3413页。
⑨ （南朝梁）萧绎撰，许逸民校笺：《金楼子校笺》卷一《兴王篇》，中华书局2011年版，第111页。

断江也。"①

山东、河南为治水重点区，因而大禹的传说更多。如《水经注·河水》："砥柱，山名也。昔禹治洪水，山陵当水者凿之，故破山以通河。河水分流，包山而过，山见水中，若柱然，故砥柱也。"《太平御览》卷七六九引《嵩阳记》："山东北五里山上有池，池有破舟，云禹乘来也。"《史记·夏本纪》正义引《括地志》："淄州淄川县东北七十里，淄水所出。俗传云，禹理水功毕，土石黑，数里之中，波若漆，故谓之淄水也。"②

另外，在长江中游的江西也有与大禹相关的遗迹，明代杨慎《升庵集》引《舆地志》："江西庐山紫霄峰下有石室，室中有禹刻篆文。有好事者缒入模之，凡七十余字，止有'鸿荒漾余乃樌'六字可辩，余叵识。后复追寻之，已迷其处矣。"③ 大禹不一定来到这些地方亲自治水，但禹的"代表"可能来过这些地方。这也反映出禹势力治水地域范围之广，及世人对大禹的爱戴与认同。禹在各地已经形成了较高的威望。

六、大禹消除洪灾的真相

尧时期洪水灾害的程度已经超过了我们的想象，《孟子·滕文公上》："当尧之时，天下犹未平，洪水横流，泛滥于天下。草木畅茂，禽兽繁殖，五谷不登，禽兽逼人，兽蹄鸟迹之道，交于中国。尧独忧之，举舜而敷治焉。"④《孟子·滕文公下》："当尧之时，水逆行，泛滥于中国，蛇龙居之，民无所定，下者为巢，上者为营窟。"⑤

《尚书·益稷》保留了帝舜与大禹的一段对话："帝：'来，禹，汝亦昌

---

① （北魏）郦道元撰，陈桥驿校证：《水经注校证》卷三四《江水》，第 794 页。

② （汉）司马迁：《史记》卷二《夏本纪》引《括地志》，第 56 页。

③ （明）杨慎撰，张士佩编：《升庵集》卷四七《禹碑》引顾野王《舆地志》，景印文渊阁《四库全书》集部·别集类（第 1270 册）》，上海古籍出版社 1995 年版。

④ （清）焦循撰，沈文倬点校：《孟子正义》卷一一《滕文公章句上》，第 374 页。

⑤ （清）焦循撰，沈文倬点校：《孟子正义》卷一三《滕文公章句下》，第 447 页。

言.'禹拜:'都,帝,予何言!予思日孜孜.'皋陶:'吁,如何?'禹:'洪水滔天,浩浩怀山襄陵,下民昏垫.予乘四载,随山刊木,暨益奏庶鲜食.予决九川,距四海,浚畎浍,距川.暨稷播奏庶艰食,鲜食,懋迁有无化居,烝民乃粒,万邦作乂.'"① 洪水对人类社会生产、生活的破坏达到了空前的程度.

但洪水向来难以驯服,先秦时期对大禹治水的真实性就存在过怀疑,如屈原言大禹治水之时,"洪泉极深,何以寘之?地方九则,何以坟之?"② 禹应生活在黄河流域,黄河是治水的主要对象.黄河沉积物自古就比较多,大禹怎样疏和导呢?疏导九川,开辟九州,不是当时力所能及的事业.所以大禹治水被弄成了神话,首先有"神"物相助治水.这些神物包括应龙、河精等.

《楚辞·天问篇》记载:"河海应龙,何尽何力?"应龙如何以尾画地,河海如何顺利通过?东汉王逸对"应龙导河"注释:"或曰禹治洪水时,有神龙以尾画地,导水径所当决者,因而治之."③ 这是说在大禹治水时,应龙以尾画地,疏通河流,治理洪水.河精又授禹河图,《水经注》:"禹理水,观于河,见白面长人鱼身出,曰:'吾河精也.'授禹河图而还于渊中."④《拾遗记》卷二:"禹尽力沟洫,导川夷岳,黄龙曳尾于前,玄龟负青泥于后." "黄龙曳尾",自即是"应龙画地"也,"玄龟负青泥"者,青泥当即是息壤,即"帝卒命禹布土"之"土".⑤

同时,禹也有通过"变化"治水,开通山河的能力,《汉书·武帝纪》颜师古注"夏后启母石":"禹治鸿水,通轘辕山,化为熊.谓涂山氏:'欲饷,闻鼓声乃来.'禹跳石,误中鼓.涂山氏往,见禹方作熊,惭而去,至嵩高山

① (清)王先谦撰,何晋点校:《尚书孔传参正》卷五《夏书·益稷》,第183—190页.
② (宋)洪兴祖注,白化文等点校:《楚辞补注》卷三《天问·离骚》,第91、92页.
③ (宋)洪兴祖注,白化文等点校:《楚辞补注》卷三《天问·离骚》,第92页.
④ (北魏)郦道元著,陈桥驿校证:《水经注校证》卷五《河水》,第128页.
⑤ (晋)王嘉:《拾遗记》卷二《夏禹》.

下，化为石，方生启。禹曰：'归我子！'石破北方而启生。"① 当然，"禹化熊跳石"说明禹在治水时曾着巫装而行巫术，以"熊"神的形象"通轘辕山"、导洪流、平水患。

在大禹治水的过程中，同样要与其他势力做斗争。这首先涉及的就是传统的治水的共工族，甚至将史前洪水的原因归结为共工为乱，如《淮南子·本经训》："舜之时，共工振滔洪水，以薄空桑。"②《荀子·成相篇》："禹有功，抑下鸿，辟除民害逐共工。"③ 甚至描绘出了禹攻共工的地点，《山海经》卷一一《大荒西经》："西北海之外，大荒之隅，有山而不合，名不周负子，有两黄兽守之。有水曰寒暑之水。水西有湿山，水东有幕山。有禹攻共工国山。"④

禹和共工之战，打击了共工势力，《山海经·海外北经》："共工之臣相柳氏，九首，以食于九山。相柳之所抵，厥为泽溪。禹杀相柳，其血腥，不可以树五谷种。禹厥之，三仞三沮，乃以为众帝之台。在昆仑之北，柔利之东。相柳者，九首人面，蛇身而青。不敢北射，畏共工之台。台在其东。台四方，隅有一蛇，虎色，首冲南方。"⑤

禹本身可能就具有一定程度的巫师的地位，甚至创造并在"巫界"留下了"禹步"，《扬子法言·重黎》："昔者姒氏治水土，而巫步多禹。"⑥ 禹步实为巫舞，是祷神巫术仪式中的特定步法动作，其治水肯定举行过不少的巫术仪式。但大禹治得了洪水吗？大禹肯定不能消除洪水之患。尧时的第一政务，实际上便是治水，我们从文献中简略的记载可以看出，洪水的危害十分严重，并由此形成了上古洪水泛滥的第一个高峰。

---

① （汉）班固撰，（唐）颜师古注：《汉书》卷六《武帝本纪》，第190页。

② （汉）刘安撰，何宁整理：《淮南子集释》卷八《本经训》，第578页。

③ （清）王先谦撰，沈啸寰等整理：《荀子集解》卷一八《成相篇》，中华书局1988年版，第463页。

④ 袁珂校注：《山海经校注·海经新释》卷一一《大荒西经》，第327页。

⑤ 袁珂校注：《山海经校注·海经新释》卷三《海外北经》，第211页。

⑥ 汪荣宝撰，陈仲夫点校：《法言》卷一〇《重黎》，中华书局1987年版，第317页。

大禹治水是上古洪水治理的高潮，但是大禹治水活动则是始于帝舜之时。《尚书·洪范》："鲧陻洪水，汩陈其五行，帝乃震怒，不畀洪范九畴，彝伦攸斁。鲧则殛死，禹乃嗣兴。天乃锡禹洪范九畴，彝伦攸叙。"① "洪水滔天"，极其形象地描述了这个时期洪水泛滥所达到的第二个高峰。

大禹时期始自公元前2070年。颛顼时期约350年（公元前2900年至前2550年）、帝喾及挚尧时期约400年（公元前2550年至前2150年）、帝舜约50年（公元前2150年至前2100年），那么这次洪水的总体时间范围应该在公元前2070年至前2900年之间，当然在这个时间范围内会形成若干个高峰期。但大禹治水之时，洪水的高峰期可能渐趋成为过去。这是大禹时期水患消失的前提条件。

七、禹前时代的治洪技术

禹虽然不能治理如此规模的洪水，但禹前时代的水利技术就已经达到了相当高的程度，我们以良渚文化中的水利工程建设为例。良渚文化是我国长江下游太湖流域一支重要的古文明，因1936年发现于浙江余杭良渚镇而得名，距今约5250—4150年，其遗址主要分布于太湖地区。在余杭市良渚、安溪、瓶窑三个镇地域内，分布着以莫角山遗址为核心的50余处良渚文化遗址，有村落、墓地、祭坛等各种遗存，范围广泛，种类丰富，遗址密集，水利工程技术就取得了很高的成就。

（一）良渚文化发达的水利工程

良渚古城有外围水利系统。外围水利系统被列为良渚古城申遗的重要内容，包括谷口高坝、平原低坝、塘山长堤共11条水坝，它们控制和影响的流域面积超过100平方公里，不仅把中国水坝的历史往前推进了1000多年，也

---

① （清）孙星衍撰，陈抗、盛冬另点校：《尚书今古文注释》卷一二《周书三·洪范》，第293、294页。

改写了世界水利史。这完全超出了学术界的预期，即使这套水利系统在 30 多年间被逐步了解和考古发掘之后，在 2016 年 3 月的研讨会上，国内顶级水利专家仍然不敢相信，5000 年前良渚先民竟然在几十平方公里的范围内规划、建设了一个如此庞大的水坝群。它们可以为古城防洪吗？溢洪道在哪里？蓄水、排水和调控如何实现？会不会是城墙或地基？会不会是抵挡海潮的堤防……太多的疑问等待科学研究拿出有说服力的证据。

良渚古城处于一个 C 形区域中，三面环山，只有东面朝向杭嘉湖平原，加之水网密布，既安全又适宜稻作生产。出于对水资源的管理，良渚先民们在三个区域修筑了 11 条水坝，整个水利系统在良渚古城北部和西北部形成面积约 13 平方公里的储水面，其中古城西北方的群山中有 6 条水坝分为东西两组，它们位于谷口控扼两条水道，因所处位置较高被称为"谷口高坝"。

其中东高坝（岗公岭、老虎岭和周家畈）拦蓄出库容为 1310 万立方米的水库，西高坝（秋坞、石坞和蜜蜂垄）拦蓄出库容为 34 万立方米的水库；古城西侧三四公里外的平原弧丘间，有 4 条水坝（狮子山、鲤鱼山、官山和梧桐弄），因所处位置较低被称为"平原低坝"；古城北侧大遮山脚下有两条平行的东西向长坝，现存长度达 5 公里，是水利系统中体量最大的，被称为"塘山长堤"。平原低坝和塘山长堤形成的水库容量达 3290 万立方米。

经过精确测算，所有坝体的土方量总计为 288 万立方米，按每立方米土的开挖、运输、填筑需要 3 个人工计算，建筑全部 11 条坝体大约需要 860 万个人工；若由 1 万人来建造，大约需要连续不断工作两年半，如果以每年农闲时间有 100 天参与建设，1 万人完成水利系统建造需要近 9 年，综合考虑古城和水利系统建设（良渚古城及水利系统工程量总计约 1005 万立方米），则需要几十年时间。在 5000 年前，只有一个强盛的国家，才能进行这么复杂的规划设计，才能调动这么多的人力、物力持续进行工程建设，并完成后勤保障。

（二）水利工程有着极为精密的规划

碳 14 测年显示，水利系统与古良渚城内重要建筑的建设时间是基本一致的，也就是说，二者是被通盘考虑、统一规划的。那里所在的天目山系是浙江省最大的暴雨中心，每到雨季常常山洪泛滥，溪满成灾，直到今天该地区的西险大塘还是杭州市抗洪除险的重点区域。研究发现若缺少外围水利系统，来自北方大遮山和西北山谷的洪水将对古城及附近遗址带来较大的冲击，尤其是大遮山下的塘山长堤中段，对古城防洪具有重要作用。

同时，蓄水也是水坝的基本功能。良渚人筑坝时，通常在坝体内填筑淤泥和草裹淤泥，坝体外侧用黄色黏土作为坝壳。这一结构类似于现代的黏土心墙坝，心墙起防渗作用，而坝壳则起到保护和支持坝体稳定的作用。取样试验表明，这种坝体的渗透系数大约为 10—5—10—7cm/s，这是一个惊人的数字，因为它达到了现代工程中防渗材料的要求。

这些水坝也形成了完整的航运通道。水利系统建成后，形成了上下游两级水库，其中下游水库的水面正好抵达上游高坝的坡脚，配合原有河道和水域，就形成了从古城到下游库区再到高坝以北3千米远的运输通道。良渚人没有发明轮子，古城四周的水城门多达8个，而陆城门只有1个，佐证了当时的交通运输主要依赖竹筏和独木舟进行水运。当时运输的物资主要有木料、石料和玉料等，在莫角山宫殿区东侧的河道中发现了3根18米长的大木料，另外古城的河道采用了大量木料护坡，这些木材应该是从山里采伐后运来的，今天我们仍然可以想象古城内外舟楫往来的繁忙景象。

良渚水利系统还有灌溉功能，因为下游水库的鲤鱼山、前村畈、横堂山等处坝下的土层中发现了高密度的水稻植硅体，这意味着上述地区在当时很可能存在稻田，而它们都处于低坝库区的下游，可以通过引水实现自流灌溉。此外，良渚水利系统还应该具有调节水系的功能，古城位于低坝库区的东侧，城内的生活、手工业制作、城内外的农业灌溉和航运，都需要稳定的供水。

了解水利的人都知道，修筑土坝时一定要留出溢洪道，当洪水过大时可从溢洪道泄流，以免水位上涨从坝顶溢流造成溃坝。在良渚水利工程中，先民们利用了天然山谷作为溢洪道泄洪。以东高坝为例，三条水坝的坝顶为海拔 30 米，在水库东侧发现一个海拔 28.9 米的山谷隘口。水力计算表明，当隘口水位为 30 米时，隘口的泄洪能力大于计算出的最大洪峰流量，完全可以保障水坝安全无虞。如果坝体低于隘口会造成坝顶溢流溃坝，坝体过高则会浪费人力、物力，而目前的坝高最为科学、恰当，这表明良渚先民有高超的水利规划能力。

（三）水利建设规划的"上帝视角"

早在良渚先民出现在这片土地上之前，崧泽文化（距今 6000 年至 5300 年之间）就在这里留下了遗迹，考古发现表明，崧泽先民无力改造自然，只能住在高地上。然而良渚人则完全不同。碳 14 测年表明，良渚古城和水坝的始建时间均在 5000 多年前的良渚文化早期，其中水坝建设持续了四五百年之久，也就是说良渚先民刚在这里站稳脚跟，就开始雄心勃勃地要改天换地，单单兴建莫角山宫殿区，他们就把地面垫高了大约 15 米。

良渚水利系统总土方量约为 288 万立方米，蓄水总量则达到 4600 万立方米，工程量与蓄水量的比例约为 1∶16，即使以现代水利工程标准来衡量，良渚水利系统也是非常高效的。最远的坝体与古城间的直线距离约 11 千米；高坝与低坝间距离达 3.5 千米；塘山长堤距离古城最近，约在城北 2 千米处，整个工程超出了肉眼所能看到的距离。良渚人的"上帝视角"使他们可以在数十平方千米的范围内，规划设计如此庞大和高效的水利工程。

坝体的高度同样被控制得相当精确。东高坝三条坝的坝顶均为海拔 30 米，西高坝三条坝的坝顶均为海拔 40 米，平原低坝坝顶均为海拔 10 米，它们之间被山体隔断，那么良渚人又用什么办法来控制坝体的高程？

在修筑水坝的过程中，良渚先民大量使用一种被称为草裹泥的工艺。先民们在沼泽地上取土，然后用茅荻包裹土块，再用竹篾进行绑扎固定，最终以纵横交错的方式进行堆筑。实验表明，通过草裹可以提高泥土的强度达 6 倍，而纵横交错堆砌的承载力是顺缝摆放的 2 倍，这种工艺相当于现代抗洪抢险时的沙包或土工袋，可见良渚人对于水利工程施工已经有了相当深刻的了解。

直到良渚文明衰落时，水利系统仍然在正常发挥功能。但良渚文明在距今约4300年前突然衰落。研究表明，在嘉兴、德清、良渚地区的广大区域里，地层中都发现了一种黄粉土，它们来自长江入海口，被海潮带到杭州湾，再被冲到今天浙江杭嘉湖地区。混合着海水的洪水使良渚地区变成了一片盐碱滩涂。更可怕的是这样的大洪水反复发生，在良渚古城的低洼处形成了一两米厚的黄粉土堆积，良渚人的家园就这样被彻底摧毁了。良渚人撤退了，这些水坝却留了下来，直到2000年后的商代，人们为了排水在垄上挖掘了沟槽。

这11条水坝，是良渚人的伟大创造，也是5000年前世界上最发达的水利系统。那么，良渚先民们究竟用什么方法进行测绘和计算？他们这种成熟的规划、设计和施工能力又从何而来？中华文明的创造密码和原始基因也许就蕴藏在这些水坝中。

（四）洪水超越了水利工程的承载力

良渚文化出现在距今5300—4100年，位于全新世第二个和第三个气候比较温凉干燥的时期，这与大量良渚文化遗址孢粉组合所反映的当时气候相对比较温凉干燥是一致的。长江三角洲和环太湖地区，在全新世中期长达1200年的长时期中，气候环境比较优越，为良渚文化的发展和积累提供了有利的条件。暖湿气候期的降水量明显要比现今多些，形成了江河湖泊的高水位与高海平面造成的相互影响的复杂情况，千年尺度的暖湿气候期，使长江下游环太湖大部分地区处在水泽环境之中，这是导致良渚文化消失的基本原因。

虽然我们有时很难将江河湖泊的高水位与海侵二者严格区分开来，但是不论是受二者的其中之一的影响，或者是受二者共同的影响，但在4100年前，包括良渚在内的环太湖的大部分地方均处在水泽之中，在大量良渚文化遗址的文化层上，普遍存在一层厚约0.5米以上的黑色水相沉积物，这就是长期处于浅海底或湖沼底部的证据。

良渚文化消失的时间是距今 4100 多年前，与尧、舜、禹时代的大洪水在时间上是一致的。[①] 良渚文化的消失可能与尧、舜、禹时代长江流域的大洪水有关。这在很大程度上说明，大禹治水时期确实已经拥有了极高的水利工程技术。这虽为大禹治水、消除水患奠定了基础，但这只是为治理洪水提供了一种可能性，良渚文化的消失表明人类在自然灾害面前的脆弱。然而，大禹治水又在深层次表明，中华优秀传统文化中挑战自然、战胜自我的民族精神，成为鼓舞我们在人类文明发展进程中踔厉奋发的源源动力。

八、大禹治水与夏朝的建立

洪水影响到中国文明进程的发展，不同氏族在洪水中或兴或衰。如龙山文化首次发现于山东章丘龙山镇，后来在黄河中下游地区都有同一时期类似文化层发展，距今 4500—4000 年。属于龙山文化时期的河南辉县孟庄龙山城址就发现了被洪水冲毁的例证。孟庄城址夯土墙有很大一部分被水冲毁，冲掉的夯土切入了生土层，形成大面积淤土。孟庄遗址在龙山文化后就出现了空白期。同时期的登封王城岗和山西陶寺遗址也有发现大洪水痕迹。黄河中下游繁荣昌盛的龙山文化，突然在距今 4000 年的时候整体性消亡。

我国著名气象学家竺可桢通过对考古发掘资料研究，推出了这一时期存在大暖期气候，主要影响就是雨水多，相当于"雨季"。当人类生产能力较弱的时候，受环境和天气的影响就会比较大。值得注意的是，以玉器盛名的良渚文化也在这个时期消亡了。文明在自然灾害面前的生存力是相当脆弱的。在治水的过程中，大禹治水需要动员与整合更多的力量，同时也帮助诸多氏族"治理"了洪水灾害，安定灾后氏族社会生产和生活，树立了自身的威望并促进了政令的推行，强化了与其他氏族的政治联系。

---

① 徐国昌：《寻找良渚文化消失之谜》，《中国气象报》2008 年 6 月 30 日第 4 版。

《淮南子》："禹沐淫雨，栉疾风，决江疏河，凿龙门，辟伊阙，修彭蠡之防，乘四载，随山刊木，平治水土，定千八百国。夙兴夜寐以致聪明，轻赋薄敛以宽民力，布德施惠以振困穷，吊死问罪以养孤孀，百姓亲附，政令流行。"①

《左传》："禹会诸侯于塗山，执玉帛者万国。"②《尚书璇玑钤》："禹开龙门，导积石，决岷山，治九贡。"③《尚书·书叙》："禹别九州，随山浚川，任土作贡。"④

禹治"九贡"表明禹与其他氏族建立起了政治上的贡赋关系，甚至对其他氏族具有了生杀之权，传禹在会稽召集氏族会盟，防风氏后至而被残杀，《国语·鲁语下》："禹致群神于会稽之山，防风后至，禹杀而戮之，其骨节专车。此为大矣。"⑤塗山之会"执玉帛者万国"，可能即有禹的强势而致。

禹在治理大洪水的过程中，塑造了"竭力以劳万民"的形象，《史记·夏本纪》载禹"劳身焦思，居外十三年，过家门不敢入。薄衣食，致孝于鬼神；卑宫室，致费于沟淢"⑥《淮南子·要略训》亦言："禹之时，天下大水。禹身执虆垂，以民为先，剔河而道九岐，凿河而通九路，辟五湖而定东海。当此之时，烧不暇撌，濡不给扢。死陵者葬陵，死泽者葬泽，故节财薄葬，闲服生焉。"⑦

《韩非子·五蠹》亦载："禹之王天下也，身执耒锸，以民为先；股无胈，胫不生毛：虽臣虏之劳，不苦于此矣。"⑧

---

① （汉）刘安撰，何宁整理：《淮南子集释》卷一九《修务训》，第1313、1314页。
② （清）洪亮吉撰，李解民点校：《春秋左传诂》卷二〇《传·哀公》，第859页。
③ （宋）李昉等：《太平御览》卷八二《皇王部七·夏帝禹》引《尚书璇玑钤》，第380页。
④ （清）孙星衍撰，陈抗、盛冬铃点校：《尚书今古文注疏》卷三〇《书叙》，第560页。
⑤ （春秋）左丘明撰，王树民、沈长云整理：《国语集解·鲁语下》，中华书局2002年版，第202页。
⑥ （汉）司马迁：《史记》卷二《夏本纪》，第51页。
⑦ （汉）刘安撰，何宁整理：《淮南子集释》卷二一《要略训》，第1460、1461页。
⑧ （战国）韩非撰，（清）王先慎集解，钟哲点校：《韩非子》卷一九《五蠹》，第443页。

但禹谦卑自省，自言德薄，不能化民，"（禹）南到计于苍悟而见缚人，禹拊其背而哭。益：'斯人犯法，自合如此，哭之何也?'禹：'天下有道，民不罹辜；天下无道，罪及善人。吾闻一男不耕，有受其饥；一女不桑，有受其寒。吾为帝，统治水土，调民安所，使得其所，今乃罹法如斯，此吾德薄，不能化民证也，故哭之悲耳。'"①

洪水的消失也使禹自认拥有天命，《吴越春秋·越王无余外传》："禹济江，南省水理，黄龙负舟，舟中人怖骇。禹乃哑然而笑曰：'我受命于天，竭力以劳万民。生，性也；死，命也。尔何为者?'颜色不变，谓舟人：'此天所以为我用。'龙曳尾舍舟而去。"《史记·夏本纪》在谈到舜帝在世时，禹已经成为了"山川神主"，掌握了山川的祭祀权，并最终获得了被"荐于天"的政治地位："天下皆宗禹之明度数声乐，为山川神主。"②"帝舜荐禹于天，为嗣。"③ 这也是禹获得氏族拥戴的重要条件之一。

禹继鲧治理洪水，表明在氏族政治中存在父死子继的情况，但功业则是氏族联盟选择领导人物的决定因素，舜死后其子商均欲继承舜的地位，就因声望不足而失败："（舜）三年丧毕，禹避舜之子商均于阳城。天下诸侯皆去商均而朝禹，禹于是遂即天子位，南面朝天下。国号夏后，姓姒氏。娶塗山氏之女，生子启。禹东巡狩，至于会稽而崩。"④"十七年而帝舜崩。三年丧毕，禹辞辟舜之子商均于阳城。天下诸侯皆去商均而朝禹。禹于是遂即天子位。"⑤ 在此前兴盛的龙山文化圈和良渚文化圈，受到了灭顶之灾，相关部落势力衰微，甚至灭亡。⑥

史载禹以德致天下："禹知天下之叛也，乃坏城平池，散财物，焚甲兵，

---

① （汉）赵晔，（元）徐天祐注：《吴越春秋·越王无余外传》。
② （汉）司马迁：《史记》卷二《夏本纪》，第82页。
③ （汉）司马迁：《史记》卷二《夏本纪》，第82页。
④ （汉）司马迁：《史记》卷二《夏本纪》，第83页。
⑤ （汉）司马迁：《史记》卷二《夏本纪》，第82页。
⑥ 张新斌：《上古时期的洪水治理与国家的形成》，《河南师范大学学报（哲学社会科学版）》2019年第4期。

施之以德，海外宾服，四夷纳职，合诸侯于塗山，执玉帛者万国。"① 但禹的势力的发展，也有战争的因素在内。这些战争除打败相柳氏之外，最重要的就是"禹征三苗"。"禹征三苗"应是大禹治水期间，发动的规模最大的一场战争，《墨子·非攻下》：

> 昔者三苗大乱，天命殛之。日妖宵出，雨血三朝，龙生于庙，犬哭乎市，夏冰，地坼及泉，五谷变化，民乃大振。高阳乃命玄官，禹亲把天之瑞令，以征有苗。四电诱祇，有神人面鸟身，若瑾以侍。搤矢有苗之祥，苗师大乱，后乃遂几。禹既已克有三苗，焉磨为山川，别物上下，卿制大极，而神民不违，天下乃静。则此禹之所以征有苗也。②

这一记载表明，禹乘三苗内乱，发生天灾，对三苗发动战争，并且有神之助，最终打败了三苗。三苗本来不是禹的势力范围，禹以此战确立了对三苗的军事政治优势。禹征三苗其实是尧、舜以来"华夏"与"苗蛮"两大集团之间斗争的继续，尧、舜时期都曾对三苗展开过战争："尧战于丹水之浦，以服南蛮。舜却苗民，更易其俗。"③ 三苗同样属于南方势力强大的氏族，尧、舜屡征三苗而仅在禹时给予其沉重打击。

户口是国家财富的象征，方国减少则是集权势力的发展。禹时期已经强化了对天下财富与方国的控制，《文献通考·户口考一》："夏禹平水土为九州，人口千三百五十五万三千九百二十三。涂山之会，诸侯执玉帛者万国。及其衰也，诸侯相兼，逮汤受命，其能存者三千余国，方于涂山，十损其七。周武王定天下，列五等之封，凡千七百七十三国，又减汤时千三百国，人众之损亦如之。周公相成王，致理刑措，人口千三百七十万四千九百二十三，

---

① （汉）刘安撰，何宁集释：《淮南子集释》卷一《原道训》，第 30 页。
② （清）孙诒让撰，孙启治点校：《墨子间诂》卷五《非攻下》，第 146—148 页。
③ （秦）吕不韦编，许维遹集释：《吕氏春秋集释》卷二〇《恃君览》，第 559 页。

此周之极盛也。"[1]

九、中西洪水神话比较

以"大洪水"为题材和背景的洪水神话是世界上流传范围最广，影响力最大的神话类型之一。从现存的文献资料看，洪水神话出现于人类几乎所有最古老的文献，中国、美索不达米亚、希腊、印度、玛雅等文明中，都有和洪水有关的神话故事，闻名于世的如《圣经·创世纪》中的"挪亚方舟"和我国上古时代鲧禹治水的传说。英国人类学家葛瑞姆·汉卡克在《上帝的指纹》一书中，收集了大量洪水神话，除了"挪亚方舟"和鲧禹治水外，还包括中东苏美尔神话、中美洲阿兹特克神话、玛雅族的洪水神话、阿拉斯加神话、马来西亚神话以及日本、澳洲大洋、印度、希腊等地的洪水神话。[2]

中国古代的水旱灾害，往往被视为"天意"，是"天"对人类的惩罚。但那些远古时期的皇王，往往是拥有"天命"的"圣人"；如果"天"对"人"展开惩罚，帝王是主要责任者，《吕氏春秋·顺民》："昔者汤克夏而正天下，天大旱，五年不收，汤乃以身祷于桑林，曰：'余一人有罪，无及万夫。万夫有罪，在余一人。无以一人之不敏，使上帝鬼神伤民之命。'于是翦其发，郦其手，以身为牺牲，用祈福于上帝，民乃甚说，雨乃大至。"[3]《淮南子·主术训》："汤之时，七年旱，以身祷于桑林之际，而四海之云凑，千里之雨至。"[4]汉代荀悦《申鉴·杂言上》："汤祷桑林，邾迁于绎，景祠于旱，可谓爱民矣。"[5]《帝王世纪》："汤自伐桀后，大旱七年。殷史卜：'当以人祷。'汤：

---

① （元）马端临：《文献通考》卷一○《户口考一·历代户口丁中赋役》，中华书局 2011 年版，第 263 页。

② ［英］葛瑞姆·汉卡克：《上帝的指纹》，胡心武译，新世界出版社 2007 年版，第 225—238 页。

③ （清）孙希旦撰，沈啸寰等点校：《吕氏春秋集解》卷九《季秋纪第九·顺民》，第 200、201 页。

④ （汉）刘安撰，何宁整理：《淮南子集释》卷九《主术训》，第 620 页。

⑤ （汉）荀悦撰，（明）黄省曾注，孙启治校补：《申鉴注校补·杂言上第四》，中华书局 2012 年版，第 148 页。

'吾所为请雨者民也，若必以人祷，吾请自当。'遂斋戒，剪发断爪，以己为牲，祷于桑林之社。言未已而大雨，方数千里。"①

《孟子》记载："《书》：'泽水警余。'泽水者，洪水也。使禹治之，禹掘地而注之海，驱蛇龙而放之菹，水由地中行，江淮河汉是也。险阻既远，鸟兽之害人者消，然后人得平土而居之。"② 所谓"泽水警余"，即是指天下泽水，警示天下之人，洪灾同样是上天给帝王的警示。《淮南子·修务训》："昔禹治洪水，具祷阳纡。"③ 禹治水同样祈祷上天，"具祷阳纡"，以求消除洪水之患。"薄衣食，致孝于鬼神"也是如此。

面对洪水灭世的灾难，国外的洪水神话基本都是采取躲避逃生、保全性命的观点，如苏美尔、巴比伦、希伯来、希腊、印度等民族的神话和"挪亚方舟"的故事如出一辙。但中国远古先人在祷天息祸的同时，女娲、共工和鲧、禹更重治水实践，始终强调的是自力"治水"的主题。中国的洪水神话突出反映了实干息灾的精神，注入了远古人群崇高的人格力量和坚强的生命意志。在我们看来，敬天享天之佑，修己求实用之功，是治水神话体现的重要的民族性格。

在西方洪水神话中，生存下来的人都是得到神的庇佑的善人。从"人本主义"的角度看，希伯来神话中的挪亚就是耶和华的奴隶。他对神唯命是从，对神给人类制造的灾难没有丝毫的异议，为神的行为辩护，寻找正当的理由，因为自己的得救而更加敬奉神。正如弗雷泽所说："基督教用以征服世界的力量，在很大程度上来源于这种对上帝的道德性质的崇尚和人们强迫自己遵奉上帝的责任感。"④ 希腊神话中丢卡利翁夫妇逃过了灭世的大灾难后，在神谕的指引下"抛石成人"，人类将他们的幸存归功于他们的善良与敬神，因为他

---

① （唐）欧阳询撰，汪绍盈校：《艺文类聚》卷一二《帝王部二·殷成汤》引《帝王世纪》，第222页。

② （清）焦循注，孙德彩校点：《孟子正义》卷一三《滕文公章句下》，第1259—1260页。

③ （汉）刘安撰，何宁整理：《淮南子集释》卷一九《修务训》，第1318页。

④ ［英］詹姆斯·乔治·弗雷泽著：《金枝》，赵昭译，第78页。

们是神认可的"义人"。

世界洪水神话的普遍性证明各民族从远古时期在与自然的搏斗中，都有着探索自然、思考自身、改进自身的相同价值观，我们通过对各类洪水神话具体故事情节的对比研究，发现由于中外洪水神话既具有很多相同点，又各具特色，分别体现着各自民族的文化特点和价值观念，为探求不同民族文化的起源提供了一个实际的依据。[①]

总之，大洪水直接促进了中国古代文明的发展进程与氏族间的文化融合。这一时期，所有部落都面临着大洪水威胁这一"生死存亡"的问题，从而促进了部落关系的发展与更大范围的部落同盟。为了躲避和治理洪水，开始了频繁的搬迁和交流。占据了洪水影响比较小的山西南部和河南西部的尧舜禹部落发展壮大起来。它们通过治水及对三苗、相柳氏等族的战争，及对防风氏等部族的威压，形成了极高的威望与凝聚力。这为夏王朝的建立奠定了基础。相反，史前洪水也导致了龙山文化等其他文化的衰落，气候环境的变迁对人类社会发展具有重要的影响。

---

① 杜曼、曾庆敏：《中西"大洪水"神话的文化含义——比较西方〈圣经〉和中国神话中的大洪水》，《北京城市学院学报》2008 年第 6 期，第 84—87 页。

第九章　从开辟到丈量——远古
时期的大地测量传说

随着五帝时期社会生产的发展与各氏族的融合，强大氏族开始通过测量大地掌握天下地理形势，以此彰显自身天下共主的政治权威。似乎尧时期就对大地展开过测量工作，在"羿射十日"、訾尧战争之后，"天下广狭、险易、远近，始有道里"①。并且"允恭克让，光被四表，格于上下"②。"四表"也即广阔的大地。大禹最突出的功绩是治理洪水和划分九州，二者都与地理知识的发展密切相关，《史记·夏本纪》："（禹）行山表木，定高山大川……左准绳，右规矩"，"开九州，通九道，陂九泽，度九山"③。据此，禹应展开过大规模的大地测量工作。那个时代展开这种繁重而精密的活动，在我们今天看来虽是不可能的，但在历史上又确然存在过。

一、远古大地测量的传说

尧时期就已经有了一套相对完备的测量天文地理的管理机构，并实施过实际的天文测量工作，《尚书·尧典》："乃命羲、和，钦若昊天，历象日月星辰，敬授民时。分命羲仲，宅嵎夷，旸谷。""申命羲叔，宅南交，明都，平

---

① （汉）刘安撰，何宁整理：《淮南子集释》卷八《本经训》，第574—578页。
② （清）孙星衍撰，陈抗、盛冬铃点校：《尚书今古文注》卷一《虞夏书一·尧典》，第5页。
③ （汉）司马迁：《史记》卷二《夏本纪》，第51页。

秩南讹，敬致。"　"分命和仲，宅西，昧谷。"　"申命和叔，宅朔方，幽都。"　帝："咨！汝羲暨和。期三百有六旬有六日，以闰月定四时，成岁。允厘百工，庶绩咸熙。"① 这说明，测量天文地理的工作在尧之前就已经长期存在了。

传说羲和是黄帝的"日官"②，即观测太阳的"官员"。《山海经·大荒南经》："东南海之外，甘水之间，有羲和之国。有女子名曰羲和，方日浴于甘渊。羲和者，帝夋之妻，生十日。"③ 高辛氏时期的"羲和"，其身份应是掌握天文历法、与高辛氏存在特定的通婚关系的"巫"，可能传统中的高辛氏之"妻"出自羲和一族。"羲和"所生的"十日"，很大程度上应是"十月太阳历"的写照。

在《尚书·尧典》里，"羲和"仍然存在，但羲、和各为一"官"；羲和也不是高辛氏之"妻"，而是掌管天文历象的两位"职官"。神话传说中所见的"重黎"也是司天文的执事者，羲、和察天文、定历法也以"浑仪"相参，《文耀钩》："高辛受命，重黎说天文；唐尧即位，羲和立浑仪。"④ 高辛氏重天文，帝尧兼重地理，故帝尧时代，"天下广狭、险易、远近，始有道里"⑤。尧似乎在打败高辛氏之后，进行了"天下"地理"大普查"，推动了地理知识的大发展。

大禹在治理洪水的过程中"周行天下"，进一步深化了对"天下"地理的认知，《海内十洲记》："昔禹治洪水既毕，乃乘蹻车度弱水而到此山，祠上帝于北阿，归大功于九天。又禹经诸五岳，使工刻石识其里数高下，其字科斗

---

① （清）孙星衍撰，陈抗、盛冬铃点校：《尚书今古文注》卷一《虞夏书一·尧典》，第10—23页。

② （清）吴任臣撰，吴兴芬整理：《山海经广注》卷七《海外西经》引《冠编》，凤凰出版社2018年版，第170页。

③ 袁珂校注：《山海经校注·海经新释》卷一○《大荒南经》，第323—324页。

④ （宋）李昉等：《太平御览》卷二《天部二·浑仪》引《文耀钩》，第10页。

⑤ （汉）刘安撰，何宁整理：《淮南子集释》卷八《本经训》，第574—578页。

书，非汉人所书。"①《吴越春秋》："禹，案《黄帝中经》见圣人所记：'在九疑山。东南天柱，号宛委。承以文玉，覆以盘石。'其书简，青玉为字，编以白银。禹乃东巡狩，登衡山求之，卧见赤绣衣男子，自称玄夷苍水使者，来候禹，令禹斋三月，更求之。禹乃斋三月，登宛委山，取得书通水经。遂周行天下，使益疏记之，名《山海经》。"②

据说记录天下地理的《山海经》始见于尧舜年代，至大禹时期方成大功，《山海经·叙录》：

> 《山海经》者，出于唐虞之际。昔洪水洋溢，漫衍中国，民人失据，崎陨（崎岖）于丘陵，巢于树木。鲧既无功，而帝尧使禹继之。

> 禹乘四载，随山栞（刊）木，定高山大川。益与伯翳主驱禽兽，命山川，类草木，别水土。四岳佐之，以周四方，逮人迹之所希至，及舟舆之所罕到。

> 内别五方之山，外分八方之海，纪其珍宝奇物，异方之所生，水土草木禽兽昆虫麟凤之所止，祯祥之所隐，及四海之外，绝域之国，殊类之人。

> 禹别九州，任土作贡；而益等类物善恶，著《山海经》。皆圣贤之遗事，古文之著明者也。其事质明有信。③

清代毕沅《山海经·新校正序》对此论述更为翔实：

> 《山海经》作于禹益，述于周秦。其学行于汉，明于晋。而知之者，魏郦道元也。《五藏山经》三十四篇，实是禹书。禹与伯益主名山川，定其秩祀，量其道里，类别草木鸟兽。今其事见于《夏书·禹贡》《尔雅·释地》。……《夏书》云："奠高山大川"，孔子告子

---

① （汉）东方朔：《海内十洲记》"昆仑"，景印文渊阁《四库全书》子部·小说类（第1042册），上海古籍出版社1995年版。
② （宋）李昉等：《太平御览》卷八二《皇王部七·夏帝禹》引《吴越春秋》，第381页。
③ 袁珂校注：《山海经校注·叙录》，第398页。

张以为牲币之物，"五岳视三公"，小名山视子男。按此经云：凡某

山至某山，其祠之礼：何用何瘗；糈用何，是其礼也。[①]

据《山海经·叙录》《山海经·新校正序》来看，《山海经》中的山川地理知识，并不是一时一人之力，而是长时期地理知识积累的结果。禹虽然在《山海经》著作中发挥了重要作用，但益、夔、四岳也在其中做出了贡献。这些远古氏族首领最突出的功绩，是将"天下"划分为"九州"。《尚书·夏书·禹贡》所载禹时期的"九州"为豫州、青州、徐州、扬州、荆州、梁州、雍州、冀州、兖州。九州北有燕山山脉、渤海湾和辽东，南至南海，西至甘肃接西域，东至东海。九州是当时学者对未来统一国家的一种规划，反映了他们的统治地域、人群归属的政治理想境界。

传说禹对天下土壤展开了调查，并测量了垦田顷亩："尧遭洪水，天下分绝，使禹平水土，别九州。冀州，厥土白壤，无块曰壤。厥田惟中中，厥赋上上错。兖州，厥土黑坟，色黑而坟起。厥田惟中下，厥赋贞。青州，厥土白坟，厥田惟上下，厥赋中上。徐州，厥土赤埴坟，土黏曰埴。厥田惟上中，厥赋中中。扬州，厥土惟涂泥，地泉湿。厥田惟下下，厥赋下上上错。荆州，厥土惟涂泥，厥田惟下中，厥赋上下。豫州，厥土惟壤，下土坟垆，厥田惟中上，厥赋错上中。梁州，厥土青黎，色青黑，沃壤也。厥田惟下上，厥赋下中三错。雍州，厥土黄壤，厥田上上，厥赋中下。九州之地，定垦者九百一十万八千二十顷。"[②] 这至少表明禹时期的测量、考察技术已经具备了相当的水准。

二、大地的东西南北距离

羲、和也好，重、黎也罢，禹、益也可，这些人积累的地理知识，最终汇聚于各类文献之中。其中中国古代天地的四至观，最早见于《山海经·中

---

① （晋）郭璞注，（清）毕沅校：《山海经·新校正序》，上海古籍出版社1990年版，第1页。

② （元）马端临：《文献通考》卷一《田赋考一·历代田赋之制》，第1页。

次十二经》："天地之东西二万八千里，南北二万六千里。出水之山者八千里，受水者八千里，出铜之山四百六十七，出铁之山三千六百九十。"① 但这里或后世"四海之内"的东西南北距离，指的是"有君长者"即所知氏族部落分布地的四方距离，《尸子》："八极之内有君长者，东西二万八千里，南北二万六千里。"② 但《河图括地象》中"八极"之地大于禹所治"四海之地"："八极之广，东西二亿三万三千里，南北二亿三万一千五百里。夏禹所治四海内地东西二万八千里，南北二万六千里。"③

"八极"或"四海之地"应属于尧舜禹时期所知氏族部落的分布区。后世的地理距离多以禹治"四海之地"为基本标准，而那些帝王将相对这些地理数据也相当熟悉，《管子》卷二三《地数第七十七》："桓公曰：'地数可得闻乎？'管子对曰：'地之东西二万八千里，南北二万六千里。其出水者八千里，受水者八千里。出铜之山四百六十七山，出铁之山三千六百九山。此之所以分壤树谷也。戈矛之所发、刀币之所起也。'"④ 掌握这些数据也许属于那些精英将相的基本素养，也是国家发展经济必备的地理知识。

《吕氏春秋·有始览》："凡四海之内，东西二万八千里，南北二万六千里。"⑤ 并且认为这是禹时期已经形成的地理概念，是禹命太章、竖亥测量大地的结果，《淮南子·地形训》："阖四海之内，东西二万八千里，南北二万六千里，水道八千里，通谷六，名川六百，陆径三千里。禹乃使太章步自东极至于西极，二亿三万三千五百里七十五步，使竖亥步自北极至于南极，二亿三万三千五百里七十五步。"⑥ 在原始社会经济、文化、科技、交通、语言相对落后的形势下，这种大地测量工作有实现的可能吗？

---

① 袁珂校注：《山海经校注·山经柬释》卷五《中次十二经》，第169页。
② （战国）尸佼著，黄曙辉点校：《尸子》卷下，第40页。
③ （宋）李昉等：《太平御览》卷三六《地部一·地上》引《河图括地象》，第171页。
④ 黎翔凤校注，梁运华整理：《管子校注》卷二三《地数第七十七》，第1352页。
⑤ （秦）吕不韦编，许维遹集释：《吕氏春秋集释》卷一三《有始览》，第281页。
⑥ （汉）刘安撰，何宁整理：《淮南子集释》卷四《坠形训》，第321页。

三、这些数据是如何测得的

这些文献记载的大地东西南北多少"里"、多少"步"是如何测量的？它们具有真实性吗？20世纪发现的高度疑似尧都平阳的"陶寺遗址"，显示了尧时期确然存在着发达的测量技术，这些数据具有较强的实测性。陶寺遗址位于山西襄汾，被普遍认为是"尧都平阳"。陶寺文化是龙山时代晚期的一支独立的考古学文化，始于距今4300余年，主要分布于晋南临汾盆地，陶寺城址是陶寺文化的文化中心和政治中心。早期城址56万平方米，中期城址280万平方米。城内有宫殿区、王陵区、下层贵族居住区、平民区、仓储区、观象祭祀区、手工业作坊区等功能区划，是一个初具规模的都城。许多学者认为陶寺城址为尧都平阳或尧舜并都之。

王城岗城址位于河南登封告成，坐落在战国阳城遗址的西南，元代观星台遗址西南约1千米处。王城岗先建有小城，面积约1万平方米；后建大城，面积约34.9万平方米。小城内有大量夯土遗存，大城内有大型夯土基址迹象，可能具有都城性质。大城的建成和使用年代大约为公元前2110—2020年，大约相当于陶寺中期城址年代。王城岗小城年代大致相当于陶寺早期城址晚段，只是面积过小，基本不可能具有都城性质。部分学者认为王城岗早期小城为"鲧做城"，大城为"禹都阳城"。

陶寺遗址已有丰富的天文知识，如发掘出用于测量日影长度的木胎漆绘圭尺。圭尺上有20个标出的刻度，其中第11个突出（距离顶端39.9厘米）。现代复原实验发现，当地夏至正午日影长度与第11刻度重合等，圭尺上的20个刻度代表20个节气。同时，《周髀算经》记载地中标准为夏至正午日影长度"一尺六寸"，恰好符合第11刻度，说明陶寺先民认为自己就位于"地之中央"，故而被称为"最早的中国"。

遗址还发掘出陶寺古观象台，用于观测日影确定节气。与木胎漆绘圭尺一样，可以得到20个节气，包括二分二至，印证了帝尧"历象日月星辰，敬授民时"的记载。观象台东 1 号缝应该是 18.6 年一个周期的"月南至"观测缝。因此,帝尧时极有可能已经"阴阳合历",即帝尧"期三百有六旬有六日,以闰月定四时"。陶寺先民拥有极为丰富的天文知识,而天文强的,地理往往也不差,两者属于互补的关系。那么,陶寺先民有没有可能测量欧亚大陆呢?

从帝尧到大禹时代中国古人确实进行过大范围的地理测量,使用的长度单位就是 1 尺=今 25 厘米,1 步=5 尺=今 125 厘米、1 里=200 步=1000 尺=今 250 米。按照当时 1000 尺=1 里=250 米计算,28000 里相当于现在的 7000 公里,26000 里相当于 6500 公里。在地球上北纬 34.35 度的纬度处从东向西直行,从中国的东部沿海出发,过中国中原地区也就是夏人所居住的地区,向西越过昆仑山和西亚地区,将直达叙利亚地中海沿岸。登封告成王城岗纬度为 34°24′,按地球平均半径 6371 公里计算,这一纬度的纬圈长度为 $2\pi \times 6371 \times \cos 34°24′ = 33012$ 公里。在这一纬度中国东部沿海的经度约在东经 120 度,叙利亚地中海沿岸所在的经度约为东经 36 度,跨越 84 度经度,其长度为 $33012 \times 84 \div 360 = 7703$ 公里。

对比当时的 28000 里相当于现在的 7000 公里,如果认为东西 28000 里是当时实测所得,则东西方向测出的距离较真实距离小 2812 里(703 公里),测量误差为 10%。在王城岗所在的经度(东经 113 度 7 分)上,欧亚大陆最南端的纬度约 22 度,最北端的纬度约 74 度,跨越 52 度。经向长度为 $\pi \times 6371 \times 52/180 = 5579$ 公里。对比古代的 26000 里等于现在的 6500 公里,经向的测量较实际值大出 3684 里(921 公里),误差 16.5%。因为南北向的测量很难保证在同一条经线上,17、18 世纪在海上确定经度仍然是欧洲人面临的一个巨大的难题,所以经向距离的测量较实际值偏大完全在预料之中。加之如果当时测量最南端的地点向西偏移到雷州半岛最南端甚至海南岛的南端,则纬度要低 2—4 度;如果北端的地点偏西,到达泰梅尔半岛,则纬度要高 2—4 度,都会造成测出的距离偏大。纬度 4 度的经度长度约 445 公里,相当于当时的

1780 里。由此看来，先秦到汉代文献中一致认为的大地东西 28000 里、南北 26000 里应该不是出于凭空臆想的杜撰。

同样的早期 1 里＝今 250 米的长度既符合大禹的五服范围，也符合大地东西 28000 里、南北 26000 里的欧亚大陆范围。就是说，即使除去早期 1 里＝今 250 米这个前提，东西 28000 里、南北 26000 里的"四海内地"范围与大禹五服的范围在真实的大地上是符合正确的比例关系的。因此，古代的这些说法不是某个时代学者的"理想化的构造"，而是真正的史实。[①] 传说中的"八极"之地的地理范围当然超出了欧亚大陆的范围，甚至以"重译"获得的地理知识达及美洲也不是不可能的。

四、尧舜禹时期具备了地理测定条件

在中国古文献的记载中，帝尧最突出的功绩之一，是制定历法等与天文有关的业绩，即"钦若昊天，历象日月星辰，敬授民时"[②]。陶寺时应该已经有了正午日影观测，同时还保留着观测日出方位定季节的古老方法，说明当时应该处在测日影的早期阶段。陶寺人观测到的夏至日影是 1 尺 6 寸，很可能是尧时期在陶寺早期城址天文观测台上测量的数据。这些相对精密的测量技术，为尧舜禹时期展开大地测量奠定了基础。

1. 陶寺观象台的地平历系统

2003 年，中国社会科学院考古研究所山西队在山西襄汾陶寺遗址中期小城内，发现大型建筑基址。基址由夯土台基和生土台芯组成，台基直径约 40 米，总面积约 1001 平方米，第三层台基生土台芯直径约 28 米，面积约 323 米。发掘揭露第三层台基夯土挡土墙内侧有 11 个夯土柱和 10 道缝，为人工挖造而

---

① 徐凤先：《中国文明早期对于大范围地理距离的认知》，《中原文化研究》2017 年第 1 期，第 13—20 页。

② （清）孙星衍撰，陈抗、盛冬另点校：《尚书今古文注疏》卷一《虞夏书一·尧典》，第 11 页。

成。2005 年，由考古界、科学史界以及天文界的专家共同论证，初步推测该半圆形基址可能具有天文学功能，其中最大的可能性为观测不同节气日出方位的地平历系统。自 2003 年 12 月至 2005 年 12 月，考古所山西队搭设简易铁架进行了两年的实地模拟观测总计 72 次，在缝内看到日出 20 次。由计算和实地观测都表明，在冬至、夏至和春秋分，陶寺观象台都有狭缝对应相应的日出方位，不过陶寺观象台的其他狭缝并非与我们现在所使用的二十四节气系统一一对应。陶寺时期很可能已经具备了完善的通过观测日出方位定季节的地平历系统。

2. 《周髀算经》中的冬夏至影长与陶寺相符

根据考古发掘，山西襄汾陶寺城址分为早期小城（面积 56 万平方米）和中期大城（面积 280 万平方米）。早期小城年代为公元前 2300 年至前 2100 年，中期大城年代为公元前 2100 年至前 2000 年。陶寺遗址具备发达的物质文化和精神文明特征，而且凸显出都城特征和国家社会性质，又因"尧都平阳"的文献记载，被多数学者视为尧舜之都。

对于一种农业文明而言，依常理推断，具有类似于陶寺观象台这样的专门性观象授时功能的建筑，也应该意味着农业文明已经发展到有明确分工的程度。另外，由于在中国古代观象授时是君权的象征，因此天文方面的发现也暗示着陶寺时期已经具有国家的形态，且陶寺是一个国家的都邑。由《周髀算经》中所记载的，冬至影长一丈三尺五寸，夏至影长一尺六寸，经改正蒙气差，计算观测地纬度大约为 35 度 37 分 4 秒，通过黄赤交角算得观测时间距今约 4400 年。使用 GPS 在陶寺观象台测量，测得观象台纬度为北纬 35 度 52 分 55 秒；考古学家测定陶寺遗址距今 4300—4000 年。考虑到影长的测量误差，这两组数据之间已经相当接近。

因此可以推断，很可能《周髀算经》中的冬夏至影长为尧帝时期于山西襄汾陶寺所测。在随后的文明发展过程中，该数值被传承下来，但至春秋战国时期，数据来源已经不甚明确，因此被托为周公所做。

3. 陶寺中期王墓中发现的 IIM22：43 漆杆

2002 年在陶寺遗址一座王墓发掘到一根不明用途的漆杆。这座王级大墓 IIM22 位于陶寺中期王族墓地中，墓圹为圆角长方形，开口长 5 米，宽 3.65 米，底长 5.2 米，宽 3.7 米，墓底距地表深 8.4 米，墓口距地表深约 1.4 米，墓深约 7 米。在 IIM22 大墓中，共发现船形棺一座，还有残余绿松石嵌片、玉钺碎块、木柄、货贝等 46 件随葬品。

该漆杆 IIM22：43 下葬时树立在墓室的东南角，紧靠东南角壁龛口的西侧。漆杆发掘开始时曾被部分损坏，但损毁部分不超过 10 厘米。现保留下来的漆杆全长 171.8 厘米，下端保存完好，上端略有残损。漆杆为黑色、石绿和粉红三色环状，从漆皮剥落处可以看到木制纤维以及细线横向捆扎凹痕。在发掘过程中注意到顶部断面被挤压成蝴蝶状，因此估计漆杆原系木制空心管状杆体，是圆是方已无从判断。

4. 漆杆作为圭尺的使用方法

根据前文的分析，如果 IIM22 漆杆是测量日影所用的圭尺，则有两个问题需要解释。首先是圭尺的长度，目前残长 171.8 厘米，残损部分的长度未知，这个长度比陶寺冬至的日影要短不少。其次是粉色的环带可以作为刻度，不过这些日期对应的并不是现在所用的二十四节气系统。

在中国古代的日影测量中，使用翻杆测量的方法并不罕见。例如《周礼·地官·大司徒》中郑玄注："土圭之长尺有五寸，以夏至之日立八尺之表，其景适与土圭等"，即是一例。在考古发现中，也可见到方便携带的短圭尺。在清刊本《钦定书经图说》中可见反映古代日影测量的插图《夏至致日图》，其圭尺亦短于冬至影长。

通过计算，我们发现以 25 厘米为一陶寺尺计算，在陶寺时期立八尺之表，一年内最长的冬至影长约为 344.4 厘米，其一半约合 172.2 厘米。而漆杆残长 171 厘米。因此可以推断，漆杆的原长很可能就在 173 厘米左右。而经过一次翻杆后，圭尺的全长正好相当于陶寺冬至的影长。

　　山西襄汾陶寺中期王墓 IIM22 中出土的漆杆，很有可能是具有圭尺功能的王者礼器。这预示着在 4300 年前的陶寺时期，使用圭表测影已经是集天文观象授时功能与惟王建制的君权礼制于一身的活动。

　　IIM22：43 漆杆上的粉红色环带作为影长，所反映的日期与陶寺古天文台上的狭缝观测日出方位所反映的日期大致对应，可以作为陶寺 IIFJT1 大型建筑基址是迄今发现的最古老的天文台的有力证据。通过天文计算，我们复原了漆杆残损部分，认为其全长应在 173 厘米左右，并且中端残损部分至少有两个粉色环带，分别位于 60.46 厘米和 77.90 厘米的位置。①

　　稍后出于政治需要，禹建立自己的都城，继承既有的传统和意识形态，强调自己的新都城是地中，以标榜自己政权的合理性，同陶寺中期大城分庭抗礼，必须立中选址，于是经实测影长，确定告成一带夏至影长 1.5 尺。这是新地中标准，修建王城岗城址，与尧都平阳陶寺距离为 892 里，理论上视为 1000 里。这样，黄河中游地区在国家诞生的前后就产生了两个日影数据，这两个夏至日影正好相差 1 寸。

　　大禹最突出的功绩是治理洪水和划分九州，二者都与地理有关。《史记·夏本纪》等史籍记载大禹治水时，"行山表木，定高山大川。……左准绳，右规矩"。在这个过程中，开始了真正的大地测量。《周髀算经》开篇商高回答周公之问时说："数之法出于圆方，圆出于方，方出于矩，矩出于九九八十一。故折矩以为勾，广三，股修四，径隅五。既方其外，半之一矩，环而共盘，得成三四五。两矩共长二十有五，是谓积矩。故禹之所以治天下者，此数之所生也。"认为勾股之法是大禹治天下的数学计算基础。

　　这一说法应该是符合历史实情的，大范围的大地测量无疑会用到三角法。另一方面，有了大范围的测量，也会产生较"尺"更大的距离单位，即"里"。作为中国历史上第一个国家，必然有自己的管辖范围，有明确的距离

―――――――――――

　　① 黎耕、孙小淳：《陶寺 IIM22 漆杆与圭表测影》，《中国科技史杂志》2010 年第 4 期，第 363—372 页。

远近的概念，重要的地点之间的距离应该是清楚的。从尧都陶寺到禹都王城岗之间的距离在当时应该是很重要的。

从帝尧到大禹时代中国古人确实进行过大范围的地理测量，使用的长度单位就是 1 尺 = 今 25 厘米、1 步 = 5 尺 = 今 125 厘米、1 里 = 200 步 = 1000 尺 = 今 250 米。具体的测量方法是步测，竖亥自南向北测量，测量的步数就是《山海经·海外东经》中记载的"五亿十选（万）九千八百步"，即 5109800 步，这个"步数"按照 200 步 = 1 里换算成 25549 里，再简化为 26000 里，这就是文献中大地南北 26000 里的数据来源。大禹的"五服"也是实际测量出来的，从王城岗东面到海、西面到流沙、南面到禹伐三苗之地的距离都正好符合古代的 2500 里。[①]

五、为什么展开大地测量

从黄河中下游地区向东南西北四个方向走到大海的边缘，无疑是一种"劳民伤财"又没有明显的经济利益的行为，只有在特殊的意识形态的支持下并且有足够强大的国力才会实现。结合《尚书》中屡屡出现以"四海"来表示天下的范围，以及中国文明从帝尧到夏代处在国家形成的关键时期来看，在夏代形成前后，在一定地域范围结束了小部落或部落联盟的时代，或者近年考古学家认识的"古国"的时代，要建立具有特定政治关系的"国家"，确实需要了解"大地"四至、氏族分布。

《尚书·舜典》中的"四海"是说在帝尧殂落的时候"四海遏密八音"，也就是说在帝尧时代已经有了"四海"的概念；《大禹谟》开篇就说到"四海"，也说明在大禹之前已经有了"四海"的概念。帝尧时代就已经测量了大地（欧亚大陆），中国文明发展到这个阶段有了明确的"天下"的意识，竞相探索大地的广阔并将测量工作付诸实践，到了大禹的时代更是通过准确的测

---

① 徐凤先：《〈日影千里差一寸〉观念起源新解》，《自然科学史研究》2011 年第 2 期，第 151—169 页。

量得到了"五服"的范围。①

远古时期中国大地内的诸多强大的氏族，并非孤立存在而是有着密切的政治文化联系的。如古蜀虽然远离中原，却在其古史传说当中保留了大量与中原文化交流、交往的历史痕迹，其中一些"史实素地"可能来自中原；也有一些更具神话色彩的传说则可能来自古蜀自身。许多学者已经注意到，令世界叹为观止的三星堆祭祀坑中出土的大量玉器，无论从器物的类型、形制特点上看，都与中原青铜文化出土的玉器有诸多共性，如其中的玉璧、牙璋、镶嵌绿松石的铜牌饰等，都可以在中原二里头文化中找到相同的类型，可以认为它们之间有着密切联系。

三星堆出土的带有绿松石的青铜牌饰，更是与二里头文化中出土者十分相似。再如，虽然迄今为止三星堆尚未发现中原商周青铜礼器传统中最具代表性的鼎，但同样可以作为礼器使用的尊和罍的发现，也足以证明三星堆青铜器接受了来自中原商周青铜礼制的影响。将三星堆文化在内的四川上古时代一并纳入这个传承体系加以考察，不难看出文献中的古蜀世系传承体系与来自不同地区、不同族群之间交往、交流和交融的历史背景有着密切关系，也和考古信息之间互有联系。② 武王伐纣之前，蜀就已经与周、商族形成了固定的政治经济文化关系。

当然，这种测量既可能有统一的规划，又可能在统一的规划之下，由各氏族分区按阶段展开，参与测量、提供"数据"也是这些氏族与禹族具有密切关系的表现。从宇宙开辟到测量、掌握天文地理知识，华夏先民建立了相对完备的天文地理数据，促进了华夏先民对世界的深度认知。先民也在这个过程中从模糊的开辟神话，演进到实地测量的历史阶段，完成了从感性的宇宙认知到理性的大地实测，将大地四至以常态化认知的形式展现在世人面前，

---

① 徐凤先：《中国文明早期对于大范围地理距离的认知》，《中原文化研究》2017 年第 1 期，第 13—20 页。

② 霍巍：《三星堆考古与中国古史传承体系》，《中国社会科学》2023 年第 1 期，第 91 页。

为人类社会文明的发展做出了不可磨灭的贡献。

我们没见过先民的成就，我们可以存疑先民的成就，但我们无法否认先民达到的高度。先民做到的，也许是我们永远想象不到的。怀有敬畏之心，感念先祖劬劳之业，让先祖的文明的光辉，在人类的历史长河中永不磨灭！

结　语

马克思认为，神话是人类童年时代不能正确认识自然和社会的产物。中国远古神话传说蕴含着中国古代特定的文化元素。它虽然没有形成希腊神话的"宗族"式神化体系，但至少属于中国古代文化的源头之一。这些神话传说具有多种解读视角。以传统的神话传说文献、考古资料、古文字及人类文化学的视角，考察、鉴赏中国远古的神话传说，确然可以发掘出这些神话的新内涵；巫文化盛行、古文字的叙事性、"图说式"的神话特性，更为我们揭示远古神话中的"怪物"创造了条件。那些历史久远的主流神话传说，深深地根植在我们中国文化血脉之中，影响着中国古代的思维方式与文化传统。

一、在传承中创新的历史传统

神话传说对中华民族始祖之三皇五帝的塑造，非常多地强调了他们的创新与创造形象。例如，每位皇、帝都有自己突出的贡献，如燧人氏钻木取火、伏羲氏创制八卦、神农氏创造农业文明，黄帝发明衣裳、发明历法、造鼓、造船、造医书等，不同程度地促进了华夏文明的发展与进步。通过对这些皇、帝的一系列描述，我们可以感受到我们祖先的崇高、伟大与进取精神。没有这些先祖的文化创新与创造，就没有我们现在发达的物质文明、精神文明。我们在溯本追源、寻找文化起源的同时，也会被他们的创造精神所感染，为他们的创新精神所吸引。

远古先祖的创新与创造精神，还表现在中国远古神话传说中的创世人物，大都是道德楷模或"创道"的楷模。比如尧舜成为儒家伦理与实践的典范，"人人皆可为尧舜"成为个体成长发展的终极目标。这也在很大程度上说明，尧舜时期是中国古代礼文化的发展与发达阶段。当创世神话的神灵、英雄成为道德行为的楷模，创世神话的开创精神就成了民族精神的动力，尧舜的禅让故事就是选贤与能式治理国家的最高典范。选贤与能的原则成为奴隶社会、封建时期、资本主义社会中，多少士人心目中的最高政治境界之一，但从炎黄之战、炎黄战蚩尤、共工与颛顼争帝、禹征三苗等战争看，在残酷的阶级社会中这一原则的适用是有极大的限定性的。

远古神话传说中影响深远的主流氏族群体，大体分为燧人与伏羲两大族系，三皇及五帝神话中的氏族部落，多可发现这两大族系的历史烙印。其中燧人族系观测大火、制定历法、掌管历法的传统一直延续到商代。燧人族系既可能是血缘上的，更可能是文化认同上的；承伏羲之号的十五世氏族，应当更具有文化传承的特点。以氏族特有的文化传承，保持自身的文化优势，延续本氏族的发展命运，构成远古神话传说的一条重要线索。伏羲族系也是以文化发展见长、在传承中不断创新，并最终成为主流文化势力、塑造历史的重要文化力量。文化自立、自强与创新，是这些远古氏族不断发展、获得新生的原动力。

其他正能量人物也是发明创造、促进人类进步的典范，仓颉就是通过"造字"促进人类文明进步的重要人物。但仓颉不过是在传承中创新文字的集大成者。仓颉等远古圣人的地位，是靠文化优势获得的。夏商周三代所谓的世卿世禄、学在官府，虽然是那个历史阶段文化教育不发达的必然结果，但也是氏族文化长期的专有性传承传统发展的必然结果。从孔子提倡私学到活字印刷术未普及之前，历朝历代并未从根本上改变特殊人群对文化的垄断，特别是在重经术的汉至唐代前期更为突出。汉唐时期的门阀士族，就是以文化维系门第、占有文化优势的社会阶层。确立文化优势、保持文化优势，是远古先民重要的文化传统。

二、崇尚功德的入世价值观念

崇尚功德的入世价值观和华夏先祖创新、创造传统是相关的。从燧人氏、伏羲氏到禹、契等神话传说中的英雄人物，具有崇尚功德、强调民本、物为民用的优良传统。燧人氏钻木取火、炮生为熟，改变了人类的体质，并开创了烧冶技术的先河。伏羲氏促进了畜牧业的发展，改进了人类的物质生活环境，八卦文化成为中国古代究天人之际的文化基础。《史记·五帝本纪》载："自黄帝至舜、禹，皆同姓而异其国号，以彰明德。故黄帝为有熊，帝颛顼为高阳，帝喾为高辛，帝尧为陶唐，帝舜为有虞。"① 这些远古圣人的"名号"，就是据崇尚功德、有济天下思想而立。

合 9379

远古帝号和功德的关系，只能从只言片语中感知。如"𡚼"（娲）表达的是"用𡇈化物"之女，女娲就是此"娲"的典型代表，"化石补天"则为此女的最高之"德"。"尧"（合 9379 𡸗）代表的是一个头部具有"特殊形象"的"人"，这个人的"特殊形象"是"𡸗"。繁体字"尧"写作"堯"。从文字发展传承的关系看，甲骨文"尧"字中的"𡸗"应属于特殊的"土制品"。陶器就是由"土"烧制而成的，"尧"字本身就是"对陶器发展具有特殊贡献的圣人"。

甲骨文有"𩑋"（黄）字，以"日在人的中部"为"黄"。春分或秋分日，太阳位于赤道上方，其在天空中的方位，处于冬至、夏至之间。但秋分日时草木开始泛黄。若以"颛顼"像"𦥑"、日在人首之上的例子来推测，黄帝或"黄"族可能是这一氏族发现了秋分日。甲骨文"𡗾"（禹）像应龙用

---

① （汉）司马迁：《史记》卷一《五帝本纪》，第45页。

尾钩江河、疏导江河、直入东海之状，说的是应龙帮助大禹治水的神话故事：应龙帮助治水之人为"禹"。如果"应龙"是条虫尚说得过去，但要说禹是条"虫"就有些不符合图画字的本义了。

发现太阳运行规律即掌握"天命"，以"天命"命名帝王，宣扬自身拥有天命，是建立统治的神权基础的重要特点。这种帝王命名方式，被后代帝王采用，以武则天改名为"曌"为例。《易》从阴阳之道的角度，可揭示帝王天命所丰，其中的离卦就具有体现武则天"天命"的特点：在《易》卦之中，离卦代表"中女"，"故为阴卦"，"离者阴卦"。① 武则天之父武士彟有三女：长适越王府功曹贺兰越石，次武则天，次适郭氏。② 武则天为武士彟中女，故离卦首先符合武则天"中女"家庭行第的身份。

离卦又具有帝王之象："离为日"，"日，君象也。"离之"初象日出，二象日中，三象日仄"。"日仄之离""喻君道衰也"。③ 则离之初、二卦象皆代表着君道、君命的不同发展阶段。离卦又以日月为喻，言帝王师法天道、"化成天下"之理："日月丽乎天，百谷草木丽乎土，重明以丽乎正，乃化成天下。""明两作，离；大人（帝王）以继明照于四方。"其实质即是表达帝王之治，如"日月在天，动成万物"之义。④

将离卦的"中女""君象""化成天下"相结合，离卦就是"中女为君"，如"日月在天，动成万物"的符命，是诸多武则天的符命之中，最契合武则天改名为曌的符命要求的天命之符。唐代的"天"亦即是"空"："孤帆远影碧空尽，唯见长江天际流。"武则天改名为"曌"。"曌"虽是对《易》离卦的卦义的高度概括，但它同时也宣传了武则天的治国理想。远古帝王神话的

---

① （清）李道平撰，潘雨廷点校：《周易集解纂疏》卷五《下经咸撰第五》，中华书局1994年版，第306页。

② （后晋）刘昫等：《旧唐书》卷一八三《外戚·武承嗣传》，中华书局1975年版，第4727页。

③ 见离卦"日仄之离"疏。（清）李道平撰，潘雨廷点校：《周易集解纂疏》卷五《下经咸撰第五》，第308页。

④ （清）李道平撰，潘雨廷点校：《周易集解纂疏》卷五《下经咸撰第五》，第305—306页。

历史影响是相当深刻、深远的。

三、兼容并蓄又保持特色的文化理念

远古时期的华夏先祖具有兼容并蓄、因时立事的文化发展特色。如燧人族的"辛"文化演变出来的"愆阳"、日崇拜与"长"文化意蕴，既演变出燧人族的"凤"为羽虫之长的凤文化，又演变出伏羲族的龙为麟虫之长的龙文化。燧人"辛"文化在不同部族之间的应用，说明不同部族有着共同的文化基础，不同部族文化具有兼容并蓄的特点。又从燧人、伏羲后裔的构成特别的炎黄通婚形式看，两族长期处于通婚与文化交融状态。燧人、炎帝、伏羲、黄帝都有研习阴阳八卦及发展取火术的传说，这同样是中华文化兼容并蓄、传承发展的结果。

在文化融合过程中形成的共同的始祖观，如伏羲女娲、炎黄的融合在一定程度上塑造了华夏民族共同的祖先。它们不仅是血缘上的共祖，同时也是文化上的共祖，文化上的共祖则是一种更高级的共祖认知形式，也是更直观的氏族共祖形式，是中华民族共有精神家园最初的源头，奠定了中华民族共同的精神家园的依存环境、精神内核、基本框架。"它最终确立了一以贯之的以炎黄为主体的信仰对象，初步规定了多民族文化多元一体发展格局，是中华民族共有精神家园深植于五千年文化的深长之根，最能持久反映中华民族共有精神家园的民族特色与归属意识。"①

但强大的氏族在文化兼容并蓄的基础上，又长期保持着具有差异性的特色文化，如燧人族以火文化见长并长期保持"火"文化特色。"大火"是古代观测节气变化、指导农业生产、安排社会生活的重要参考，燧人族形成了一系列的"火"制度与火文化即"以火纪"的氏族特色。颛顼氏是以"制历"闻名的氏族，但从颛顼到禹的治水文化，同样是其氏族的重要"技能"之一。

---

① 向柏松、袁咏心：《始祖神话与中华民族共有精神家园的起源》，《中南民族大学学报（人文社会科学版）》2018 年第 4 期，第 79—84 页。

这一氏族虽然在治水过程中遭遇过重大失败，但最终在禹的时代"完成"了"治水"的功业，并因此建立了"家天下"的国家政权。兼容并蓄又保持特色化发展，是远古氏族神话传说体现的华夏先祖重要的民族性格。

燧人氏、伏羲氏族体系既拥有文化上的"软实力"，又拥有通过发展生产较其他氏族更为雄厚的经济"硬实力"，同时也就由此形成一般氏族难以匹敌的军事实力。依靠这些综合实力，燧人族发展出了族系绵长的"氏族链"，仅炎帝就有"八世"之多。伏羲族更有"十五世"或"十九世"之久。与此不同的是，蚩尤族凭借其金属冶炼之功制作兵器，虽然发展出强大的军事力量、兼并了不少氏族，但在综合力量的相对劣势使其最终落败于炎黄势力。共工氏也是屡次出现在文献中的远古氏族，但其也以治水见长而缺少其他优势，在禹后时代不复出现于神话传说之中。兼容并蓄、保持文化特色，发展综合实力，是氏族发展壮大的重要基础。

四、敬天命重自强的实用理性精神

燧人氏、伏羲氏观天文、订历法的传统，以及黄帝、颛顼发现特殊节气点而订历的现象，既是生产生活的现实需要，又是敬天观天的客观结果。"天"是中国古代祭祀的重要对象。中国古代有"国之大事，在祀与戎"的传统，"敬天"就是"祀天"的重要表现与前提。"补天""射日"等巫文化的盛行，同样是"敬神""敬天"的重要表现，商汤"剪发祭爪"更是"敬天保民"的典范，也是形成中国古代天人感应理论、以天制约帝王的政治传统的历史根源。

但中国古人在敬畏天、敬畏天命的同时，更注重自我实践与自强自立，通过自我实践改变自我的命运，改变世界的命运。大禹通过自身的努力治理洪水，其中难免存在巫文化、治水机遇、战争活动，但最终求得九州的安宁与发展。女娲、共工、颛顼可能多具有这种治水情怀。敬天命、重修行、心系天下的思想理念，是远古圣贤的基本的精神世界。《易》："天行健，君子以自强不息。"《论语》:"士不可以不弘毅,任重而道远。""修身、齐家,治国、平天下"。无一不是这种情怀、精神世界的高度体现。

但这种"实干"精神既有女娲、禹胸怀天下,行天下大事之例,也有共工类"振滔洪水,以薄空桑"的"以私害公"的形象。① 当然,后者可能并非信史,而是出自后人的改造。燧人氏、伏羲氏、炎帝、黄帝、禹等的发明创造,特别是黄帝"竭聪明,尽智力,营百姓,焦然肌色皯黣","天下大治,几若华胥氏之国,而帝登假"②。大禹治水,"身执耒锸,以民为先;股无胈,胫不生毛;虽臣虏之劳,不苦于此矣"③。"劳身焦思,居外十三年,过家门不敢入"。"薄衣食","卑宫室,致费于沟淢。"④ 这种大格局的"实干"情操成为中华民族传统美德的重要组成部分。

五、追求"仁""礼"的理想文化准则

当然,中国远古神话传说体现的优秀的民族传统文化,是后人以具有"筛选性"的历史记忆的形式,为我们留下的那些能够赋予我们正能量的文化遗产。任何文明的进步都是伴随着特定的历史的"阵痛"完成的。炎帝与黄帝之战,"血流漂杵"。炎黄与蚩尤之战,"流血百里"。共工与颛顼争帝,甚至引发了"天地灾变"。羿诛大风、封豨、修蛇等战争,尧舜禹征三苗,恐怕存在同样残酷的历史现象。但从整体上看,这些"阵痛"最终促进了华夏先民的融合与发展。

中国古代战争有个理想的境界,那就是解民于倒悬或"吊民伐罪"。这样的战争又以商汤征伐最为典型,《孟子·梁惠王下》孟子对梁惠王曰:"臣闻七十里为政于天下者,汤是也。未闻以千里畏人者也。《书》曰:'汤一征,

---

① (汉)刘安撰,何宁整理:《淮南子集释》卷八《本经训》,第578页。
② 杨伯峻:《列子集释》卷二《黄帝篇》,第40、43页。
③ (战国)韩非撰,(清)王先慎集解,钟哲点校:《韩非子集解》卷一九《五蠹》,第443页。
④ (宋)李昉等:《太平御览》卷八二《皇王部七·夏帝禹》引《礼含文嘉》,第381页。

自葛始。'天下信之，东面而征西夷怨，南面而征北狄怨，曰'奚为后我'？民望之，若大旱之望云霓也。归市者不止，耕者不变，诛其君而吊其民。《书》曰：'徯我后，后来其苏。'"① "血流漂杵"这样的战争并不是圣王之战。诛其君而吊其民，君亡而存其族。訾尧战争之后商族复存，夏朝灭亡而生杞国，商朝灭亡而生宋国，都是这种战争境界的体现。

六、以民为本的原始民本思想

重创新、尚功德、追求仁礼，其本质都是以民为本的原始民本思想。炎帝神农氏知"古者民茹草饮水，采树木之实，食蠃蚌之肉，时多疾病毒伤之害"。"于是神农乃始教民播种五谷，相土地之宜，燥湿肥硗高下，尝百草之滋味、泉水之甘苦，令民知所避就。当此之时，一日而遇七十毒。"② 黄帝即位 30 年，"忧天下之不治，竭聪明，尽智力，营百姓，焦然肌色皯黣，昏然五情爽惑"③。

后世更为赞誉的是禹："禹之王天下也，身执耒锸，以民为先；股无胈，胫不生毛：虽臣虏之劳，不苦于此矣。"④ "劳身焦思，居外十三年，过家门不敢入。""薄衣食"，"卑宫室，致费于沟淢"⑤。"疏河决江，十年不窥其家，手不爪，胫不生毛，生偏枯之病，步不相过，人曰禹步。"⑥ "禹常昼不暇食，夜不暇寐矣。方是时也，忧务故也。"⑦

中国远古文化的几大特点，其最终的指向都在于"民本"。这也是这些远古圣人共同的思想文化与实践特点。他们之所以能够成为"圣"，更因于其民

① （清）焦循撰，沈文倬点校：《孟子正义》卷五《梁惠王下》，第 152 页。
② （汉）刘安撰，何宁整理：《淮南子集释》卷一九《修务训》，第 1311 页。
③ 杨伯峻：《列子集释》卷二《黄帝篇》，第 40、43 页。
④ （战国）韩非撰，（清）王先慎集解，钟哲点校：《韩非子集解》卷一九《五蠹》，第 443 页。
⑤ （宋）李昉等：《太平御览》卷八二《皇王部七·夏帝禹》引《礼含文嘉》，第 381 页。
⑥ （战国）尸佼著，黄曙辉点校：《尸子》卷下，第 50 页。
⑦ （汉）贾谊撰，吴云等校注：《贾谊集校注·贾子新书·修政语上》，天津古籍出版社 2010 年版，第 289 页。

本思想下，为民生利、为民寻利、改善民生，并由此赢得巨大的社会尊重。这种民本思想不仅仅是本位主义的民本思想，更是胸怀天下的民本思想。商汤"东征而西怨，南征而北怨"，西、北之人盼其来征，"如大旱之望云霓"，就是这种打破氏族界限的"大民本"思想。不同阶级、不同阶层的人有不同的理想，"天下熙熙，皆为利来；天下攘攘，皆为利往"，这种民本思想、"大民本"思想，才是人生价值的"真利"与"大利"。

总之，从文献的、文字的、历史的、人类学的角度解读远古神话传说，是我们了解远古神话传说的重要途径。剥离这些神话传说的巫文化外衣，神话传说中的巫文化语言，展现的是远古特定的历史文化发展的点点遗珠。巫文化、图画叙事是远古文化的重要表达形式，它诞生了诸如"射日堕羽"及对诸多"怪物"的"荒诞性"描述。华夏初民主体在从原始文明向更高文明迈进的过程中，既保留了氏族社会中血缘文化的纽带，又强化了其文化交融与特色发展的传统，奠定了华夏民族思想文化的体量基础与进步基调。传承创新、建功立业、兼容并蓄、特色发展、自立自强、重视实用、仁礼追求与民本思想，成为华夏先民优秀的历史文化遗产。

参 考 文 献

一、古籍

1. （汉）司马迁：《史记》，中华书局 1959 年版。

2. （汉）班固撰，（唐）颜师古注：《汉书》，中华书局 1962 年版。

3. （晋）陈寿撰，陈乃乾校点：《三国志》，中华书局 1982 年版。

4. （南朝宋）范晔撰，（唐）李贤注：《后汉书》，中华书局 1985 年版。

5. （唐）李百药：《北齐书》，中华书局 1972 年版。

6. （后晋）刘昫等：《旧唐书》，中华书局 1975 年版。

7. （约汉以前）佚名撰，袁宏点校：《逸周书》卷六《明堂解》，齐鲁书社 2010 年版。

8. （汉）赵晔，（元）徐天祐注：《吴越春秋》，景印文渊阁《四库全书》史部·载记类（第 463 册），上海古籍出版社 1995 年版。

9. （汉）宋衷注，（清）秦嘉谟辑补：《世本》，《世本八种》，中华书局 2008 年版。

10. （汉）宋衷注，（清）王谟辑：《世本作篇》，《世本八种》，中华书局 2008 年版。

11. （汉）刘珍等撰，吴树平校注：《东观汉记》，中华书局 2008 年版。

12. （晋）皇甫谧：《帝王世纪》，齐鲁书社 2010 年版。

13. （晋）皇甫谧：《高士传》，景印文渊阁《四库全书》史部·传记类（第 0448

253

册），台湾商务印书馆 1986 年版。

14.（宋）罗泌：《路史》，景印文渊阁《四库全书》史部·别史类（第 383 册），上海古籍出版社 1995 年版。

15.（明）沈朝阳：《通鉴纪事本末前编》，明万历四十五年唐世纪刻本，引自"爱如生数据库·中国基本古籍库"。

16.（清）吴乘权等辑，施意周点校：《纲鉴易知录》，中华书局 1960 年版。

17.（清）马骕撰，王利器整理：《绎史》，中华书局 2002 年版。

18.（清）郝懿行撰，李念孔点校：《竹书纪年校证》，齐鲁书社 2010 年版。

19.（汉）许慎撰，（清）段玉裁注：《说文解字注》，上海古籍出版社 1981 年版。

20.（晋）郭璞注，邢昺疏：《尔雅》，北京大学出版社 1999 年版。

21.（宋）陆佃：《埤雅》，《丛书集成新编》（第 1124 册），台北新文丰出版公司 1985 年版。

22.（清）郝懿行著，吴庆峰等点校：《尔雅义疏》，中华书局 2010 年版。

23.（春秋）左丘明撰，（清）洪亮吉诂，李解民点校：《春秋左传诂》，中华书局 1987 年版。

24.（汉）郑玄：《周易乾凿度》，景印文渊阁《四库全书》·经部（第 53 册），台湾商务印书馆 1986 年版。

25.（汉）董仲舒著，（清）苏舆撰，钟哲点校：《春秋繁露义证》，中华书局 1992 年版。

26.（汉）郑玄：《易纬通卦验》，景印文渊阁《四库全书》经部·易类（第 53 册），上海古籍出版社 1995 年版。

27.（汉）班固撰集，（清）陈立疏证，吴则虞点校：《白虎通疏证》，中华书局 1997 年版。

28.（汉）戴德编，方向东撰：《大戴礼记汇校集释》，中华书局 2008 年版。

29.（汉）戴德撰，（清）孔广森补注，王丰先点校：《大戴礼记补注》，中华书局 2013 年版。

30.（唐）吴筠：《云笈七签》，《道藏》第 22 册，天津古籍出版社 1998 年版。

31. （唐）孔颖达：《周易正义》，《十三经注疏》，（清）阮元校刻，中华书局
2009 年版。

32. （唐）李鼎祚撰，王丰先点校：《周易集解》，中华书局 2016 年版。

33. （唐）李筌：《太白阴经》，清初虞山毛氏汲古阁钞本。

34. （宋）佚名：《锦绣万花谷》卷一《日》，《四库全书》子部·类书类（第 924
册），上海古籍出版社 1995 年版。

35. （明）孙毂：《古微书》，景印文渊阁《四库全书》经部·五经总义类（第
194 册），上海古籍出版社 1995 年版。

36. （清）惠栋：《易汉学》，王云五主编《丛书集成初编》本，商务印书馆 1936
年版。

37. （清）王聘珍撰，王文锦点校：《大戴礼记解诂》，中华书局 1983 年版。

38. （清）康有为著，楼宇烈整理：《论语注》卷七《述而》，中华书局 1984
年版。

39. （清）孙星衍撰，陈抗、盛冬另点校：《尚书今古文注疏》，中华书局 1986
年版。

40. （清）洪亮吉撰，李解民点校：《春秋左传诂》，中华书局 1987 年版。

41. （清）焦循撰，沈文倬点校：《孟子正义》，中华书局 1987 年版。

42. （清）焦循撰，孙德彩点校：《孟子正义》，中华书局 1987 年版。

43. （清）孙希旦撰，沈啸寰、王星贤点校：《礼记集解》，中华书局 1989 年版。

44. （清）刘宝楠撰，高流水点校：《论语正义》，中华书局 1990 年版。

45. （清）李道平撰，潘雨廷点校：《周易集解纂疏》，中华书局 1994 年版。

46. （清）阮元校刻：《十三经注疏》，中华书局 2009 年版。

47. （清）王先谦撰，何晋点校：《尚书孔传参正》，中华书局 2011 年版。

48. （清）皮锡瑞撰，吴仰湘编：《尚书大传疏证》，中华书局 2015 年版。

49. （清）孙诒让著，汪少华整理：《周礼正义》，中华书局 2015 年版。

50. （清）焦循著，陈居渊主编：《孟子正义》，凤凰出版社 2015 年版。

51. （春秋）左丘明撰，徐元诰集解，王树民、沈长云点校：《国语集解》，中华

书局 2002 年版。

52.（战国）荀况著，梁启雄释：《荀子简释》，中华书局 1983 年版。

53.（战国）韩非著，（清）王先慎集解，钟哲点校：《韩非子集解》，中华书局 1998 年版。

54.（战国）尸佼著，黄曙辉点校：《尸子》，华东师范大学出版社 2009 年版。

55.（汉）王充撰，黄晖校释：《论衡校释》，中华书局 1990 年版。

56.（汉）刘安撰，何宁整理：《淮南子集释》，中华书局 1998 年版。

57.（汉）刘向撰，何健章注释：《战国策》，中华书局 2009 年版。

58.（汉）应劭撰，王利器校注：《风俗通义校注》，中华书局 2010 年版。

59.（汉）崔寔撰，孙启治校注：《政论校注》，中华书局 2012 年版。

60.（汉）荀悦撰，（明）黄省曾注，孙启治校补：《申鉴注校补》，中华书局 2012 年版。

61.（三国魏）王弼注，楼宇烈校释：《老子道德经注校释》，中华书局 2008 年版。

62.（南朝梁）萧绎撰，许逸民校笺：《金楼子校笺》，中华书局 2011 年版。

63.（宋）吕惠卿撰，汤君集校：《庄子义集校》，中华书局 2009 年版。

64.（清）王夫之著，王孝鱼点校：《庄子解》，中华书局 2009 年版。

65.（汉）韩婴撰，许维遹校释：《韩诗外传集释》，中华书局 1980 年版。

66.（汉）杨雄撰，（宋）司马光集注：《太玄集注》，中华书局 1998 年版。

67.（汉）贾谊撰，吴云等点校：《贾谊集校注》，天津古籍出版社 2010 年版。

68.（汉）韩婴撰，屈守元笺疏：《韩诗外传笺疏》，巴蜀书社 2011 年版。

69.（汉）贾谊撰，吴云等校注：《贾谊集校注》，天津古籍出版社 2010 年版。

70.（南朝梁）萧统编，（唐）李善注：《文选》，中华书局 1977 年版。

71.（唐）欧阳询撰，汪绍盈校：《艺文类聚》，上海古籍出版社 1985 年版。

72.（唐）柳宗元撰，尹占华等校注：《柳宗元集校注》，中华书局 2013 年版。

73.（唐）白居易：《白氏六帖事类集》，民国景宋本。

74.（宋）苏轼撰，（清）王文诰辑注，孔凡礼点校：《苏轼诗集》，中华书局 1982 年版。

75. （宋）洪兴祖撰，白化文等点校：《楚辞补注》，中华书局 1983 年版。

76. （宋）朱熹注，王华宝整理：《诗集传》，凤凰出版社 2007 年版。

77. （宋）王应麟著，翁元圻集注：《困学记》，中华书局 2016 年版。

78. （明）杨慎撰，张士佩编：《升庵集》，景印文渊阁《四库全书》集部·别集类（第 1270 册），上海古籍出版社 1995 年版。

79. （清）严可均编：《全上古三代秦汉三国六朝文》，中华书局 1958 年版。

80. （清）董诰等：《全唐文》，中华书局 1983 年版。

81. （清）郝懿行著，安作璋主编：《诗问》，齐鲁书社 2010 年版。

82. （汉）东方朔：《海内十洲记》，景印文渊阁《四库全书》子部·小说类（第 1042 册），上海古籍出版社 1995 年版。

83. （晋）郭璞注，（清）毕沅校：《山海经》，上海古籍出版社 1990 年版。

84. （晋）郭璞传，（清）郝懿行笺疏，张鼎三等点校：《山海经笺疏》，齐鲁书社 2010 年版。

85. （晋）杨泉：《物理论》，《丛书集成新编》第 560 册，台北新文丰出版公司 1985 年版。

86. （北魏）郦道元注，陈桥驿校证：《水经注校证》，中华书局 2007 年版。

87. （宋）王应麟著，傅林祥点校：《通鉴地理通释》，中华书局 2013 年版。

88. （明）徐弘祖：《徐霞客游记》，上海古籍出版社 2016 年版。

89. （清）毕沅、阮元：《山左金石志》，清嘉庆二年（1797）阮氏小琅嬛仙馆刻本。

90. （清）王谟辑：《汉唐地理书钞》辑《盛弘之荆州记》，中华书局 1961 年版。

91. （清）吴任臣撰，吴兴芬整理：《山海经广注》，凤凰出版社 2018 年版。

92. （唐）徐坚：《初学记》，中华书局 1988 年版。

93. （宋）李昉等：《太平御览》，中华书局 1960 年版。

94. （宋）吴淑撰注，冀勤等点校：《事类赋注》，中华书局 1989 年版。

95. （宋）王钦若等编，周勋初等校订：《册府元龟》，凤凰出版社 2006 年版。

96. （宋）佚名：《古三坟书》，宋绍兴（1131—1162）沈斐婺州州学刻本。

97.（汉）郭宪：《汉武洞冥记》，景印文渊阁《四库全书》子部·小说家类（第1042 册），上海古籍出版社 1995 年版。

98.（晋）王嘉：《拾遗记》，景印文渊阁《四库全书》子部·小说家类（第 1042 册），上海古籍出版社 1995 年版。

99.（晋）干宝撰，李剑国辑校：《新辑搜神记》，中华书局 2007 年版。

100.（南朝梁）任昉：《述异记》卷上，景印文渊阁《四库全书》子部（第 1047 册），上海古籍出版社 1995 年版。

101.（宋）邵博撰，李剑雄等点校：《邵氏闻见录后录》，中华书局 1983 年版。

102.（宋）沈括撰，金良年点校：《梦溪笔谈》，中华书局 2015 年版。

103.（元）马端临：《文献通考》，中华书局 2011 年版。

104.（明）谢肇淛：《五杂组》，明万历四十四年（1616）潘膺祉如韦馆刻本，引"爱如生数据库·中国基本古籍库"。

105.（明）董斯张：《广博物志》，景印文渊阁《四库全书》子部·类书类（第980 册），上海古籍出版社 1995 年版。

106.（明）王世贞：《弇州续稿》，景印文渊阁《四库全书》集部·别集类（第1279 册），上海古籍出版社 1995 年版。

107.（明）陈耀文：《天中记》，影印文津阁《四库全书》本，上海商务印书馆2005 年版。

108.（明）《虎钤经》，明刻本，引自"爱如生数据库·中国基本古籍库"。

109.（明末清初）：顾炎武：《日知录》，上海古籍出版社 2006 年版。

110.（清）蒋兆奎：《河东盐法备览》，乾隆五十五年（1790）刻本。

二、专著

1. 马克思：《〈政治经济学批判〉导言》，《马克思恩格斯选集》第 2 卷，人民出版社 1972 年版。

2. 王红旗、孙晓琴：《全本绘图山海经：五藏山经》，武汉大学出版社 2011 年版。

3. 袁珂校注：《山海经校注》，北京联合出版公司 2013 年版。

4. 中国社会科学院历史研究所：《中国历史年表》，中华书局 2002 年版。

5. 朱芳圃：《殷周文字释丛》，中华书局 1962 年版。

6. 孙海波：《甲骨文编》，中华书局 1965 年版。

7. 郭沫若：《甲骨文字研究》，《郭沫若全集》，科学出版社 1982 年版。

8. 王延林：《常用古文字字典》，上海书画出版社 1987 年版。

9. 徐中舒：《甲骨文字典》，四川辞书出版社 1989 年版。

10. 徐复主编：《广雅诂林》，江苏古籍出版社 1992 年版。

11. 刘兴隆：《新编甲骨文字典》，国际文化出版公司 1993 年版。

12. 刘鹗：《铁云藏龟》，《续修四库全书》九〇六册《史部·金石类》，上海古籍出版社 1995 年版。

13. 叶玉森：《殷墟书契前编集释》，《甲骨文献集成》（第 7 册），四川大学出版社 2001 年版。

14. 商承祚：《殷契佚存》，《甲骨文献集成》，四川大学出版社 2001 年版。

15. 罗振玉：《殷墟书契前编》，《甲骨文研究资料汇编》（第 2 册），北京图书馆出版社 2008 年版。

16. 李学勤主编《字源》，天津古籍出版社 2012 年版。

17. 商志䏡覃编：《商承祚文集》，中山大学出版社 2004 年版。

18. 杨伯峻：《春秋左传注》，中华书局 1981 年版。

19. 杨天宇：《礼记译注》，上海古籍出版社 2004 年版。

20. 顾颉刚、刘起釪：《尚书校释译论》，中华书局 2005 年版。

21. 杨伯峻：《列子集释》，中华书局 1979 年版。

22. 郭庆藩撰，王孝鱼点校：《庄子集释》，中华书局 1985 年版。

23. 汪荣宝撰，陈仲夫点校：《法言》，中华书局 1987 年版。

24. 杨明照：《抱朴子外篇校笺》，中华书局 1991 年版。

25. 李梦生：《左传译注》，上海古籍出版社 1998 年版。

26. 黎凤翔校注，梁运华整理：《管子校注》，中华书局 2004 年版。

27. 吴毓江撰，孙启治点校：《墨子校注》，中华书局 2006 年版。

28. 许维遹：《吕氏春秋集释》，中华书局 2009 年版。

29. 高步瀛著，曹道衡等点校：《文选李注义疏》，中华书局 1985 年版。

30. 叶云章：《文学理论自学指南》，暨南大学出版社 1993 年版。

31. 雒三桂、李山注释：《诗经新注》，齐鲁书社 2009 年版。

32. 鲁迅：《中国小说史略》，商务印书馆 2011 年版。

33. 屈守元：《韩诗外传笺疏》，巴蜀书社 2011 年版。

34. 吕思勉：《吕思勉读史札记》，上海古籍出版社 1982 年版。

35. 苏秉琦：《苏秉琦考古学论述选集》，文物出版社 1984 年版。

36. 张光直：《考古学专题六讲》，文物出版社 1986 年版。

37. 沈兼士：《沈兼士学术论文集》，中华书局 1986 年版。

38. 王国维：《古史新证——王国维最后的讲义》，清华大学出版社 1994 年版。

39. 李学勤：《古文献丛论》，上海远东出版社 1996 年版。

40. 蒙文通：《蒙文通文集》，巴蜀书社 1999 年版。

41. 魏启鹏：《马王堆汉墓帛书〈黄帝书〉笺证》，中华书局 2004 年版。

42. 岑仲勉：《黄河变迁史》，中华书局 2004 年版。

43. 冯天瑜：《上古神话纵横谈》，上海文艺出版社 1983 年版。

44. 谢选骏：《神话与民族精神　几个文化圈的比较》，山东文艺出版社 1986
年版。

45. 潘定衡主编：《蚩尤的传说》，贵州民族出版社 1989 年版。

46. 薄树人编：《中国传统科技文化探胜》，科学出版社 1992 年版。

47. 叶舒宪：《中国神话哲学》，中国社会科学出版社 1992 年版。

48. 潜明滋：《中国古代神话与传说》，商务印书馆 1996 年版。

49. 何新：《诸神的起源——中国远古太阳神崇拜》，光明日报出版社 1996 年版。

50. 王大有、王双有：《图说中国图腾》，人民美术出版社 1997 年版。

51. 何丙郁：《中国科技史论集》，辽宁教育出版社 2001 年版。

52. 徐旭生：《中国古史的传说时代》，广西师范大学出版社 2003 年版。

53. 邓启耀：《神话的功能　中国神话的思维结构》，重庆出版社 2004 年版。

54. 闻一多：《神话与诗》，上海人民出版社 2005 年版。

55. 杨阳、张青：《先秦文学辞典·神话》，远方出版社 2006 年版。

56. 郑先兴等：《汉画研究》，《中国汉画学会第十届年会论文集》，湖北人民出版社 2006 年版。

57. 王大有：《上古中华文明》，中国时代经济出版社 2006 年版。

58. 茅盾：《中国神话研究初探》，上海世纪出版集团、上海古籍出版社 2011 年版。

59. 郭世谦：《山海经构成考·八·荒经考》，《山海经考释》，天津古籍出版社 2011 年版。

60. 袁珂：《中国神话传说词典》，北京联合出版公司 2013 年版。

61. 郭静云：《夏商周：从神话到史实》，上海古籍出版社 2013 年版。

61. 王振复：《中国巫文化人类学》，山西教育出版社 2020 年版。

62. ［英］马林诺夫斯基著：《巫术、科学、宗教与神话》，李安宅译，中国民间文艺出版社 1986 年版。

63. ［英］麦克斯·缪勒（Max Muller）著：《宗教的起源与发展》，金泽译，上海人民出版社 1989 年版。

64. ［英］葛瑞姆·汉卡克著：《上帝的指纹》，胡心武译，新世界出版社 2007 年版。

65. ［英］詹姆斯·乔治·弗雷泽著：《金枝——巫术与宗教之研究》，赵昭译，陕西师范大学出版社 2010 年版。

66. ［英］詹·乔·弗雷泽著，刘魁主编：《金枝精要——巫术与宗教之研究》，上海文艺出版社 2001 年版。

67. ［法］列维·布留尔著：《原始思维·绪论》，丁由译，商务印书馆 1995 年版。

68. ［葡］孟儒望：《天学略义》"序"，载周振鹤主编《明清之际西方传教士汉籍丛刊》第一辑，凤凰出版社 2013 年版。

三、论文

1. 顾颉刚：《与钱玄同先生论古史书》，《努力周报》附刊《读书杂志》1923 年 5 月 6 日第 9 期。

2. 马义、丁铭：《真有女娲？就在牛河梁炼"五色石"》，《新华每日电讯》2005 年 12 月 8 日文化第 8 版。

3. 徐国昌：《寻找良渚文化消失之谜》，《中国气象报》2008 年 6 月 30 日第 4 版。

4. 刘毓庆：《中国古代神话的三次大变迁》，《新华文摘》2015 年第 2 期。

5. 卢亚：《黄帝"河东"大战蚩尤战场盐湖经历千年华丽转身》，《山西青年报》2023 年 10 月 13 日第 16 版。

6. 徐中舒：《殷商史中的几个问题》，《四川大学学报》1979 年第 2 期。

7. 东生：《从民族文化的比较看中国古代神话不发达的原因》，《复旦学报（社会科学版）》1986 年第 3 期。

8. 陈久金：《天干十日考》，《自然科学史研究》1988 年第 2 期。

9. 月朗：《从气象学看"后羿射日"神话形成的根据》，《民族文学研究》1989 年第 3 期。

10. 朱存明：《环太平洋文化中的华夏文明与美洲文明》，《徐州师范学院学报哲学社会科学版》1990 年第 2 期。

11. 李忠华：《羿射日除害神话探源》，《思想战线》1993 年第 1 期。

12. 华盖：《寻找炎黄时代的远古战场——黄帝败炎帝、蚩尤的阪泉、涿鹿在何处?》，《沧桑》1993 年第 3 期。

13. 孟繁仁：《黄土高原的"女娲崇拜"》，《中国文化》1994 年第 24 期。

14. 曹定云：《古文"夏"字考——夏朝存在的文字见证》，《中原文物》1995 年第 3 期。

15. 李立：《社稷五祀与东夷农耕文化》，《蒲峪学刊》1996 年第 1 期。

16. 高福进：《射日神话及其寓意再探》，《思想战线》1997 年第 1 期。

17. 孟繁仁：《黄土高原的"女娲崇拜"》，《中国文化研究》1999 年第 24 期。

18. 刘文锁：《伏羲女娲图考》，《艺术史研究》2006 年第 8 辑。

19. 张启成：《美洲古文明与中华古文明之关系兼述美洲远古时期的亚洲移民》，《贵州文史丛刊》2000 年第 1 期。

20. 金荣权：《阏伯盗火神话及其学术价值》，《商丘师范学院学报》2001 年第 1 期。

21. 闫德亮：《论后羿射日神话的产生与演变》，《中州学刊》2002 年第 3 期。

22. 韩建业：《涿鹿之战探索》，《中原文物》2002 年第 4 期。

23. 张福三：《太阳·乌鸦·巫师——对我国太阳神话的一点思考》，《民族艺术研究》2002 年第 10 期。

24. 王晖：《殷商十干氏族研究》，《中国史研究》2003 年第 3 期。

25. 向柏松：《水神巫术神话与中国传统农业社会关键性仪式：神话视域下的中国传统文化再发现》，《中南民族大学学报（人文社会科学版）》2005 年第 1 期。

26. 卫斯：《关于尧都平阳历史地望的再探讨——兼与王尚义先生商榷》，《中国历史地理论丛》2005 年第 1 期。

27. 吴文祥、葛全胜：《夏朝前夕洪水发生的可能性及大禹治水真相》，《第四纪研究》2005 年第 6 期。

28. 王若伯：《华北平原的"古文化空缺区"之谜》，《北京林业大学学报社会科学版》2006 年第 1 期。

29. 陈斯鹏：《楚帛书甲篇的神话构成、性质及其神话学意义》，《文史哲》2006 年第 6 期。

30. 杜曼，曾庆敏：《中西"大洪水"神话的文化含义——比较西方《圣经》和中国神话中的大洪水》，《北京城市学院学报》2008 年第 6 期。

31. 黎耕、孙小淳：《陶寺 IIM22 漆杆与圭表测影》，《中国科技史杂志》2010 年第 4 期。

32. 刘玉堂、吴成国：《楚帛书女娲形象钩沉——兼谈女娲与庸国》，《武汉大学学报（人文科学版）》2010 年第 6 期。

33. 徐凤先：《〈日影千里差一寸〉观念起源新解》，《自然科学史研究》2011 年第

2 期。

34. 李飞：《信仰·仪式·神话"产翁"与"射日"习俗解析》，《贵州民族研究》2012 年第 1 期。

35. 王守亮：《〈河图括地象考论〉》，《齐鲁师范学院学报》2013 年第 1 期。

36. 詹克明：《远古"十月太阳历"》，《寻根》2013 年第 2 期。

37. 顾乃武：《古龙字中的华夏先祖》，《寻根》2014 年第 4 期。

38. 王晖：《古"凿齿民"写照：史前獠牙人头像玉雕属性考——兼释史前东南方拔牙习俗与古"凿齿民"形象之矛盾》，《文史哲》2015 年第 4 期。

39. 顾乃武：《远古誉尧战争与誉族的北美移民羿射十日神话的再解读》，《商丘师范学院学报》2016 年第 4 期。

40. 徐凤先：《中国文明早期对于大范围地理距离的认知》，《中原文化研究》2017 年第 1 期。

41. 吴晓东：《女娲补天、后羿射日与夸父逐日：闰月补天的神话呈现》，《民族艺术》2019 年第 2 期。

42. 吴庆龙：《金沙江、雅鲁藏布江发现史前巨大洪水事件》，《南京师大学报（自然科学版）》2019 年第 3 期。

43. 张新斌：《上古时期的洪水治理与国家的形成》，《河南师范大学学报（哲学社会科学版）》2019 年第 4 期。

44. 原海兵：《大汶口文化人群口颊含球行为研究》，《考古学报》2020 年第 1 期。

45. 卫斯：《"陶寺遗址"与"尧都平阳"的考古学观察关于中国古代文明起源问题的探讨》，《西部考古》2020 年第 2 期。

46. 顾乃武：《从以"曌"为名看武则天称帝与传统文化》，《湖北社会科学》2021 年第 1 期。

47. 王曼：《中国上古神话与巫术仪式》，《平顶山学院学报》2021 年第 4 期。

48. 黄景春、陈杰：《盘古神话辨析：以古代文献为中心》，《民族文学研究》2021 年第 5 期。

49. 王振复：《原始"信"文化说与人类学转向》，《学术月刊》2022 年第 8 期。

50. 霍巍：《三星堆考古与中国古史传承体系》，《中国社会科学》2023 年第 1 期。

51. 贾雯鹤、郭子菡：《从巫术到医学：〈山海经〉所记药物的色彩观》，《中国非物质文化遗产》2024 年第 1 期。

52. 慕俊杰：《试论民间文学学科构建中的几个基本问题》，中国海洋大学 2008 年硕士学位论文。

53. 马正腾：《甲骨文异体字研究》，广州大学 2010 年硕士学位论文。

四、网络文献

1. 《"飞鸟自焚"凭吊凤凰山？揭开大理世代相传谜题》，https：//www. kunming. cn/news/c/2010—09—16/2287986. shtml。

2. 《〈探索·发现〉20120902 中华三祖堂》，http：//m. cctv. com/dc/v/index. sht-ml？vsid＝C39135。

3. 《中国网络电视台·纪实台. 人面岩画之谜》，2011 年 05 月 04 日，http：//jishi. cntv. cn/2012/12/15/VIDA1355561829628973. shtml。

4. 《科学网：黄土高原石笋与 4000 年前大洪水事件｜ Science Bulletin》，ht-tps：//blog. sciencenet. cn/blog—528739—1105360. html。

后　　记

本教材系作者在长期教学科研工作积累的基础上撰写完成。其中，顾乃武同志完成了教材主体的撰写工作，魏国栋同志参与了前言与结语部分的撰写，武小力博士完成了对中国古代龙文化影响部分的撰写。期间恰逢疫情，几位作者多染斯疫，或染伤寒，经月高烧不退，但仍简阅坟典，未尝辍笔。追忆往昔，虽仍有心力憔悴之痛，但以尚能持之以恒、未弃前功为慰。

春雪迷茫，秋叶如蝶，时光流逝，晃经数载，终成一稿。主著者又心慕知行如一，以初心为重，践行实践，参与乡村发展，深感民生小康，万事向荣，唯文化振兴，任重道远。故于踏遍青山绿水之闲，孤灯做朗月之伴，寒窗为星汉之屏，孜孜忘倦，求成探求文化之源，展现文化定力的夙愿。

以其有值而成其值，以其可教而成其材！

感谢学界贤达在神话传说相关领域的辛苦耕耘，为我们撰写本教材提供了宝贵的前沿性研究文献！

感谢河北大学教务处对本教材撰写工作的长期关注，感谢河北大学历史学院对本教材出版的大力支持，感谢河北大学诸专业学子在修学过程中给予的宝贵反馈！

顾乃武

2024 年 12 月

责任编辑：邵永忠

封面设计：胡欣欣

图书在版编目（CIP）数据

中国远古神话传说与历史文化研究／顾乃武，魏国栋，武小力　著.
北京：人民出版社，2025. 7. -- ISBN 978-7-01-027096-8

Ⅰ. B932. 2

中国国家版本馆 CIP 数据核字第 2025ED5468 号

中国远古神话传说与历史文化研究

ZHONGGUO YUANGU SHENHUA CHUANSHUO YU LISHI WENHUA YANJIU

顾乃武　魏国栋　武小力　著

人民出版社 出版发行

（100706　北京市东城区隆福寺街 99 号）

中煤（北京）印务有限公司印刷　新华书店经销

2025 年 7 月第 1 版　2025 年 7 月北京第 1 次印刷
开本：710 毫米×1000 毫米 1/16　印张：17
字数：280 千字

ISBN 978-7-01-027096-8　定价：90. 00 元

邮购地址 100706　北京市东城区隆福寺街 99 号
人民东方图书销售中心　电话（010）65250042　65289539